불과 물의 지혜

불과 물의 지혜

왜 서양과 동양은 달라졌는가

초판 1쇄 펴낸날 │ 2017년 10월 10일

지은이 │ 모기룡
펴낸이 │ 김외숙
펴낸곳 │ (사)한국방송통신대학교출판문화원
       (03088) 서울시 종로구 이화장길 54
       전화 02-3668-4764
       팩스 02-741-4570
       홈페이지 http://press.knou.ac.kr
       출판등록 1982년 6월 7일 제1-491호

출판문화원장 │ 장종수
편　집 │ 이근호·김경민
디자인 │ 크레카

ⓒ 모기룡, 2017
ISBN 978-89-20-02823-6　03100

값 15,000원

이 도서의 국립중앙도서관 출판예정도서목록(CIP)은 서지정보유통지원시스템 홈페이지(http://seoji.nl.go.kr)와
국가자료공동목록시스템(http://www.nl.go.kr/kolisnet)에서 이용하실 수 있습니다.(CIP제어번호: CIP2017024268)

왜 서양과 동양은 달라졌는가

불과
물의
지혜

모기룡 지음

지식의날개

감사의 말

혜화역 근처를 거닐다 수많은 포스터 중 하나가 제 눈에 띄었습니다. 그것은 〈제2회 방송대 출판문화원 도서원고 공모〉 포스터로, 그간 적당한 출판사를 만나지 못해 출간을 미뤄 왔던 제 원고를 세상에 내놓을 좋은 기회라는 생각이 들었습니다. 불황으로 상업성이 강한 내용이 아니면 출간이 어려운 요즘의 출판계 현실을 볼 때, 이 공모전이 아니었다면 『불과 물의 지혜』는 독자와 만날 수 없었을지도 모릅니다.

어렵게 출간이 이루어진 만큼 이 책의 출간을 맞이해 감사드려야 할 분이 많습니다. 우선 훌륭한 취지로 공모전을 주최해 주신 한국방송통신대학교출판문화원에 깊이 감사드립니다. 그리고 공모전의 심사를 맡아 주신 세 분의 심사위원께도 감사의 인사를 드립니다. 심사 과정에서 주신 조언과 충고가 부족했던 원고를 한층 업그레이드하는 데 큰 도움이 되었습니다. 편집 과정에서 수고해 주신 이근호 님과 김경민 님에게도 감사의 마음을 전합니다.

저의 가장 큰 후원자로서 오랫동안 저를 믿고 지켜봐 주신 아버지와 어머니께도 진심으로 감사드립니다. 그리고 이 책을 쓰는 데 밑거름이 된 학문적 소양과 세상을 보는 눈을 길러 주신 석사 과정 지도교수이셨던 홍우평 교수님과 박사 과정 지도교수이셨던 선우

환 교수님께도 감사의 인사를 올립니다. 또한 저에게 늘 힘이 되어 주는 소중한 벗 꿀벌과 LYJ에게 고마운 뜻을 표합니다.

끝으로 화합, 순수, 헌신으로 저에게 깊은 감명을 준 제 우상 B.V.를 지면을 빌려 기립니다.

프로메테우스는 근심스러운 표정을 지으며 인간 세계를 내려다
보고 있다. 그의 곁으로 한 님프가 다가와서 말한다.

"요즘 또 인간들이 걱정되시나 보군요. 제가 보기에는 과거보다
평화로워 보이는데 무슨 문제라도 있나요?"

님프의 질문에 프로메테우스가 대답한다.

"겉으로 보기엔 과거보다 평화로워 보일지 몰라도, 근본적인 문
제가 남아 있답니다. 아직도 인간들은 서로를 이해하지 못한 채 벽
을 쌓고 살아가고 있어요. 동양과 서양 문명의 힘이 비슷해지자 위
태로운 충돌의 위기가 생기고 있어요. 그리고 지금 내가 살펴보니,
세계는 점차 분열되고 고립의 벽이 더 견고해지고 있습니다. 그뿐
아니라 사람들 각자의 고립감도 대단히 커지고 있어요. 이렇게 서
로를 이해하지 못하는 날이 계속되다간 과거에 있었던 파멸의 위기
가 재발할지도 모르겠습니다."

"그렇다면 큰일이군요. 제우스 님이 이를 알게 되면 파멸을 더 부
추길지도 모르잖아요."

"그래요. 그래서 이건 비밀이지만, 나는 지금 인간을 도울 방법을
찾고 있답니다."

"과거에 불을 전한 일로 그렇게 고초를 겪으시고도 또 인간을 도

우시겠다고요? 그건 너무 위험해요. 그냥 인간들끼리 알아서 하도록 내버려 두시죠."

"인간에게 불을 전한 대가는 과거에 톡톡히 치렀지요. 제우스 님이 내릴 형벌이 두렵긴 하지만, 꼭 하고 싶은 일이 있습니다. 과거에 나는 인간이 불의 지혜를 발달시키는 모습을 보길 원했고, 불의 지혜를 빨리 발달시킬 수 있는 '비법'을 인간에게 살짝 알려 준 적도 있었습니다. 이 사실을 제우스 님이 아시는지는 모르겠습니다. 그런데 불의 지혜가 발달하면 인간에게 좋은 점도 있지만 부작용도 함께 발생합니다. 지금 인간에게 닥친 위기는 그 부작용과도 많은 연관이 있습니다. 이제 나는 불의 지혜의 부작용을 줄이고 인간들이 서로를 잘 이해할 수 있는 새로운 지혜를 알려 주려고 합니다. 이는 과거에 내가 한 일을 수습하는 일이기도 하지요."

"그러면 어떻게 할 예정이십니까? 인간의 일에 개입하지 않기로 제우스 님께 약속한 걸 잊으셨습니까?"

"과거에 불을 전한 방식처럼 직접 개입하는 것은 안 되겠지만, 다른 신들도 가끔 인간에게 '영감'을 주는 형태로 개입하곤 하지요. 이번에는 단지 정보만 전달해 주면 되기에 책의 형태로 전달하려고 합니다. 한 인간에게 그걸 대신 쓰도록 만드는 거지요. 그러면 인간들은 그가 쓴 걸로 알 것입니다. 음… 그 책의 완성된 형태가 눈앞에 떠오르는군요. 총 5개 장으로 구성되는데, 1장은 기초적인 설명을 하는 도입 부분이고, 2장은 지금 인간들이 겪고 있는 불의 지혜의 부작용을 설명하는 부분이에요. 3장에서는 서양에서 불의 지혜가 크게 발달한 이유를 설명할 것이고, 4장과 5장에서는 불의 지혜의 부작용을 치유할 수 있는 해법을 담을 것입니다. 그런데 이는 내가 혼자 만들어 낼 수 있는 해법이 아닙니다. 더구나 인간은 나의 말을 잘 믿지도 않을 테니까요. 과거에 인간은 불의 지혜의 부작용을 줄이는 해법을 자생적으로 발달시키기도 했습니다. 그 해법은 '물의 지혜'입니다. 물의 지혜를 잘 설명하기 위해서는 세상에 널리 알려진 뛰어난 인간의 도움이 필요합니다. 예를 들어 소크라테스나 노자 같은… 아마도 4장은 주로 소크라테스와의 대화일 테고, 5장은 주로 노자와의 대화일 것입니다. 그리고 당신이 나 대신 그들과 만나서 대화를 할 것 같습니다. 그렇게 해 주실 수 있나요? 도와주셨으면 합니다."

"휴… 프로메테우스 님은 가장 현명하시며 미래도 내다보시는 분이니, 전 그에 따를 수밖에 없겠네요. 하지만 저는 불안합니다. 분명히 제우스 님이 크게 화를 내실 거예요."

"물론 처음에는 화를 내시겠죠. 하지만 설득할 수 있을 거라고 생각합니다. 일단 책의 내용을 완성하고 나서 그걸 보여 드리면 화가 풀리실지도 모릅니다. 이제부터 제가 하는 일을 좀 도와주세요."

차례

1장
두 종류의 지혜

사람은 이성만으로 살지 않는다. 자아를 정의
내리지 못한다면 사람은 자기의 이익을 추구하면서
합리적으로 계산하고 행위를 할 수 없다.

– 새뮤얼 헌팅턴 (『문명의 충돌』 중에서)

위기에 처한 프로메테우스

안녕하세요. 본격적인 이야기를 하기에 앞서 제 소개부터 간단히 할게요. 저는 인간이 아니라 님프랍니다. 흔히 요정이라고들 하죠. 사실 인간의 눈에는 제가 보이지 않는답니다. 저에 대한 자세한 묘사는 여기서 하지 않을 테지만, 한번 상상을 해 보세요. 가급적 예쁘고 아름다운 여성의 모습을 떠올려 보세요. 힌트를 드리자면, 다양한 님프 중에서도 저는 그리스 신화와 관련이 있답니다. 여기까지의 소개로 저에 대해서 떠오른 이미지가 있다면, 그 모습이 어떠하든 그게 저라고 생각해 주세요.

저는 유럽 동남부의 카프카스산맥에 살고 있어요. 저의 이름이 궁금하시겠지만, 저의 본명은 그리스 신화에 기록된 적도 없고 발음하기도 어려워서 밝히지 않을게요. 저는 최고신인 제우스 님의 (외도로 난) 딸이며 사냥과 달의 여신인 아르테미스 님을 보좌하고 있어요. 저는 아르테미스 님과 함께 주로 산과 숲속에서 지내지만 그분 곁에 항상 붙어 다니는 건 아니랍니다. 저는 님프 중에서도 계급이 높아서 개인행동을 하기도 하는데, 저 말고도 여신님을 보좌하는 님프가 많답니다.

저는 아르테미스 님을 따르기는 하지만, 솔직히 말하면 여신님은 종종 너무 괴팍해요. 순결과 정조를 최고의 가치로 여기면서 자기를 쫓아다니는 남자 인간을 죽이기도 하지만 가끔 나르키소스처럼 잘생긴 사람을 보면 사랑에 빠져서 반대로 쫓아다니기도 하거든요. 그뿐 아니라 수시로 이랬다저랬다 헷갈리게 하는 통에 저도 장단을 맞추기가 힘듭니다. 직접 말로 전하는 대신 여기에 글로 남기니, 여신님이 혹여 이 책을 본다면 이런 제 마음을 좀 헤아려 주셨으면 좋겠어요.

이 책은 제가 저자에게 신탁(神託)으로 전한 이야기랍니다. 님프인 제가 인간을 위해서 지금 이 시점에 이런 이야기를 전한 이유는 … 나중에 더 자세히 이야기해 드리겠지만 거기에는 복잡한 뒷이야기가 있어요. 수많은 고생을 하면서도 이 책을 쓰도록 도운 건 순전히 프로메테우스 님 때문이랍니다. 그렇다고 그를 원망하는 건 아니에요. 저는 그를 사랑하고, 그가 인간을 돕고자 하는 마음이 강해서 제가 그의 뜻을 따르는 것뿐이에요. 솔직히 말하면, 제 의지로 이 일을 시작한 게 아니에요. 대부분의 신이 그러하듯

아르테미스 여신

이 사실 님프 입장에서는 인간이 어떻게 되든 별로 상관없는 일이 니까요.

그런데 프로메테우스 님은 무슨 이유에서인지 기묘한 취미를 가 지셔서 인간이 불행해지는 걸 원하지 않으셨어요. 프로메테우스 님 이 천상에 있는 불을 훔쳐서 인간에게 가져다준 이야기는 아마 다 들 많이 들어 보셨을 거예요. 최고신인 제우스 님은 인간을 별로 좋 아하지 않아서 인간에게 많은 벌을 내리시죠. 인간은 제가 보기에 도 오만하고 못된 짓을 많이 해요. 심지어 신과 님프를 업신여기기 도 하죠. 그래서 우리 님프들과 신들은 대체로 인간을 좋아하지 않 아요. 그런데 프로메테우스는 제우스 님 몰래 인간에게 지혜와 힘을 키워 주는 불을 가져다주었죠. 제우스 님은 그를 카프카스산의 바위에 묶어 두고 독수리가 그의 간을 쪼아 먹게 만들었죠. 간이 쪼아 먹힐 때마다 계속 새로 자라나서 독수리가 날마다 날아와 쪼아 먹길 반복하여 프로메테우스 님은 기나긴 고통을 겪으셨어요. 그러다 마침내 제우스 님의 아들인 헤라클레스가 독수리를 활로 쏘아 죽이고 프로메테우스 님을 구해 줬어요. 제우스 님은 아들을 아꼈던 터라 결국 아들의 뜻에 따라 프로메테우스를 용서했답니다. 여기까지가 인간에게 알려진 이야기예요.

그런데 안타깝게도 프로메테우스 님은 지금 천상에 있는 감옥에 갇혀 있어요. 또다시 인간에게 도움을 주려고 하다가 제우스 님

프로메테우스
제우스의 노여움을 산 프로메테우스는
독수리에게 계속하여 간을 쪼아
먹히는 형벌을 받는다.

에게 발각되었거든요. 어쩌면 곧 끔찍한 형벌이 내려질지도 몰라요. 이전처럼 바위에 묶어 놓고 계속된 고통을 겪게 만들 수도 있고, 그보다 더 끔찍한 형벌을 받을 수도 있어요. 그리고 어쩌면 소크라테스도 고통을 겪을지 몰라요. 그는 저와 프로메테우스 님을 도와서 인간을 이롭게 하는 계획을 꾸민 공범으로 몰릴 수 있거든요. 갑자기 실존했던 인물인 철학자 소크라테스가 등장해서 약간 어리둥절하시나요? 하하, 저는 그와 만나 많은 이야기를 나누었어요. 물론 사후세계에서요. 이 책을 계속 읽다 보면 소크라테스가 엄청난 역할을 하게 된다는 걸 알게 될 거예요.

오래전 소크라테스가 이승을 떠나 저승으로 들어왔을 때, 프로메테우스 님처럼 인간의 지혜를 발달시키는 데 도움을 줬다는 이유로 제우스 님이 벌을 내리려고 했었답니다. 그때 소크라테스는 달변으로 겨우 벌을 면한 적이 있었어요. 아직까지 그가 잡혀 갔다는 소식은 듣지 못했지만 제우스 님이 프로메테우스 님을 처벌하신다면, 소크라테스도 공범으로 잡혀 가서 고통을 겪겠죠. 다만 제가 소크라테스에게 괜찮겠느냐고 질문했을 때, 소크라테스가 자신은 떳떳하며, 만약에 잡혀 간다면 제우스 님의 화가 풀리도록 그에 대해 잘 해명할 수 있다고 했어요. 이번에는 이승에서 겪은 억울한 재판을 되풀이하지 않을 것이라고 말했죠.

제가 이 책의 내용을 신탁으로 내리기 전에 프로메테우스 님이 직접 인간에게 이야기를 전하려고 하셨던 것 같아요. 하지만 그 의도를 눈치챈 제우스 님이 그를 감옥에 가두어 버려서 제가 대신 나서게 되었어요. 사실 저와 프로메테우스 님은 혼인한 사이랍니다. 지금 제우스 님은 프로메테우스 님에게 어떤 처벌을 내릴지를 생각하고 계세요. 다만 지금은 잠시 유보 중이죠. 프로메테우스 님은 제우스 님이 오해를 하고 있다면서 화가 누그러질 수 있는 해명을 해 보겠다고 간청하는 중이에요.

제가 어떻게 감옥에 갇히지 않고 이 책을 쓰게 되었는지 또 궁금하실 거예요. 저는 단지 프로메테우스 님의 뜻에 따랐을 뿐, 인간에게는 특별한 관심이 없어요. 저는 다만 제우스 님의 분노를 거두고 그를 구하고 싶은 마음뿐이에요. 저는 이 책을 씀으로써 프로메테우스 님의 의도를 해명할 기회를 얻었어요. 아마 이 책이 출간되기전, 제가 이야기를 전달하는 과정에서 제우스 님이 확인하실 거예요. 프로메테우스 님은 제우스 님께 이 책의 내용을 읽어 보고 판단하시라고 간청을 하고 있어요. 제 생각에도 제우스 님이 오해를 하셨다고 생각해요. 저는 이 책의 모든 내용을 다 알고 있으니까요. 만약 이 책이 출간되어서 인간이 읽는다면, 그건 제우스 님이 오해를 푸시고 출간을 허락했다는 의미겠죠. 그리고 저의 배우자인 프로메테우스 님도 풀려나시겠죠. 그래서 저는 지금 제우스 님께 이런 말씀을 드리고 싶어요.

"하늘의 제왕이시자 가장 고귀하신 제우스 님이시어! 부디 화를 잠시라도 누그러뜨리시고 제 말을 들어 주십시오. 저의 배우자인 프로메테우스가 인간을 도우려고 한다는 죄목으로 지금 감옥에 갇혀 있습니다. 결국 그의 신변은 제우스 님의 판단에 맡겨질 테지요. 하지만 너그러우신 제우스 님의 배려로 자초지종을 설명할 기회를 얻었습니다. 제우스 님, 인간은 그간 많은 악행을 저질러 왔습니다. 그들은 점차 타락해 갔고, 한때 노하신 제우스 님은 거대한 홍수로 벌을 내리시기도 하고, 판도라의 상자를 보내서 인간에게 온갖 고통을 주시기도 하셨습니다. 인간은 프로메테우스가 건네준 불을 가지고 도구를 만들고 지혜를 개발하고 미래를 설계했습니다. 그들은 지구의 지배자가 되었고 점점 더 오만해지고 있습니다. 당연히 제우스 님의 심기는 점점 더 불편해지셨을 것입니다. 제우스 님, 저도 인간을 그다지 좋아하지 않고, 제우스 님이 인간에게 화를 내시는 이유를 잘 알고 있습니다. 하지만 제우스 님은 인간이 행복해지는 것을 싫어하는 건 아니지 않습니까? 다만 그들의 오만과 이기심이 싫을 뿐이지 않습니까? 제우스 님은 프로메테우스가 전한 불로 인해 인간이 더욱 오만해졌다며, 혹시 그가 또다시 인간을 오만하게 만들 것이라고 생각하고 계시지 않으십니까? 하지만 프로메테우스의 계획은 그런 것이 아니며, 단지 인간을 행복하게 하려는 것입니다. 그건 신들의 심기를 거스르는 인간의 오만을 키우는 일이 결코 아닙니다. 오히려 그와 반대로 인간의 오만을 줄이려는 것입니다. 제우스 님! 부디 노여움을 가라앉히시고, 이 책이 전하려는 프로메테우스의 의도를 끝까지 들어 보시고 판단해 주시기 바랍니다."

앞으로의 이야기에 대한 소개

여러분에게 전할 이야기를 다시 시작할게요. 이제부터 책을 읽는 인간 당신을 '여러분' 또는 '당신'이라고 부를게요. 여러분은 아마도 서양의 영향을 매우 많이 받았을 거예요. 햄버거와 콜라를 먹고 청바지를 입는다는 것뿐만 아니라 더 중요한 건 여러분이 서양식 교육을 받았다는 사실이에요. 물론 교육 방식이나 제도에서 미국이나 영국과 약간 다른 면은 있겠지만 많은 부분에서 비슷해요. 학교에서는 수학과 과학을 교육하고, 논리적, 이성적, 과학적으로 사고하라고 가르치겠죠. 여러분은 서양인이 알아내거나 만든 많은 것을 배우고 익히고 있을 거예요. 그리고 여러분은 아마도 '자유'와 '개인주의', '민주주의'가 나쁜 게 아니라 좋은 것이라고 생각하겠죠. 그리고 과학이 옳다고 생각하고 비과학적인 것은 나쁘다고 생각할 거고요.

그렇다면 여러분은 서양의 영향을 많이 받은 거예요. 다시 말해, '불의 지혜'의 영향을 많이 받았고 여러분은 그걸 좋아하는 거예요. 앞에서 제가 님프이고 이 책은 신탁으로 쓰였다고 말했었죠. 그걸 진실이라고 믿으세요? 아마 진실이 아니라 판타지 소설 같다고 생각하겠죠. 유명한 그리스 신화도 모두 허구의 이야기라고 생각할 테고요. 그것 봐요. 여러분은 불의 지혜를 믿고 신비주의를 믿지 않잖아요. 물론 저도 과학을 나쁘게 보지 않아요. 그리고 신화적인 이야기가 진실이라고 주장하려는 게 아니에요. 여러분은 계속 이성적으로 사고하고 과학을 믿으세요. 그리고 불의 지혜를 계속 좋아해도 돼요.

하지만 불의 지혜만이 옳다는 생각은 위험해요. 불의 지혜는 한계가 있고, 많은 부작용을 일으켜요. 불의 지혜만으로 이루어지지 않는 일이 많다는 걸 이제 알아야 해요. 저는 비과학적이고 비이성적인 이야기를 하려는 게 아니라 비과학적이고 비이성적인 영역에서 좋은 부분이 어떠한 것인지, 또 그것이 과학이나 이성과 어떻게 조화될 수 있는지를 이야기하려고 해요.

이 책에는 신화가 포함되어 있지만 그건 일부에 지나지 않아요. 저는 신비로운 존재이지만, 제가 들려줄 이야기는 대부분 사실이랍니다. 간혹 나오는 신화와 사실을 구분하는 건 그리 어렵지 않을 거예요. 당신은 과학을 믿으면서도 판타지 같은 이야기 또한 좋아하지만, 그 둘을 혼동하지는 않잖아요. 그렇다면 괜찮아요.

프로메테우스 님은 인간을 매우 좋아해서 본인이 위험에 처할 걸 알고도 또다시 인간에게 지혜를 전하려고 해요. 그는 인간이 잘 살고 행복하기를 원해요. 프로메테우스 님이 태곳적에 인간에게 준 '불의 지혜'로 인간은 똑똑해졌고 기술과 과학을 발달시켰어요.

불의 지혜가 뭔지 궁금하시죠? 그 이야기는 자세히 하자면 매우 길어요. 서양 역사와 철학의 변천사와 함께 이해하는 게 도움이 되니 나중에 따로 한 개 장(제3장)을 할애해서 자세히 이야기할게요.

우선 간단히 말하면 불의 지혜는 '문명을 발달시키는 지혜'예요.

여기서 발달이란 특히 '산업적', '물질적'으로 발달시키는 것을 말해요. 처음에는 실제적인 불을 만드는 지혜에서 출발했어요. 그게 수십만 년 전이죠. 그러다가 수천 년 전에 농경이 시작되면서 한 번 더 급격한 발달을 이루었고, 수백 년 전부터는 기술과 과학이 급격히 발전했죠. 이 모든 것이 프로메테우스 님이 전한 불의 지혜의 힘이에요. 그로 인해서 인간은 다른 동물과 자연을 지배할 수 있었고, 많은 물자를 소유하고 상당히 행복해졌어요.

그런데 왜 하필 지금 프로메테우스 님이 또 다른 지혜를 전하려고 할까요? 그건 바로 지금이 위기 상황이기 때문이에요. 이제 프로메테우스 님이 인간에게 전하려는 지혜는 '물의 지혜'예요. 단 불의 지혜를 물의 지혜로 대체하는 것이 아니라 기존의 문제점을 고치고 부족한 부분을 채우는 거죠. 사실 불의 지혜에는 장점이 많지만 부작용도 있어요. 그 부작용이란 인간을 불행하게 만드는 것이에요. 지금 인간은 물질적으로는 풍요롭지만 정신적으로는 불행해지고 있어요. 또한 좀 더 큰 차원에서 보면, 서로 다른 문화를 이해하거나 포용하지 못하고 충돌이 점차 늘어나고 있죠. 문명이 발달했기 때문에 더는 큰 전쟁은 없을 거라고 너무 안심해서는 안 돼요. 여기서는 먼저 현재의 큰 차원의 문제에 대해서 알려줄게요. 개인적 차원의 문제, 개인의 불행을 야기하는 문제에 대해서는 제2장에서 자세히 다룰게요.

요즘 일어나고 있는 큰 차원의 문제에 대해 간단히 설명할게요. 공산주의의 실패로 동서 간의 냉전이 끝난 이후로 세계에는 평화의 시대가 도래했을까요? 글쎄요…. 주위를 둘러보면 지금 세계는 서구문명과 비서구문명 간의 갈등이 점차 증폭되면서 빈번하게 충돌하고 있어요. 얼마 전까지 서구에서는 이 문제를 얕봤어요. 그들은 서구적인 정치체제와 사고방식이 전 세계에 퍼질 수 있을 것이라고 기대했어요. 물론 다양한 문화와 종교는 인정하지만 그건 개인의 선택 문제이고 취향 문제일 뿐, '서구식 합리주의'와 그로 인해 나타나는 '자유민주주의'는 문화와 종교를 초월하는 '보편적인 것'이라고 생각했어요.

서양의 지도 계층에서는 아무리 생각해도 자신들이 구축한 '서구식 합리주의'가 올바르고, 심지어 완벽하다고 생각할 거예요. 이는 신비주의와 대비되는 '이성'을 절대적으로 좋은 것으로 여기고, 이성을 파괴하거나 거부하는 종교적이고 신비적인 부분을 최소화하려는 것이죠. 하지만 서구식 합리주의를 기본으로 전제하고 그 위에 종교를 관용적 자세로 허용하려는 서양의 의도에 많은 비서양 국가들은 동의하지 않아요. '관용'이라는 서양식 태도도 오히려 오만하게 보일 뿐이에요. 그래서 많은 문화권에서 서구식 합리주의를 거부하고, 심지어 공격하기 시작해요.

서양의 입장에서는 관용과 다원주의를 통해 다양한 문화와 종교를 인정하는 양보는 할 수 있지만, 합리주의(이성주의)를 공격하는 건 결코 참지 못해요. 그건 '비이성적'이며, 따라서 '악'이라고 보는 거죠. 이러한 대립이 점차 심화되면 결국엔 폭력적인 충돌이 일어날 수밖에 없어요. 왜냐하면 비서구권에서는 서양이 퍼트리려는 합리주의를 '서구문화'라고 생각하고, 그것이 자신들의 문화를 없애는 것이라고 여기기 때문이에요.

비서구권의 생각이 틀린 것일까요? 제 말을 계속 듣다 보면, 그 생각도 어느 정도 일리가 있다는 생각이 들 거예요. 서양이 퍼트리려고 하는 건 '불의 지혜'인데, 이건 비서구문명이 전통적으로 가졌던 문화와는 달라요. 예를 들어 불의 지혜에서 파생되는 것에는 '물질중심주의', '소비중심주의', '개인주의'도 있어요. 이걸 비서구권과 동양이 무조건 받아들여야 할까요? 전통적으로 비서구권과 동양이 가진 문화는 공통적으로 '물의 지혜'에 가까워요. 불과 물은 서로를 없앨 뿐, 하나가 되기는 힘들어 보이죠. 그래서 이대로 가다가는 서로 다른 문화와 문명 간에 전쟁이 일어날 가능성이 커요. 국제 뉴스에 요즘도 종종 등장하는 테러 소식이 대개 문화나 문명 간의 싸움이에요.

20세기 중반 이후 서양의 선봉장인 미국은 불의 지혜와 그에 파생되는 체제를 전 세계에 퍼트리고 '보편화'하려고 많은 노력을 해 왔어요. 그런데 최근에 세계는 다시 거대한 변화의 흐름에 직면했어요. 이제까지의 보편화와 통합을 강조하던 추세가 줄어들고, 다시 분열의 시대에 접어들고 있죠. 영국은 유럽연합을 탈퇴해서 자국의 독자적 문화를 지키려는 노선으로, 미국은 트럼프 대통령의 당선으로 내적으로는 고립주의, 세계적으로는 분열을 허용하는 노선으로 가고 있어요. 그것이 자국 입장에서 더 이익이고 차라리 속편하다고 판단한 거죠. 이제 세계의 경찰 역할을 해 온 미국은 세계를 미국식으로 보편화하려는 노력을 줄이고, 세계의 다양한 민족과 문화의 독자성을 인정하고 세계의 분열을 받아들이고 있어요.

이러한 미국과 영국의 정치적 변화는 점점 커지는 문화 간 충돌의 조정자 역할을 포기하고, 자국만이라도 지키겠다는 몸부림인지도 몰라요. 그리고 어쩌면 분열된 세계는 다원주의 속에서 잠시나마 그럭저럭 어울려 살 수 있을지 몰라요. 하지만 그건 임시방편일 뿐이죠. 많은 사람이 걱정하듯이, 분열은 충돌의 위험을 더 키울 수 있어요. 국가이기주의와 극우민족주의, 종교적 극단주의의 위험이 그대로 남아 있는 거죠.

이제 지난 수십 년간 서양이 주도했던 세계의 보편화와 통일의 시도는 실패로 판명이 난 것처럼 보여요. 그래서 현재 세계는 국가 또는 문화 간에 분열이 일어나고 있고, 그로 인한 잠재적 위험성은 점점 더 커지고 있죠. 앞으로의 전쟁은 핵전쟁이 될 수도 있기에 인류는 정말로 조심해야 해요. 전쟁과 테러의 문제 이외에도 불의 지혜는 또 다른 문제를 일으킬 수 있어요. 과학과 기술을 무한대로 신뢰해서 생기는 문제예요. 자연환경 파괴, 유전자 조작의 부작용, 인공지능의 반란 등 갖가지 형태의 재앙으로 나타날 수 있죠. 무시무시한 이야기를 해서 미안하지만, 현재 세계에 닥친 문제를 최악의 상황까지 고려하면 그렇답니다.

이 커다란 문제의 근원에는 두 진영 간의 싸움이 있어요. 불의 지혜와 물의 지혜예요. 불의 지혜는 프로메테우스님이 아주 오래전 인간에게 전한 지혜로, 서양에서 발달해서 서양이 전 세계에 퍼트리려고 하는 지혜이고, 물의 지혜는 서양이 아닌 곳, 특히 동양에서 발달한 지혜예요. 그리고 물의 지혜는 종교적이고 신비적인 것과 관련이 커요.

현재 서양뿐만 아니라 동양에 속한 선진국의 많은 사람들, 특히 지식인층은 불의 지혜가 물의 지혜보다 우월하다고 생각할 거예요. 예를 들어 과학과 이성이 신비적인 종교보다 우월하다고 대개 생각할 거예요. 상식적으로 이것이 옳다는 생각이 들겠죠. 하지만 그 근원을 좀 더 파고들면 기존의 생각과는 다른 이야기가 펼쳐진답니다. 프로메테우스 님은 이번에 불의 지혜의 잘 드러나지 않았던 부작용을 강조하고, 그 해결책이 되는 '적절한' 물의 지혜를 알려 줄 (제안할) 예정이에요.

앞에서 세계 평화와 같은 굉장히 거창한 이야기를 했지만, 그건 결과적이고 파생적인 이야기이고, 이제부터는 그 문제를 일으킨 근원으로 파고들 거예요. 계속 파고들어 가다 보면, 그것은 꽤나 간단한 두 가지 구분에서 발생한답니다. 단순한 부분의 차이에서 거대한 두 종류의 분기가 일어나 큰 차이를 낳는 거죠. 한쪽은 이성과

과학, 물질주의, 개인주의, 자유주의 등으로 발전하고, 다른 한쪽은 그와 대비되는 쪽으로 발전해 갔어요. 그 근원은 사람들이 어떤 '철학'을 선택했느냐로 인해 벌어진 차이점이었어요. '철학'이라고 말해서 갑자기 막막하고 어렵다는 느낌이 들지도 모르겠네요.

하지만 당장 철학의 난해한 개념을 이야기하지는 않을 거예요. 여기서 말하는 '철학'은 간단하게 말해서 '지혜의 특정한 방식'이라고 보면 돼요. 이건 대부분의 사람이 개인적으로 지니고 있는 거죠. 개인이 어떤 철학을 지닌다고 말할 수 있고, 그건 어떤 특정한 방식의 지혜를 지니고 있다는 거예요. 개인이 지닌 철학 또는 지혜의 궁극적인 목적은 대개 개인(자신)이 더 잘 살고, 더 행복하고, 세상의 참모습을 더 잘 아는 것이겠죠. 사실 개인적인 철학이든, 유명한 철학자의 난해한 철학이든 이 목적은 다를 게 없어요. 철학자의 철학이 좀 더 복잡하고 전문적일 뿐이죠.

불의 지혜와 물의 지혜도 파고들면 개인이 지닌 철학과 관련이 있고, 그것은 개인이 지닐 수 있는 두 가지 종류의 지혜가 발전한 것이라고 볼 수 있어요. 사회는 개인으로 구성되어 있고, 개개인의 생각이 모여서 사회와 국가의 생각이 되니까요.

그래서 저는 이 책에서 당신 개인이 처한 문제와, 개인이 얻는 이득과 행복을 위주로 해서 이야기를 해 볼 참이에요. 그래야 당신도 더 잘 이해할 수 있을 거예요. 그래서 이 책은 이른바 '자기계발서'와 비슷한 면도 보일 거예요. 즉, 개인적 성공과 치유를 위한 책이 될 수 있어요. 그리고 개인주의가 많이 퍼진 국가의 사람들에게는 한 사람의 차원에서 득이 된다는 것을 설명할 수 있어야 그것이 왜 좋은지가 '와 닿을' 거예요. 예를 들어 불의 지혜만 옳은 것이 아니고 물의 지혜도 좋은 점이 있다고 설득하기 위해서는 '물의 지혜를 적절하게 지니는 것이 당신의 성공과 행복에 도움이 되기 때문이다'라고 설명하는 게 설득력이 크겠죠. 이렇게 설명해야 불의 지혜가 널리 퍼진 사회의 사람들이 받아들이기 쉽고, 더 나아가 개개인의 생각이 모여 이루어지는 민주적인 방식으로 인해 세계의 큰 흐름도 바뀔 수 있을 거예요.

그래서 앞으로 저는 '전체의 이익을 위해, 세계 평화를 위해서 어떻게 하자'라고 말하지 않을 거예요. 단지 '당신의 성공과 행복, 현명함을 위해서 어떠어떠한 생각(지혜)을 지니는 게 좋다'라는 말만 할 거예요. 그래야 모두가 인정할 수 있는 '보편적인 좋은 지혜'에 가까워질 수 있을 거예요.

이런 개인적인 이득을 위한 사소하다고도 할 수 있는 철학이 어떻게 세계적인 분쟁의 문제와 연관이 있는지 이상하게 보일 수도 있어요. 그런데 '철학'은 세계 분쟁을 이해하는 데 매우 중요하게 작용해요. 물질주의가 지배하는 시대라서 모든 분쟁을 '물질을 더 차지하기 위한 싸움'이라고 생각하는 사람도 있겠지만, 그보다 더 근본적으로는 '철학들' 간의 싸움이 있어요. 물질을 차지하기 위한 싸움은 그보다 세부적인 하위의 영역에서 일어나죠. 예를 들어 '내가 더 행복해지기 위해서는 물질을 더 많이 가져야 해'라는 철학이 선행되었을 때, 물질을 차지하기 위한 싸움이 일어나겠죠. 이러한 '철학'이란 앞에서 말한 것처럼, 근원적으로 개인 또는 구성원이 보다 잘 살고 현명해지는 방법과 지혜에서 출발해서 발전한 것이죠. 모든 철학, 더 나아가 문명과 문화의 기초가 되는 '(시대)정신'도 이 문제에 대한 하나의 설명 방식인 거죠. 그리고 보니 앞으로 어쩔 수 없이 철학자들과 그들의 철학에 관한 이야기가 꽤 나올 것 같네요. 하지만 최대한 쉽게 설명할 테니 미리 걱정하지는 마세요.

◆―――◆

역사적으로 서양과 동양은 '정신' 또는 '철학'에서 큰 차이가 있었어요. 그런데 이런 이야기를 하다 보면 많은 사람이 궁금해하는 한 가지 주제와 자연스럽게 연결될 것 같아요. 그건 '왜 서양이 동양을 이기고 세계를 지배하게 되었을까?'라는 주제예요. 서양은 동양보다 먼저 과학과 기술을 발달시켰고, 거의 모든 이성적인 학문 영역 또한 먼저 발달시켰죠. 그것은 물질적인 힘을 엄청나게 키우는 원동력이 되었고, 동양은 그 힘에 굴복했어요. 그 차이는 근본적으로 무엇 때문에 나타났을까요? 매우 흥미로운 주제이죠?

'왜 서양이 동양보다 먼저 고도의 문명을 발전시켰고 현재 세계를 지배하고 있는가?'라는 흥미로운 주제는 주로 역사학 분야에서 연구가 이루어지고 있어요. 오래전에는 백인이 유전적으로 머리가 좋기 때문이라는 주장도 있었지만, 그건 진실이 아니에요. 현재 가장 많이 지지받는 이론은 '지리적 특징'의 차이가 원인이라는 이론이에

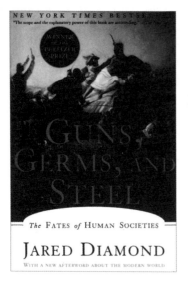

재레드 다이아몬드와 그의 저서 『총·균·쇠』
이 책에서는 서양이 세계를 지배한 원인을
지리적 특징의 유리함 때문이라고 설명한다.
다만 이 책은 주로 서양과 남쪽/신대륙과의
차이를 다루고 있고, 동양과 관련해서는
부차적으로 짧게 다루었다.

요. 여기서 지리적 특징이란 땅과 물의 형태, 기후, 동식물의 분포 같은 걸 말해요. 이러한 주장을 하는 학자들이 많이 있지만, 그중에서도 『총·균·쇠』를 쓴 재레드 다이아몬드(Jared Mason Diamond)가 가장 유명해요. 그의 책은 세계적인 베스트셀러로 큰 반향을 일으켰어요.

그런데 많은 학자가 그 차이를 주로 '물질적인' 부분에서 찾으려고 해요. 지리는 물질적이고, 아마도 이 또한 물질을 중시하는 불의 지혜의 영향 때문인 것 같아요. 하지만 저는 물질이 아닌 '정신'으로 그 원인을 설명할 거예요. 저도 학자들이 설명하는 지리의 차이가 커다란 원인이 될 수 있다고 생각해요. 그런데 '과학의 발달'과 '지리'는 언뜻 봐도 양자가 상당히 멀리 떨어져 있다는 단점이 있죠. 저는 서양이 과학과 기술을 먼저 발전시킨, 보다 밀접한 원인에 대해서 이야기할 거예요. 그건 정신적인 특징, 즉 철학의 차이예요.

그 차이의 정체가 뭔지 궁금하시죠? 이제 곧 공개하겠지만, 짧게 힌트를 준다면 그건 '자신을 믿는 지혜'와 '자신을 믿지 않는 지혜'와 관련이 있어요.

불의 지혜와 물의 지혜의 근원

프로메테우스 님이 인간에게 전한 불의 지혜는 문명을 (물질적으로) 발달시키는 작용을 해요. 불을 쓰기 시작한 것도 문명이 발달하는 거고, 농경을 시작한 것도, 문자를 사용하기 시작한 것도, 과학과 기술을 개발하는 것도, 생산이 늘어나서 경제적으로 풍요로워지는 것도 모두 문명이 발달하는 거죠. 즉, 불의 지혜는 '물질적인' 발달과 관련이 깊어요.

실제로 불의 지혜는 주로 서양이 크게 발달했어요. 오래전 어떤 시기에는 동양이나 서양이나 비슷해 보였죠. 언제부터 차이가 벌어졌는지는 명확하지 않지만, 적어도 수백 년 전부터 서양이 압도적으로 불의 지혜를 발달시켰어요. 대체 그 차이는 어디에서 비롯했을까요? 서양인이 동양인보다 유전적으로 머리가 더 뛰어났을까요? 그래서 수학과 과학을 잘하게 되었을까요? 현재 서양 내에서도 동양인이 수학이나 과학 등에서 우수한 성적을 보이는 것을 볼 때

유전적 차이는 아니라는 걸 쉽게 알 수 있어요.

　근본적 원인에는 철학적 성향의 차이가 있었어요. 그건 두 가지 차원으로 볼 수 있는데 바로 당시 그 지역 대중에게 널리 퍼진 어떤 무의식적인 사고방식(개인적 철학), 그리고 당시 그 지역의 유명한 철학자(사상가)들의 사상이에요. 그런데 이 두 가지는 밀접한 연관이 있고, 이러한 거대한 철학에서 동양과 서양에 커다란 차이가 나타났던 거예요.

　대중이 이해하기 어려운 난해한 책을 쓴 몇몇 철학자가 과연 역사와 문명에 얼마나 영향을 미쳤을까요? 과거에는 문맹률도 엄청나게 높았을 텐데 말이죠. 그런데 의외로 상당히 큰 영향을 미쳤어요. 특히 대중보다는 당시 지도층에 직접적인 영향을 미쳤죠. 지도층이 그 철학을 배우고 영향을 받아 법과 제도를 만들고, 교육을 해서 국민이 큰 영향을 받고, 문명도 바뀌었죠. 공자와 맹자, 주자의 사상이 조선시대 정치와 사회에 얼마나 많은 영향을 미쳤는지는 굳이 설명하지 않아도 될 거예요.

　그런데 유명한 철학자들의 사상은 당시 대중의 (무의식적인) 사고방식과 크게 괴리된 것은 아니어서 그 기반 위에서 약간의 발전적 변화를 가했다고 할 수 있는 거죠. 그래야만 그 지역의 지도층과 대중도 그 사상을 받아들일 수 있으니까요. 이렇게 엘리트적 사상과 대중이 지닌 개인적인 철학과 사고방식을 기반으로 서양의 과학과 기술이 발전했어요. 그것이 과학과 기술이 발전할 수 있는 '사회적 분위기'를 형성하고 '제도'를 만들었죠.

여기서 말한 대중이 지니는 개인적 철학은 사고방식의 '습성'과도 같아요. 이것을 그리스어로 '에토스(ethos)'라고 해요. 이는 사고방식의 어떤 성향이나 습관을 말해요. 이것의 특징은 주로 후천적으로 습득된다는 거예요. 즉, 문화, 교육, 철학과 깊은 연관이 있어요[주 : 에토스는 윤리, 도덕을 가리키는 말로도 쓰인다]. 이렇게 대중의 특정한 사고방식(에토스)과 그곳의 엘리트 철학은 서로 깊은 영향을 주며 떼려야 뗄 수 없는 관계인 거죠.

◆───────◆

그러면 서양에서 급격히 발전한 불의 지혜는 어떤 철학자를 가장 위대한 시초로 삼을 수 있을까요? 물론 그 거대한 흐름을 한 사람이 일으켰다고 볼 수는 없겠지만, 가장 눈에 띄는 최초의 철학자를 말할 수는 있겠죠. 이와 관련해 많은 사람이 소크라테스를 언급해요. 보통 예수, 공자, 석가, 소크라테스를 '4대 성인'이라고 하는데, 이 중에서 서양 문명을 발전시킨 불의 지혜와 관련된 사람은 소크라테스예요. 그는 당시 기득권층에게 인정받지 못하고 사형을 당했는데 그의 사상은 제자들에게 계승되어 발전되어 왔어요.

소크라테스는 고대 그리스의 빛나는 철학의 발전에서 매우 핵심적인 역할을 했어요. 그의 제자는 플라톤이고, 플라톤의 제자는 아리스토텔레스이죠. 그리고 이들의 철학이 유럽의 르네상스 시기에 재발견되고, 유럽의 근대 철학 발전의 밑거름이 돼요. 그래서 어떤 이는 서양문명이 동양문명에 앞서기 시작한 시점은 소크라테스가 활약하던 고대 그리스 시절부터라고 주장하기도 해요. 여기서 중요한 건 시점보다는 그 결과의 '원인'이니 이에 대한 설명은 이쯤에서 넘어갈게요.

소크라테스가 서양철학의 원천과도 같은 중요한 역할을 했다고 많이 알려져 있는데, 사실 좀 더 자세히 살펴보면 소크라테스는 매우 이해하기 어려운 사상가라는 걸 알 수 있어요. 현대의 유명한 철학사가는 "소크라테스 철학의 올바른 이해에 도달한다는 것은 철학사적 연구가 직면한 가장 어려운 과제 중의 하나이다"(슈퇴리히, 『세계철학사』 중에서)라는 말을 했을 정도니까요.

여러분은 대개 소크라테스와 관련해 '네 자신을 알라'라는 격언과 '성찰하지 않는 삶은 가치가 없다'라는 격언 정도 들어 봤을 거예요. 그런데 '네 자신을 알라'라는 격언은 소크라테스가 직접 말했다는 기록이 없어요. 이 말은 원래 아폴론 신전 기둥에 쓰여 있는 말인데, 후대인이 소크라테스의 사상을 '특정한 방식으로' 해석하면서 가장 적당하다고 판단해 붙인 것이에요. 그 특정한 방식이란 '불의 지혜'라는 서양철학사의 주류에 맞게 해석한 거예요. 참고로 철학과 인문학에서는 이렇게 후대인이 과거를 특정한 방식으로 해석할 수 있어요. 그래서 새로운 해석이 나타날 수 있고 계속 논쟁이 벌어지죠.

그런데 왜 제가 지금 소크라테스 이야기를 길게 하고 있냐고요? 다른 중요한 서양철학자에 대한 이야기는 나중에 제3장에서 할 거

소크라테스

고, 지금은 소크라테스만 언급할 거예요. 왜냐하면 소크라테스가 이 책을 만드는 데 큰 역할을 했거든요. 사실 알고 보면 소크라테스는 불의 지혜만 가르친 것이 아니라 '물의 지혜'도 가르쳤죠. 그래서 당시에 신들도 그가 지상에서 가장 지혜로운 사람이라고 생각했어요. 하지만 그의 물의 지혜는 후대인에게 거의 알려져 있지 않아요. 그래서 프로메테우스 님은 현대인에게 필요한 물의 지혜를 찾는 데 소크라테스가 도움을 줄 것이라고 말했어요.

소크라테스의 사상 중에는 알려진 부분이 있고 숨겨진 부분이 있어요. 소크라테스가 생전에 명확하게 말을 하지 않고 기록으로 남기지도 않았기 때문에 그의 사상은 한 면만 부각된 경향이 있어요. 소크라테스의 많이 알려진 사상과 지혜는 불의 지혜와 관련되어 있어요. 그의 알려진 업적은 이성과 합리성으로 진리를 찾아내고 결국에는 과학과 기술의 획기적 발전으로 이어진 그 계보에서 큰 역할을 했다고 평가되죠. 반면에 거의 드러나지 않은 부분은 물의 지혜에 관련되어 있어요. 물의 지혜는 불의 지혜의 부작용을 부각하고, 그것을 치유하는 역할을 해요. 하지만 서양철학의 전통과 잘 맞지 않는다는 이유로 이 부분은 소외되어 왔죠. 프로메테우스 님은 저에게 소크라테스를 만나 직접 대화를 나눠 보고 그 과정을 책에 쓰라고 하셨어요. 소크라테스가 생전에 물의 지혜도 가르쳤다는 걸 사람들이 알면, 사람들이 물의 지혜를 이해하는 데 도움이 될 거라고 하셨죠.

역사적으로 불의 지혜는 서양철학, 물의 지혜는 동양철학에서 주로 나타나요. 동양철학은 서양철학보다 종교적인 성격이 강해요. '유교', '도교', '불교'처럼 동양철학은 종교와 유사하다고 여겨지기도 하죠. 이것은 이성적이라기보다는 신비적으로 보이는 물의 지혜의 특징 때문이에요. 그래서 사실 동양의 종교뿐 아니라 모든 종교는 물의 지혜의 특징을 지니고 있지요. 기독교와 이슬람교도 물의 지혜의 특징을 지니고 있어요.

다만 프로메테우스 님은 이번에 자신이 전하고 싶은 물의 지혜가 과거 특정한 동양의 사상이나 종교와 같은 것은 아니라고 하셨어요. 그러한 것에서 인간에게 도움이 되는 장점을 뽑은 것이 물의 지혜예요. 다만 동양철학을 통해 배울 점이 있기 때문에 저는 그중에서 노자(老子)라는 중국의 유명한 철학자의 영혼을 만나 동양철학과 물의 지혜에 대한 이야기를 나눴답니다. 그것도 제가 자발적으로 한 것은 아니고 프로메테우스 님이 시킨 거죠. 프로메테우스 님은 아폴론 님에 비견할 정도로 신들 중에서도 현명하기로 유명하고 미래도 내다보시는 분이니 큰 뜻이 있을 것으로 알고 따른 거예요. 실제로 저에게 시킨 데에는 이유가 있었는데 본인이 감옥에 갇혀서 직접 신탁을 내리지 못할 상황에 미리 대비한 거죠. 제가 소크라테스, 노자와 어떤 이야기를 나눴는지는 나중에 확인할 수 있을 거예요.

프로메테우스 님은 지금 선진국 사람들에게 불의 지혜가 널리 퍼져 있지만 그들에게 필요한 건 물의 지혜라고 하셨어요. 단 불의 지혜를 없애고 물의 지혜로 대체하는 것이 아니라 불의 지혜만으로는 부족한 부분을 물의 지혜로 보완하고, 불의 지혜의 부작용을 치유해야 한다고 하셨죠.

◆━━━━━◆

이제 미뤄 둔 '서양이 불의 지혜를 발달시킨 원인'에 대해 말할 때가 된 것 같네요. 불의 지혜는 서양에서 먼저 발달시켰고, 그로 인해 서양에서 과학, 기술, 산업이 발달할 수 있었다고 이미 말했어요. 그러면 무엇이 그 차이를 만들었을까요? 앞에서 아주 간단한 지혜의 두 가지 분기로 인해서 불의 지혜를 발달시키는 쪽과 물의 지혜를 발달시키는 쪽으로 나뉘었다고 말한 적이 있어요. 그 둘의 차이를 간단하게 말한다면, 그것은 놀랍게도 '자신을 믿는 지혜'와 '자신을 믿지 않는 지혜'예요.

여러분은 자신을 믿으시나요? 자신을 얼마나 믿으시나요? 자신을 믿는 게 좋을 걸까요? 나쁜 걸까요? 자신을 믿는 지혜에는 좋은 점이 있지만 그게 항상 좋은 건 아니죠. 자신을 믿지 않는 것이 좋을 때도 있어요. 그런데 서양에서는 특이하게도 '자신을 믿는 지혜'가 동양에서보다 더 발달했어요. 그러한 지혜가 사람들의 심리적 저변(습성), 즉 에토스에 있었다고 볼 수 있죠.

'자신을 믿는 지혜'가 무엇을 뜻하는지 이제부터 설명해 볼게요. 그건 다시 말하면 '주관을 믿는다', '주관에 집중한다'는 뜻이에요. 이러한 성향을 지향하는 사상을 철학 용어로 '주관주의'라고 해요. 서양의 유명한 철학자들은 주관주의를 강조하거나 아니면 전제로 한다는 공통점이 있어요. 적어도 동양과 비교하면 확연히 그러하죠. 그러면 '주관'이란 무엇일까요? 그것은 '자신의 관점'이에요. 정리하자면, 서양인은 동양인보다 '자신의 관점에 집중'했어요. 서양인은 특이하게도 그런 성향(에토스)을 지니고 있었고, 그로 인해 서양에서 불의 지혜가 발달한 거죠.

서양인은 개인주의적이고, 사람들의 사고방식과 사회 구조, 사회 분위기를 보면 개인주의가 두드러져요. 서양에서 유래한 개인주의의 근원을 파고들어 가 보면, 거기에는 오래전부터 서양인이 동양인에 비해 '자신의 관점에 집중하는 성향'이 더 강함을 알 수 있어요. '자신의 관점에 집중함'은 곧 '자신의 관점(주관)이 옳다', '자신의 관점 안에 진실이 있다'고 생각한다는 걸 의미해요. 아, 그런데 '관점'이 뭐냐고요? 그건 조금 뒤에 자세히 말할게요. 근대 서양철학자들은 이러한 생각을 기본으로 전제하거나, 이러한 성향을 더욱 고취하는 사상을 전개해요. 그래서 서양철학(엘리트 철학)은 '주관주의' 경향이 강해요.

지금은 믿기지 않을 수도 있는데, 이러한 '주관주의 철학'(철학자의 사상이건 개인적 철학이건 간에)이 과학과 기술의 발전을 만든 원동력이었어요. 그리고 논리학, 수학, 진리 탐구, 모험과 탐험도 촉진하죠. 주관주의와 개인주의는 '나'를 중시하고, 개인의 자립심을 키워요. 그래서 새로운 세계에 대한 도전정신과 모험심이 강해지죠. 서양철학사에서 이러한 주관주의가 어떻게 발달하였는지, 그리고 그것이 과학과 기술, 진리와 진실의 탐구에 어떻게 도움이 되었는지는 나중에 제3장에서 자세히 이야기할게요. 그리고 이건 비밀스러운 이야기인데, 왜 하필 서양에서 그러한 성향이 나타났는지와 관련해 제가 프로메테우스 님에게 들은 이야기도 들려줄게요.

재미있는 사례를 하나 들자면 동양에서는 개인의 이름을 말할 때 성을 먼저 말하고 이름을 나중에 말하죠? 그런데 서양에서는 이름을 먼저 말하고 성을 나중에 말해요. 주소를 말할 때도 서양에서는 작은 단위를 먼저 말하죠. 참고로 유럽 내의 동양이라고 불리는 헝가리에서는 동양식 순서를 가져요. 이것도 서양식 사고방식과 관련되어 있어요. '성'은 공동체를 말하는 거고, '이름'은 '나'를 직접 지목하는 거예요. 서양에서는 '나'라고 하는 개인 단위가 공동체의 단위보다 더 눈에 띄고 주목받는 거예요. 그래서 이름이 성에 앞서는 거죠. 설명을 덧붙이자면 소크라테스가 살던 고대 그리스에는 성이 없었어요. 이름만 있었죠. 그러다가 나중에 성이 붙기 시작했는데, 서양에서는 이름 뒤에 성을 붙이고, 동양에서는 이름 앞에 성을 붙였어요. 그 차이는 바로 동양과 서양의 사고방식과 사회 분위기의 차이에서 비롯한 거예요.

또 한 가지 재미있는 건 영어에서 흔히 쓰이는 단어인 'self-esteem'에 대한 적절한 번역어가 한국어, 중국어, 일본어에는 없다는 사실이에요. 'self-esteem'은 한국어에서 '자존심' 또는 '자부심'으로 흔히 번역되는데 그 말은 사실 적절한 대응어가 아니에요. 'self-esteem'은 자신을 믿고 자신에게 의지하는 경향을 뜻하는데 이런 뜻을 지닌 단어는 전통적으로 동양에는 없었어요. 그래서 '자존감'이라는 새로운 용어로 쓰기도 하는데, 이는 동양인에게 꽤나 낯설게 느껴지는 신조어일 거예요. 이 또한 적절한 대응어인지도 모호하고요.

이제 '관점'에 대해서 좀 더 살펴볼게요. 불의 지혜와 물의 지혜의 차이를 알기 위해서 '관점'을 이해하는 건 매우 중요해요. 서양적 사고와 동양적 사고의 중요한 차이는 '관점'에서 비롯해요. 정확히 말하면, '자신의 관점에 대한 태도'가 핵심이에요. 불의 지혜는 자신의 관점에 주목하고 그것을 긍정하면 더 잘 개발돼요. 서양인은 오래전부터 자신의 관점에 더 주목해 왔고, 불의 지혜와 관련된 좋은 성과를 거두었죠. 그러면 대체 '(자신의) 관점'이란 무엇인지를 이야기해 보죠.

자신의 1인칭 관점

'관점'의 의미에 대해 한번 생각해 보세요. 인간은 아마도 각자의 관점을 지니고 있을 거예요. 저한테도 있긴 한데요, 저는 인간의 관점에서 '초능력'이라고 부르는 걸 지니고 있으니까, 인간이 지니는 관점과는 크게 차이가 있어요. 관점이라는 건 개개의 개체마다 다르다고 볼 수도 있지만, 종류를 묶어서 볼 수도 있겠죠. 가령 저와 같은 님프의 관점도 있고, 인간의 관점도 있고, 개의 관점도 있고, 파리의 관점도 있겠죠.

이렇게 같은 종을 묶으면, 같은 종끼리 관점상 공통점을 지닐 수 있죠. 그리고 다른 종의 관점은 이해하기가 매우 어렵답니다. 예를 들어 보죠. 저는 천리안으로 수십 킬로미터 떨어져 있는 곳까지 볼 수 있고, 인간이 들을 수 없는 초음파도 들을 수 있어요. 당신은 이러한 저의 관점을 이해할 수 있겠어요? 아마 어려울 거예요. 그런데 당신은 인간이기 때문에 같은 종의 인간이 어떤 경험을 하는지 대충은 이해할 수 있을 거예요. 아마 당신이 보는 색깔을 대개 다른 인간도 비슷하게 볼 것이고, 초능력을 사용하지 못할 거라는 것도 예상하겠죠. 그리고 분뇨 냄새를 맡으면 얼굴이 찌푸려지고 멀리 떨어지려고 하겠죠. 하지만 분뇨 냄새를 좋아하고 모여드는 동물도 있어요. 그 동물들의 관점에서는 그것이 향기롭게 느껴지겠죠. 사실 이제까지 말한 인간 종적인 관점은 제가 하고 싶은 이야기와 관련이 거의 없어요. 다만 당신이 지니는 관점은 다른 인간이 지니는 관점과 공통점이 많다는 점을 알리고 싶었어요. 다른 종의 관점과 비교했을 때 확실히 그렇다는 말이에요.

인간의 종적인 관점은 인간 개개인 사이에 공통성이 있기 때문에 인간은 타인과 소통을 할 수 있어요. 당신이 느끼는 붉은색과 다른 사람이 느끼는 붉은색이 같을 것이라고 생각하고, 당신에게 보이는 것이 다른 사람에게도 보일 것이라고 생각해요. 그러면 개개인이 각자 지니는 관점이 다르다는 건 사람들이 잘 알고 있을까요? 어느 정도 알기도 하겠지만, 의외로 잘 모르고 있어서 제가 여기서 자세히 설명하려는 거예요.

이제부터가 중요한 이야기예요. 인간은 각자 개인이 지니고 있는 '자신만의 관점'이라는 게 있어요. '주관적 관점'이라고도 하죠. 바로 당신'만'이 가지고 있는 관점이에요. 그건 세상에 하나밖에 없는 당신의 관점이에요. 마치 고유명사처럼 당신의 '고유한 것'이죠. 이 책에서는 이런 '자신의 관점'에 대해서 다룰 거예요. 자신이 지닌 고유한 관점에 집중하고 주목하면 불의 지혜가 더 잘 발달할 수 있어요.

불의 지혜는 '이성적인' 지혜와 관련이 있고, 그것은 '로고스(logos)의 지혜'라고도 해요. 그러면 물의 지혜는 어떤 것일까요? 이성과 대비되는 감성이 아닐까 하고 예상하는 분도 있겠죠? 하지만 감성이라고 생각하면 큰일 나요(절대 아니에요). 물의 지혜는 불의 지혜의 부작용을 치유하는데, 그건 '비움'과 관련이 있어요. 훌륭한 물의 지혜는 자신의 관점에 집착하지 않고, 자신의 관점에서 벗어나는, 또는 '관점을 깨는' 작용을 해요. 이번에 프로메테우스 님이 인간에게 전하려는 것이 그거예요. 불의 지혜는 자신의 관점에 집중함으로써 개발되는 것이고, 물의 지혜는 자신의 관점을 '깸'으로써 개발된다고 보면 돼요. 그 '깨뜨림'이 당신에게 개인적으로 도움이 돼요.

제가 앞에서 당신의 개인적인 이득을 위한 이야기를 하겠다고 했죠? 그래요. 불의 지혜도 물론 당신의 개인적 이익에 도움이 되지만, 그것만으로는 턱없이 부족하기 때문에 물의 지혜가 필요한 거예요. 그러면 과연 깨야 하는 그 관점은 무엇인가, 깬다는 것은 무엇인가가 이 책에서 말하는 핵심적인 내용이 될 거예요. 불의 지혜에는 당신에게 도움이 되는 부분이 많기 때문에 자신의 관점에서 소중히 여겨야 하는 부분이 있지만, 반면에 어떤 부분은 비판적으로 보아야 해요. 이에 대한 답은 이 책의 뒷부분에 나온답니다(특히 제4장을 참조).

◆━━━━━◆

이 책에서 다루는 '관점'이란 '자신만의 관점'이에요. 이게 뭔지부터 설명해야겠죠. 그런데 저는 이것을 더 자세하게 두 종류로 구분할 거예요. 먼저 첫 번째를 살펴보죠. 자신만의 관점은 '1인칭 관점'이라고 할 수 있는데, 이 부분은 특히 외부를 관찰하는 '지각적·감각적 경험'과 관련이 있어요.

예를 들어 잠시 이 책에서 눈을 떼고 주변을 둘러보세요. 아마도 어떤 특정한 장소에 있을 거예요. 그곳은 당신의 방일 수도, 서점일 수도, 공원의 벤치일 수도 있겠죠. 지금 이 순간, 바로 그곳에 있는 사람은 당신뿐이에요. 바로 옆에 누군가가 있다고 하더라도 당신이 있는 그 위치와는 다른 곳에 있는 거예요. 당신의 왼쪽 50센티미터 정도 되는 곳에 어떤 사람이 있다고 하면, 당신의 시야의 왼쪽에서 그 사람이 보일 거예요. 하지만 그 사람의 시야에서는 당신이 오른쪽에서 보이겠죠. 그러므로 아무리 다른 사람과 한 공간에 가까이 있다고 하더라도 시각 경험이 같을 수는 없어요. 이것이 당신만이 지니는 경험 내용이에요. 정면을 바라보고 목을 고정해 보세요. 당신의 시야의 한가운데에 어떤 형상이 보일 거예요. 그리고 그 주변으로도 무언가가 보이겠죠. 그러면 당신이 보는 전체적인 하나의 그림이 그려지겠죠. 그게 바로 당신만의 관점이에요.

당신이 어떤 사물을 바라보고 있다고 해 보세요. 당신은 당신의 관점에서 보이는 부분만 볼 수 있어요. 그 사물의 뒷부분은 보이지 않아요. 마치 하늘에 떠 있는 달을 보고 있을 때 달의 뒷면이 보이지 않는 것처럼 말이에요. 당신이 어떤 사물의 뒷부분을 확인하려고 그 사물을 돌리거나, 그 사물의 뒤로 몸을 이동시키면 그것의 뒷모습이 보이겠죠. 하지만 그때에도 보이지 않는 부분은 생겨요. 물론 정면을 본 뒤 그 사물을 돌려서 후면을 보면, 정면의 모습을 기억하고 있을 것이고, 그 둘을 합쳐서 3차원의 형상을 떠올릴 수 있겠죠. 그렇게 당신은 항상 3차원 형상을 머릿속으로 파악할 수 있으니, 당신은 아마 평소에 1인칭 관점에 연연하지 않았을 것이고, 1인칭 관점이 '자신만의 것'이라는 사실을 잘 몰랐을 수도 있을 거예요.

그런데 바로 그러한 자신만의 관점과 1인칭 관점을 중요하게 여

15세기 레오나르도 다빈치의 〈최후의 만찬〉
이 그림에는 1인칭 관점의 원근법이 적용되어 있다.

기기 시작하면서부터 이성적인 지혜가 발달하고, 불의 지혜가 급격히 발달해요. 머릿속에서 그려 내는 3인칭 관점도 아니고, 모든 사람이 공통으로 생각하는 사물의 관념도 아니고, 바로 1인칭 관점이 중요해요.

서양인은 1인칭 관점에 주목하는 성향이 있었어요. 적어도 동양인에 비하면 훨씬 그러하죠. 서양인이 그린 그림을 보면 1인칭 관점의 그림을 동양인보다 훨씬 먼저 그리기 시작했어요. 1인칭 관점 그림의 특징은 사물들이 각각 일정한 각도를 가지고 멀어질수록 점차 하나의 점에 수렴해요.

이러한 1인칭 관점의 그림에서 보는 것처럼 인간은 세상을 지각해요. 그런데 이것에 주목하는 게 뭐가 그리 중요하냐고요? 1인칭 관점에 주목하면, 자신이 '아는' 부분과 '모르는' 부분이 분명하게 구분되는 효과가 나타나요.

예를 들어 볼게요. 가령 당신 앞의 테이블에 컵 하나가 놓여 있다고 해 보죠. 당신에게는 컵의 한쪽 면만 보이겠죠? 뒷면은 당신에게 보이지 않아서 어떤지 알지 못해요. 이런 식으로 자신이 아는 것과 모르는 것이 구분되는 거예요. 당신이 컵의 반대편에 어떤 무늬가 새겨 있는지를 알려면, 컵을 자신의 방향으로 돌리거나 당신이 반대편으로 이동해야겠죠. 그런데 컵의 뒷모습을 직접 확인하지 않은 상태에서 당신의 앞에 한 사람이 마주 보고 앉아 있다고 해 보세요. 그리고 그가 컵의 반대편 모양을 당신에게 설명해 줘요. 그러면 당신은 반대편의 모양을 얼마나 잘 알 수 있을까요? 만약에 소통이 잘 안 된다면 어떡하죠? 만약 상대방이 거짓말을 하면 어떡하죠? 더욱 확실한 방법은 당신이 직접 반대편을 눈으로 확인하는 거예요. 왜 이렇게 상대방을 믿지 못하고 의심을 하냐고요? 보다 확실하고 정확한 사실을 추구해야 하니까요. 그런 '의심'으로 인해서 인간의 과학이 발전하고 기술도 발전하고 문명도 발전한 거예요.

참고로 서양의 주류 학계, 즉 불의 지혜의 진영은 최대한 의심하는 태도인 회의주의(skepticism)를 선호하고 장려해요. 회의주의와 주관주의는 매우 밀접한 관련이 있는데, 이에 대해서는 제3장에서 철학자 데카르트를 소개하면서 이야기할게요.

또 다른 종류의 관점 : 자신의 기억과 감성에 기인한 관점

자신만의 관점에는 앞에서 말한 1인칭 관점 말고도 다른 종류의 것을 따져 볼 수 있어요. 자신만의 관점이란 자신이 경험하는 주관적인 경험인데, 경험은 따져 보면 크게 두 종류로 나눌 수 있어요. 외부 대상을 직접 감각하고 지각하는 경험과, 자신의 내부에서 만들어 내는 것에 가까운 경험이 있어요. 다만 그 경계가 모호한 부분이 있기도 하겠죠. 예를 들어 자신이 배가 매우 고팠을 때 평소에 별로 좋아하지 않는 음식도 맛있게 느껴지는 사례는 자신이 만든 경험이기도 하고 외부 대상을 감각한 것이기도 하죠.

하지만 주관적 경험(자신의 관점)은 대체로 둘로 나눌 수 있어요. 주로 '받아들이는' 경험과 주로 자신의 내부에서 적극적으로 '만들어 내는' 경험으로 나눌 수 있어요. 전자의 대표적인 예는 앞에서 본 것처럼 시각적으로 관찰하는 경험을 들 수 있죠. 이번에는 자신의 내부에서 만들어 내는 자신의 관점에 대해 알아볼게요.

저의 이미지를 한번 머릿속에 그려 보세요. 전에 제가 젊고 예쁜 여자 님프의 모습을 떠올려 보라고 말했는데, 좀 더 자세하게 그려 보세요. 저를 어떻게 상상하고 있나요?

제가 대강 어떤 옷을 입고 있고, 어떤 얼굴을 하고 있고, 어떤 곳에 살고 있는지 머릿속에 그릴 수 있나요? 그런데 그게 진짜 저의 모습이냐고요? 물론 아니죠. 당신이 떠올린 건 당신의 관점이 만든 형상일 뿐이에요. 그럼 저도 당신을 떠올려 볼까요? 당신은 20대 남자에 동양인이고 지금 서점에서 서서 책을 읽고 있나요? 맞을 수도 있지만 아닐 수도 있겠죠? 그래서 저는 당신이 어떤 사람인지 더는 추측하지 않겠어요.

당신은 저를 어떤 모습으로 상상하고 있었나요? 10대나 20대 정도의 아름다운 백인 여성? 그리고 물결치는 커다란 천을 몸에 걸친 모습? 아니면 등에 날개가 달려서 날아다니는 모습? 혹시 제 얼굴이 영화 〈타이타닉〉의 여주인공 케이트 윈슬릿과 닮았나요? 아니면 〈어벤저스〉의 블랙 위도우 역을 맡은 스칼릿 조핸슨처럼 카리스마 있는 모습을 하고 있나요? 저는 서구적인 백인의 얼굴을 하고 있다고 말한 적이 없는데, 여기서 제가 전지현을 닮은 동양적인 얼굴이라고 한다면 어떠시겠어요? 아니면 비욘세처럼 피부가 까무잡잡한 여성이라면 어떨까요? 만약에 펑퍼짐한 치마와 저고리 같은 동양식 옷을 입고 있다면요? 그런 상상은 아마 하기 힘들었겠죠? 만약에 이와 같은 상상을 하셨다면 당신은 아마도 굉장히 창의적인 사람이거나, 이상한 사람이겠죠. 진짜 제 모습이 계속 궁금하실 텐데 그냥 편한 대로 아까 떠올렸던 모습이라고 생각하셔도 돼요.

당신이 떠올린 저에 대한 이미지를 다른 사람도 똑같이 떠올렸을까요? 물론 아니겠죠. 사람마다 떠올리는 형상은 제각각이었을 거예요. 당신이 떠올린 건 당신의 관점이 만들었다고 볼 수 있죠. 제가 '전지현'과 '케이트 윈슬릿'을 말했는데, 당신이 그 사람을 TV나 영화 등에서 본 적이 있고 이름을 알고 있다면 그 얼굴을 떠올렸겠죠. 그런데 모든 사람이 그 사람을 아는 건 아니에요. 한국인은 전지현을 알겠지만, 외국인 중에는 모르는 사람이 더 많겠죠. 그러면 그 형상을 떠올릴 수 없어요.

당신이 떠올린 생각은 당신만의 기억에 따른 것이고, 그래서 사람마다 달라요. 인간은 초능력이 없기 때문에 다른 사람의 생각을 알 수 없는 건 당연한데, 그렇기 때문에 자신만의 것이라는 이야기가 아니에요. 개개인이 가지는 생각, 인상(기억에 의한 느낌), 표상(떠오른 기억의 단위)을 모두 꺼내 놓고 비교해 보면 사람마다 다르고 고유하다는 이야기예요. 사람마다 생각이 다르다는 건 경험해 보면 쉽게 알 수 있는 일이죠. 그런데 똑같은 대상에 대한 인상이나 해석이 사람마다 다르다는 건 눈치채지 못하는 경우가 많은 것 같아요.

'바나나'를 모르는 사람은 아마 없겠죠? 만약에 바나나의 뜻을 모르는 사람이 있다면, 그는 바나나를 넣은 문장을 이해할 수 없겠죠. 하지만 대부분 인간은 바나나의 뜻을 알고 무엇을 지칭하는지 알기 때문에 그 의미를 사람들과 공유한다고 생각해요. 즉, 공통의 생각을 떠올린다고 가정하죠. 대체로 노란색이고, 길쭉하고, 껍질을 벗겨서 먹는 단맛이 나는 과일이라는 의미를 공유하는 거죠. 인간은 매일 타인과 수많은 소통을 하고, 마음속에 떠오른 생각과 기억도 타인이 똑같이 떠올릴 수 있을 것 같기 때문에, 그것이 자신만의 것이라는 생각을 대개 하지 못해요. 하지만 사실 바나나에 관한 기억은 모든 사람이 각자 달라요. 그래서 바나나에 관해 떠오르는 생각도 다르죠.

당신이 지니는 생각은 당신만의 것이에요. 당신이 혼자 상상하는 것뿐만 아니라 소통의 과정에서 떠올린 인상이나 이미지, 기억도 모두 당신만의 생각이에요. 그것이 '다른 사람이 지닐 수도 있는 것'이라고 해서 당신의 생각이 다른 사람과 같은 건 아니에요. 당신의 육체적, 정신적 상태를 가진 건 당신뿐이므로, 그로 인해 만들어진 (심적인) 경험은 당신만의 것이죠.

소통(말, 글 읽기)을 할 때 인간은 서로 동일한 의미를 공유할 수 있다고 생각할 거예요. 그러지 않으면 의미의 전달이 되지 않겠죠. 그런데 소통의 과정이야말로 주관적인 해석과 주관적인 경험이 매우 많이 개입되는 과정이에요. 다만 인간은 소통에서 '대강' 공통적인 의미를 가진다고 가정할 뿐이죠. 하지만 소통의 과정에서 겪는 경험은 사람마다 상당히 달라요. 왜냐하면 말이나 글을 이해할 때 단지 외부의 것을 그대로 받아들이는 것이 아니라 자신의 내적 상태(기억, 감정 등)에 따라 의미를 '구성해야' 하기 때문이죠.

'식탁'이라는 단어의 뜻을 해석할 때, 무엇이 떠오를까요? 사실 대개 무의식적인 과정이어서 뭐라고 말하기 어려울 거예요. 그런데 점점 구체적으로 떠올릴수록 그게 자신만의 것이라는 것이 분명해져요. 각자 자신에게 인상 깊거나 떠올리고 싶은 특정한 것이 떠올라요. 어떤 사람은 동양식 식탁을 떠올릴 것이고, 어떤 사람은 서양식 식탁을 떠올리겠죠. 어떤 사람은 비싸고 화려한 식탁을, 어떤 사람은 값싸고 소박한 식탁을 떠올리겠죠. 그러면 그렇게 범위가 넓은 단어 말고, 대상이 하나뿐인 고유명사는 어떨까요? 그것도 마찬가지예요. '전지현'이나 '한라산'을 떠올려 보세요. 당신이 떠올린 이미지가 다른 사람과 동일한가요? 그렇지 않아요. 그와 관련해서 당신에게 인상 깊었던 기억이 떠올랐을 거예요. 다른 사람은 그 고유명사의 이미지나 느낌이 다르게 떠오를 수 있죠.

글이나 책을 읽을 때는 개인마다 이해, 즉 각자의 최종 경험이 더욱 달라질 수 있어요. 그럼 테스트를 해 볼게요. 당신은 지금 이 책을 읽고 있겠지만, 해석을 하려고 하지 말고 그냥 책의 형태와 글자의 모양만 바라보세요. 그 형태가 보이죠? 그 형태는 객관적인 공통점을 구성하기 쉬워요. 그래서 2진법 코드로 치환해서 컴퓨터 프로그램 파일로 만들 수도 있죠. 하지만 책을 읽는다는 건 글자의 형태를 인지하는 게 아니죠. 형태에 담긴 의미를 해석해야 해요. 그러기 위해서는 당신의 기억 속에서 필요한 것을 끄집어내서 경험을 구성해야 돼요. 각자의 기억은 다르므로, 글과 책의 해석은 사람마다 상당히 달라요. 글 읽기는 단지 외부의 자극을 받아들이는 게 아니라 내부에서 '만들어 내는' 일을 해야 해요. 물론 그 일이 전부 의식적인 게 아니라 무의식적으로 빠르게 떠오르기도 하지만, 그것 역시 능동적인 과정이고 머리를 많이 써야 하므로 글 읽기는 힘이 들고 책 읽기를 귀찮아하게 되죠. 글에 대한 이해는 그 사람이 가지고 있는 지식, 기억, 심지어 감정 상태에 따라 달라져요. 그것이 바로 개인의 '관점'의 차이랍니다.

심지어 동일한 장면을 떠올려 보라고 했을 때에도 각자의 경험이 달라져요. 많은 사람이 영화 〈타이타닉〉을 봤을 텐데요, 그 영화의 한 장면을 떠올린다고 해 볼게요. 가장 유명한 장면 중 하나인, 주인공 커플이 뱃머리에 서 있던 장면을 떠올려 보죠. 모두에게 동일한 장면이 떠올랐을까요? 그것으로 인해 겪는 경험이 같을까요? 영화 장면상으로는 동일한 것일 수 있지만, 각자가 떠올린 것은 알고 보면 조금씩 다르답니다. 그 영상을 봤을 때 당신이 바라본 각도, 당신이 주의를 기울인 부분, 당시의 인상, 느낌 등이 반영되어 그것을 떠올렸을 때 사람마다 (조금씩) 다른 경험을 하는 것이죠. 심지어 동일한 것을 떠올려 보라고 했을 때에도 이렇게 다른데, 평소에 개개인이 가지는 생각은 얼마나 다를까요? 그래서 생각을 떠올리는 경험은 주관적이고 자신만의 것이에요.

◆———————◆

이제 '관점'이 어떠한 건지 대략 이해하셨나요? 인간은 각자의 관점을 지니고 있어요. 그래서 경험이 제각각 다르죠. 시각적 경험뿐만 아니라 느낌, 해석, 상상, 생각이 사람마다 다르답니다. 똑같은 대상을 두고도 인간은 자신만의 관점으로 다르게 해석하고 다르게 경험해요. 왜냐하면 당시 그가 있는 위치와 그의 기억, 감정, 신체 상태는 그만이 가진 것이고, 그러한 상태가 그 사람의 관점을 형성하고 경험을 만들기 때문이죠. 그래서 관점과 경험은 자신만의 것이에요. 그런데 저는 관점과 경험을 좀 더 세분화해서 두 가지로 나눴어요. 시각 경험처럼 주로 외부를 받아들이는 경험(1인칭 관점)과,

자신의 기억 등 내부적 상태로 인해 '만들어지는' 경험이 있어요. 그 두 가지를 만드는 것을 통틀어 '자신의 관점'이라고 불러요.

　이 장을 끝내기 전에 한 가지 알려 둘 것은, 앞으로 한동안 나올 '관점'이라는 말은 이 두 가지 구분을 하지 않고 통틀어 말하는 것이라는 점이에요. 즉, '관점'은 그저 '경험을 만드는 자신만의 것' 정도로 생각하면 돼요. 한동안 이렇게 쓰다가 제가 말한 두 가지 구분은 제4장에서 써먹을 일이 있을 거예요. 일반적으로 '관점'은 이런 구분을 하지 않고 통합된 의미로 사용하죠. 서양에서도 이러한 통합된 '자신의 관점', 즉 '주관'에 집중했어요. 그리고 그 관습은 장점과 함께 부작용도 낳아요. 다음 장에서는 그에 관해 이야기할게요.

2장
불의 지혜의 부작용

자유는 근대인에게 독립과 합리성을 부여해
주었지만 또한 근대인을 고립시킴으로써 마침내
그를 불안에 싸인 무력한 존재로 만들었다.

– 에리히 프롬 (『자유로부터의 도피』 중에서)

판도라의 상자의 비극

저는 님프(요정)이기 때문에 사실 인간의 관점에 대해서는 잘 몰라요. 공부한 내용으로 추측을 할 뿐이죠. 여러분은 인간이기 때문에 다른 사람의 관점에 대해서 어느 정도 이해할 수 있을 거예요. 그러니까 의사소통도 하는 것이겠죠. 그래서 저는 인간과 소통을 하기 위해서 많은 공부를 해야만 했어요. 소통이라는 건 서로 알고 있는 게 비슷해야 잘 할 수 있는 거니까요.

책이라는 건 독자와의 소통이기 때문에 독자가 지니고 있는 지식을 어느 정도 공유해야 하죠. 그래서 저는 프로메테우스 님의 뜻에 따라 인간의 역사와 지식을 공부했어요. 그리고 인간이 어떤 생각을 지니고 있고, 어떤 방식으로 생각을 하는지도 파악했어요.

공부하는 것을 좋아하지 않는 저는 이 과정에서 꽤 짜증이 났답니다. 저는 카프카스산맥에서 인간과는 동떨어져 살아왔기 때문에 인간에게 관심이 없었어요. 프로메테우스 님을 사랑하게 되면서 약간 관심이 생기긴 했지만 그래도 그건 프로메테우스 님의 개인적인 취미라고 생각해요. 우리 님프들과 올림포스 신들은 그걸 악취미라고 여긴답니다. 요즘 인간이 쓰는 말로 하자면, '오타쿠'로 여긴다고나 할까요? 신들은 그를 좀 이상하게 보기는 했지만 별로 신경은 쓰지 않았어요. 비록 과거에 인간에 대한 인식이 좋지 않았을 때 불을 인간에게 전해 제우스 님을 분노하게 만든 사건이 있기는 했지만 그 후로 예상 외로 인간이 잘 살고 있는 것 같아 제우스 님은 크게 화를 내지 않았어요. 지금의 인간은 잘 모를 수도 있겠지만, 아주 먼 옛날에 인간이 매우 악독했을 때에는, 보다 못한 신들이 대홍수를 일으켜서 극히 일부만 제외하고 모두를 없애 버린 적도 있었어요.

여기서 제가 어떻게 프로메테우스 님을 만나게 되었는지 궁금하지 않나요? 이 책의 주제와 그다지 관련은 없는 이야기이지만, 저는 이야기하는 걸 좋아하니까 말할게요. 저는 현재 프로메테우스 님의 아내이지만, 그 전에는 '헤시오네'라고 하는 바다의 님프가 그의 아내였답니다. 그리스 신화에서 별로 유명한 건 아니어서 아마 처음 들어 보실 텐데요, 과거 언젠가 그 이름이 한 차례 기록된 적은 있답니다.

그런데 헤시오네는 프로메테우스 님에 대한 사랑이 조금 약했나

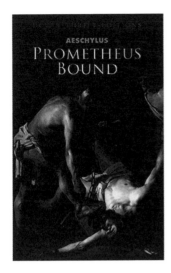

아이스킬로스의 희곡 「사슬에 묶인 프로메테우스」
이 희곡에는 프로메테우스의 아내가 헤시오네(바다의 님프)라고 짧게 언급되어 있다. 참고로 그리스신화에는 동명이인으로 헤라클레스가 구해 준 인간(공주) 헤시오네도 있다.

봐요. 프로메테우스 님이 제우스 님을 화나게 해서 카프카스 산의 바위에 묶이는 형벌을 받자, 점점 사랑이 식더니 그 형벌을 당하는 동안 그만 도망가 버렸어요. 아마도 영영 용서받지 못할 거라고 생각했나 봐요. 그런데 그 산에 살고 있던 저는 그가 고통받는 모습을 보면서 연민이 생겼죠. 그래서 그의 고통이 덜하도록 곁에서 위로해 주고 말동무를 해 줬답니다. 그러다 보니 그도 저를 사랑하게 되었고, 형벌에서 풀려난 뒤 저와 결혼하게 되었죠.

◆

프로메테우스 님이 인간을 무척 좋아했으면서도 연거푸 님프와 결혼한 건 흥미롭지 않나요? 그의 동생 에피메테우스 님은 인간을 별로 좋아하지 않았으면서도 인간 여자와 결혼했거든요. 프로메테우스 님은 인간을 배우자감으로 보지는 않았나 봐요. 참고로 프로메테우스 님은 티탄신족, 즉 거인 신족이랍니다. 티탄 신족은 올림포스 신들과 사이가 좋지 않아요. 사실 계보를 따지고 보면 올림포스 신들도 티탄 신족의 후손인데 서로 크게 싸운 적이 있었어요. 결국 티탄 신족은 제우스 님이 이끄는 올림포스 신들에게 굴복되었죠.

어쨌든 프로메테우스 님은 인간을 마치 오타쿠가 피겨(캐릭터 인형)를 대하는 것처럼 좋아하는 것 같아요. 실제로 프로메테우스 님은 흙을 빚어서 인간 피겨를 많이 만들어요. 얼마나 잘 만드는지 마치 살아 있는 것처럼 보여요. 그리고 프로메테우스 님은 그것들을 넋을 잃고 바라보면서 흐뭇한 미소를 짓곤 하죠. 마치 인간 오타쿠처럼 말이에요. 그 피겨가 진짜 인간으로 변했다는 전설도 전해져요.

아마도 프로메테우스 님은 현명하기 때문에 취미와 현실을 구분할 줄 아는가 봐요. 반면에 그의 동생 에피메테우스 님은 미안한 말이지만 형보다 훨씬 어리석어요. 그는 판도라라는 여자 인간과 결혼했어요. 판도라는 외모는 아름답지만 성격이 좋지 않았는데, 제우스 님이 프로메테우스 님을 골탕 먹이려고 판도라를 보내서 유혹하게 만들었어요. 바위에서 풀어 주긴 했지만 아직 제우스 님의 화가 완전히 풀리진 않았던가 봐요. 똑똑한 프로메테우스 님은 별로 관심을 보이지 않았지만 그의 동생 에피메테우스 님이 판도라에

판도라의 상자
호기심을 참지 못한 판도라가
결국 상자를 열고 만다.

게 반해서 배우자로 맞이했답니다. 프로메테우스 님이 제우스 님의
의도를 알고 말렸으나 동생은 말을 듣지 않았죠.

그리고 널리 알려진 대로 제우스 님은 판도라가 어떻게 할지 뻔
히 알면서도 그녀에게 상자 하나를 주면서 절대 열어 보지 말라고
말했어요. 결국 예상대로 판도라는 호기심을 참지 못하고 그 상자
를 열어 버렸죠. 그랬더니 질병, 가난, 기근, 슬픔, 분노, 불운 등 인
간의 모든 불행이 그 상자에서 쏟아져 나왔어요. 인간은 그렇게 해
서 온갖 고통을 겪게 되었죠. 판도라가 놀라서 급히 상자의 뚜껑을
닫았지만 가장 아래에 있던 '희망'만이 상자 안에 남았어요. 그런데
이걸 어떻게 해석해야 할까요? 어떤 사람은 모든 것을 잃어도 희망

만은 잃지 않을 수 있다는 긍정적인 의미로 해석하기도 하고, 또 어떤 사람은 상자 안에 갇혀 버린 헛된 희망을 의미한다고 해석하기도 한답니다. 제가 보기에는 두 가지 모두 맞는 말 같아요. 대개 희망은 좋은 것이지만, 실현될 수 없는 희망도 많으니까요. 희망은 항상 상자 안에 들어 있답니다. 상자를 연다면 희망이 현실이 될 수도 있죠.

그런데 상자를 열었을 때 빠져나온 인간의 불행 중에 이제까지 인간에게 알려지지 않은 것이 있었어요. 그건 이 책의 주제와 관련된 불행이죠. 자신의 관점에 빠져서 생기는 불행이에요. 그것이 바로 프로메테우스 님이 인간에게 건네준 '불의 지혜'가 낳는 부작용이에요. 제우스 님은 인간이 불의 지혜를 사용하면 불행을 줄이고 더 잘 살게 된다는 걸 알았죠. 당시 인간은 벌써 불의 지혜를 사용해서 다양한 도구를 만들고 세상을 정복해 나가기 시작했어요. 제우스 님은 불의 지혜를 너무 많이 계발하는 것을 저지하고자 그 부작용을 만든 거예요. 그래서 제우스 님은 인간이 자신의 관점에 집착하면 생기는 부작용을 만들어서 판도라의 상자에 집어넣었죠. 나중에 제3장에서 더 자세히 설명하겠지만, 자신의 관점에 집중하고 주목하는 것과 불의 지혜는 떼려야 뗄 수 없는 관계에 있답니다.

이 불행의 원리를 간단히 말하자면, 자신의 관점에 빠지고 관점 안에 갇히는 불행이라고 할 수 있어요. 그것이 인간에게 얼마나 큰 고통을 안겨 줄까요? 아마 당신이 예상하는 것보다 더 큰 고통일 거예요. 물론 다른 불행이 모든 사람에게 똑같이 나타나지 않는 것처럼, 이 고통도 모든 사람에게 똑같은 정도로 나타나지는 않아요. 하지만 제가 살펴보니 문제가 상당히 심각하답니다. 행복해질 기회를 막기도 하고 평범한 사람을 커다란 불행의 나락으로 떨어뜨리기도 하죠.

불의 지혜와 세계 평화의 관계

또다시 걱정이 되네요. 제우스 님이 일부러 그 부작용을 판도라의 상자에 넣어 놨는데, 이 책은 그걸 제거하려는 거잖아요? 이 의도를 알고 제우스 님이 분노하실지도 모르겠어요. 제우스 님께 또 말씀을 드려야겠어요.

"위대하신 제우스 님, 인간은 당신의 뜻대로 불의 지혜로 인한 부작용을 겪고 있습니다. 인간은 자신의 관점에 갇히는 부작용으로 커다란 고통을 느끼고 있습니다. 하지만 제우스 님이 원래 인간에게 화를 내는 이유는 무엇이었나요? 그건 인간이 서로를 미워하고 싸우고, 자연을 파괴하고, 신의 권위에 도전하고, 오만했기 때문이 아닙니까? 불의 지혜에만 과도하게 집중하다 보면 그렇게 될 가능성이 커집니다. 저와 프로메테우스도 제우스 님의 뜻을 충분히 이해합니다. 하지만 지금 인간은 불의 지혜가 안고 있는 그러한 부작용에 대해 잘 알지 못하고 있습니다. 그리고 아직도 불의 지혜만이 최고라고 여기고 있습니다. 불의 지혜는 여전히 그들에게 상당한 행복을 안겨다 주기 때문입니다. 그들이 멸망하지 않는 한, 그들에게서 불의 지혜를 빼앗아 올 수는 없습니다. 제우스 님도 어쩌면 이것을 아셨기 때문에 인간의 두 번째 큰 전쟁이 일어난 이후에 노하시어 핵전쟁으로 전부를 없애 버리는 방안도 고려하셨죠. 하지만 최근에 그들은 어느 정도 평화로운 듯이 보이고, 폭력도 약간 줄어드는 모습을 보였습니다. 제우스 님은 지금 다만 지켜보고 계시겠죠. 그렇다면 어떻게 해서 인간이 어떤 면에서 점차 평화를 되찾고, 선해지는 것처럼 보이는 걸까요? 그건 자신의 관점에서 벗어나 타인의 관점에서 생각하는 능력을 갖기 시작했기 때문입니다. 놀랍게도 그러한 변화는 불의 지혜의 산물인 이성의 발달의 산물이었습니다. 이성의 발달은 인간의 오만과 폭력을 키우기도 하지만, 의외로 선함을 키우는 힘도 있었던 것입니다. 하지만 물론 아직도 인간의 폭력성과 오만은 엄청나게 큽니다. 그리고 제우스 님이 상자 안에 넣어 둔 관점 안에 갇히는 성향으로 인해서 힘들어하는 인간이 늘고 있습니다. 이 책에서 프로메테우스가 전하려는 물의 지혜는 단지 인간을 행복하게 하려는 것입니다. 인간은 불의 지혜를 결코 포기하지 않을 것입니다. 물의 지혜는 불의 지혜가 안고 있는 문제점을 해소해 주는 지혜입니다. 인간은 아직까지 불의 지혜와 물의 지혜가 모순된다고 생각하고 있습니다. 하지만 결국 인간은 그 둘이 모순되지 않는다는 것을 깨달을 것입니다. 그리고 그 둘을 모두 올바르게 사용함으로써 악행을 더 적게 저지를 것입니다. 그들이 악행을 보다 적게 저지르면서 더 행복해질 수 있다면, 그 편이 더 낫지 않겠습니까? 부디 이 글을 끝까지 읽고서 판단해 주시기 바랍니다."

아마도 제우스 님이 제 간청을 받아 주시겠죠? 최종 판단은 결국 제우스 님께 달려 있겠지만 말이에요. 그런데 어쩌면 제가 한 말 중에 조금 이해가 안 되는 말이 있을지도 모르겠네요. 불의 지혜, 특히 이성의 힘이 악을 키우면서도 동시에 최근에는 선함도 키웠다는 말을 이해하기 어려울 수 있겠어요. 이에 대해서는 좀 더 설명할게요.

인간은 이성의 힘이 발달하면서 과학과 기술을 발달시켰어요. 그런데 그 과정에서 많은 악행이 늘어났죠. 자연환경을 파괴하고, 다른 동물뿐만 아니라 인간끼리도 끔찍한 전쟁과 대량 살육을 벌였어요. 그리고 이성의 힘으로 불가능한 것은 아무것도 없다고 하는 오만함이 생겼죠. 인간은 마치 그들이 신이 된 양 꿈꾸는 건 무엇이든 이룰 수 있다고 생각하기도 하죠. 그건 신에 대한 도전이에요. 그래서 제우스 님은 불의 지혜의 산물인 핵무기를 쓰도록 부추겨서 인간을 멸망하게 만들까도 고려했지만, 얼마 전부터 인간의 선한 면이 커진 것을 보고 잠시 유보하고 있어요. 예상하지 못한 일이 벌어진 거죠.

신들은 불의 지혜가 인간의 이기주의를 더 크게 만들 것이라고 예상했어요. 그 예상은 식민지배와 노예무역, 양차 세계대전으로 증명되는 듯이 보였죠. 그런데 얼마 전부터 잠시나마 세계는 평화로워진 것 같아요. 서로 다른 인종과 민족, 국가 간의 전쟁도 줄어들고, 살인과 같은 악행도 과거보다 줄어든 것으로 보여요. 여러분도 그렇게 느끼시나요? 몇몇 학자는 이러한 현상에 주목해서 불의 지혜, 즉 이성이 인간의 선함도 증진하는 힘을 가지고 있고, 이제 인간은 평화로운 시대에 접어들었다고 주장하기도 했어요. 그들은 불의 지혜와 이성의 힘을 신봉하는 사람들이에요.

그런데 인간의 세계가 전보다 더 평화로워질 수 있었던 이유는 무엇일까요? 어떻게 불의 지혜가 발달하고 문명이 놀랍게 발전한, 특히 20세기 중반 이후에 인간의 도덕성이 높아졌을까요? 사실 따지고 보면 기술의 발달이 '예상치 못하게' 불의 지혜와 관련이 없는, 오히려 물의 지혜와 관련이 있는 부분이 발달하는 데 많은 도움을 주었어요. 그것이 평화에 큰 역할을 했죠. 이게 무슨 말이냐고요?

저명한 인지과학자 스티븐 핑커(Steven Pinker)는 저서 『우리 본성의 선한 천사(The Better Angels of Our Nature)』에서 책과 미디어의 폭넓은 보급이 인류의 도덕성 향상에 결정적인 계기였다고 주장해요. 그는 인쇄기술의 발달로 책이 널리 보급되면서 도덕성 혁명이 시작되었다고 말하죠. 그리고 현대에 이르러 전화, TV, 컴퓨터 인터넷이 보급되면서 도덕성은 더욱더 향상되었어요. 그런데 핑커는 도덕성 향상의 핵심을 '이성'과 '서구 문명의 발전'(불의 지혜)으로 보았어요. 특히 17~18세기 유럽에 책의 대량 보급은 대중을 계몽한 결정적인 계기가 되었고, 도덕성 향상에 큰 역할을 했다고 보았죠. 하지만 과연 그것이 정말로 핵심이었을까요?

스티븐 핑커와 그의 저서 「우리 본성의 선한 천사」
이 책에서 그는 인류의 문명이 발전할수록 도덕성이 계속 향상되어 왔으며, 그 원인은 계몽주의, 즉 이성의 발달과 책 등 미디어의 대중적 보급에 있었다고 주장한다.

핑커는 그 책에서 '공감(감정이입, empathy)'과 관점전환(perspective-taking)'이 커다란 역할을 했다고 인정해요. 책의 보급도 이것을 향상하는 데 기여했다고 하죠. 맞아요. 타인의 마음을 공감하고, 다른 사람의 관점을 이해하면 타인에게 해를 끼치려고 하지 않고 선한 마음을 갖게 되죠. 그런데 그것은 이성과 과학기술을 중시하는 불의 지혜보다는 '다른 관점'을 찾아보려는 '물의 지혜'와 관련이 있어 보여요. 불의 지혜는 다만 그것을 가능하게 한 미디어 기술을 발전시킨 역할을 했죠. 사람들은 더 많은 사람과 소통하고 멀리 떨어져 있는 사람들을 더 많이 관찰하면서 '다른 관점'을 더 잘 이해하게 되었어요. 그래서 사람들은 자신의 관점과 생각만이 전부가 아니라는 것을 점차 깨닫게 되었어요. 그러면 타인의 입장을 고려하는 선한 마음이 생기는데 이런 변화는 자신의 관점 이외의 것에 주목하게 하므로 물의 지혜와 관련이 있어요.

핑커는 그 밖에도 자기 통제(self-control)가 선한 행동과 관련이 있다고 강조했는데, 이는 자기 감정에 따라 즉각적으로 반응하지 않고 차분하게 행동하는 것이므로 이성적 사고와 관련이 큰 것은 사실이에요. 그런데 단지 이성이 아닌 서양 사상, 즉 불의 지혜와 주관주의라는 측면을 보면 과연 불의 지혜가 자기 통제와 깊은 관련이 있는지가 모호해져요. 주관주의는 자신의 감정과 욕구도 긍정할 수 있기 때문이죠. 오히려 자기 통제를 잘하는 쪽은 동양 사상, 즉 물의 지혜 쪽이 더 클 수도 있어요. 예를 들어 불교 스님들의 자기 통제는 잘 알려져 있죠.

또 다른 요인을 찾아보면, 미디어 기술의 발달로 전쟁의 참상이 생생하게 전달되면서 전쟁이 끔찍하다는 인식이 널리 퍼지고, 사람들의 악행이 쉽게 드러나게 되었다는 변화도 있었어요. 인터넷으로 어떤 사람의 악행이 널리 퍼져서 화제가 된 걸 목격한 적이 있을 거예요. 나쁜 행위는 과거보다 더 쉽게 발각되고, 소문이 빠르게 퍼지므로 사람들은 전보다 악행을 저지르는 걸 주저하게 되었어요.

핑커를 비롯한 몇몇 '이성적 낙관주의자'들은 이성적인 문명, 즉 불의 지혜가 발전하면서 사람들이 점점 도덕적이 되고, 그로 인해 세계는 계속 평화로울 것이라고 주장해요[주 : 물론 이에 반대하는 주장도 있다. 이 논쟁에 관해서는 『사피엔스의 미래(*Do Humankind's Best Days Lie Ahead?*)』를 참조]. 정말로 그럴까요? 글쎄요… 만약에 불의 지혜만 계속 강조하는 세상이 된다면, 상당히 불안해요.

왜냐하면 사람은 불의 지혜만으로는 행복하지 않기 때문이에요.

그래서 물의 지혜도 원해요. 그런데 불의 지혜가 절대적으로 옳다고 하면서 불의 지혜만을 강조하면 어떻게 될까요? 그에 대한 반발이 일어날 거예요. 그게 바로 지금 세계가 처한 합리주의(이성주의)와 신비주의의 대립이에요. 서구의 합리주의자들은 이성, 과학, 기술로 신비주의를 없애 버리려고 하지만 신비주의는 결코 없어지지 않을 거예요. 지금 그 갈등이 점점 커지고 있어요. 그런데 이성의 계몽만으로 세계가 평화로워질 거라는 주장은 성급한 낙관론이에요. 두 진영은 절대 양보할 수 없기 때문에 갈등이 점점 커져서 어쩌면 큰 전쟁이 일어날지도 몰라요.

◆————◆

선진국에 사는 서양인이라고 해서 물의 지혜 없이 살 수 있을까요? 사실은 서양인도 불의 지혜의 부작용으로 그간 고통받아 왔고, 그 대안이나 해결책을 항상 찾아왔어요. 그 대안의 사상적 특징은 '금욕주의', '신비주의', '공동체주의', '권위주의' 등이에요. 이런 것이 불의 지혜의 특징인 합리주의, 자유주의, 주관주의, 개인주의와 반대된다는 건 아시겠죠? 20세기 서양에서는 이러한 '비합리적' 사상 중 몇 가지가 결합된 여러 운동이 일어났어요. 그것으로 불의 지혜의 부작용을 치유하려고 한 거죠. 오히려 가톨릭보다 금욕주의와 독실함을 더욱 강조한 프로테스탄트(신교) 운동이 그렇고, 20세기 전반기 유럽 몇몇 나라에서 있었던 전체주의와 권위주의 움직임이 그랬어요.

서양의 근대화 과정에서 개인의 자유가 강화되고 개인주의가 심화되면서 부작용이 점점 커졌어요. 그 부작용은 개인의 고립감, 고독, 불안감, 무력감, 허무감이에요. 이건 의외로 큰 고통이에요. 서양 문명의 발달사는 '개인적 자유의 증대'를 위한 노력이라고 할 수 있고, 불의 지혜와 합리주의의 입장에서는 개인의 자유가 증대하는 것이 마치 '절대선'인 것처럼 여겨져요. 개인적 자유의 증대가 곧 '행복'과 같다고 생각한 거죠. 하지만 이상하게도 개인이 자유로워지자 그 부작용으로 고립감, 불안감, 무력감 같은 부작용이 생겨났어요. 그래서 사람들은 '자유로부터의 도피'를 하게 돼요. 이러한 심리적 원리는 심리학자이자 철학자인 에리히 프롬(Erich Fromm, 1900~1980)이 설명했는데요(『자유로부터의 도피』). 그는 자유에서 오는 개인의 고통을 해소할 적절한 사회적 조건이 마련되지 않으면, 사람들은 집단주의와 권위주의에 쉽게 빠져든다고 설명했어요.

　20세기 전반에 독일을 비롯한 유럽의 몇몇 나라에서 사람들은 거의 자발적으로 전체주의와 권위주의에 빠져들어요. 물론 선동의 효과도 있었어요. 그래서 나치 같은 이상한 집단이 생기고, 여러분도 알다시피 전 세계적으로 엄청난 피해를 끼치죠. 물론 그건 올바른 물의 지혜가 아닌 '집단이기주의'일 뿐이죠. 개인주의와 주관주의에서 벗어나고 싶다고 해서 집단이기주의로 흘러서는 안 돼요. 나치와 같은 나쁜 집단주의는 한마디로 불의 지혜의 나쁜 이기주의와 물의 지혜의 나쁜 공동체주의가 최악의 상태로 결합된 결과예요.

　앞으로 그런 끔찍한 일이 벌어지지 않게 하려면 어떻게 해야 할

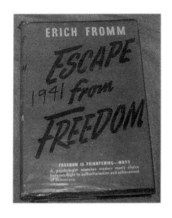

에리히 프롬과 그의 1941년 작 「자유로부터의 도피」.
이 책은 문명국가에서 전체주의(나치)가 나타난
심리적 원인을 파헤친다. 프롬은 문명의 발달과
개인주의는 개인의 고독과 불안이라는 고통을 낳고,
이를 적절하게 해결하지 못하면 잘못된 집단주의가
나타날 수 있다고 경고한다. 그 해결 방안으로 저자는
'사랑'과 '창조적인 일'을 제안한다.

까요? 불의 지혜만 강조하면 될까요? 어떤 사람은 나치와 같은 것
이 공동체주의와 전체주의의 산물이므로 개인주의를 강조하는 불
의 지혜를 더욱 강조하고, 물의 지혜는 더욱 억제해야 한다고 생각
해요. 과연 개인의 자유와 개인주의만 추구하는 불의 지혜만으로
이 문제가 해결될까요? 사람들이 각자 개인주의를 추구하고 집단
을 멀리하면 세상이 평화로워질까요? 개인의 고독감과 불안감은
대체 어떻게 해결해야 할까요?

◆━━━━━◆

어쩌면 제가 개인주의가 나쁘다고 말하는 것같이 보일 수도 있겠지
만 사실 그렇지 않아요. 개인주의에는 많은 장점이 있어요. 불의 지혜
를 발달시키고 개인이 자유로우면 일반적으로 더 행복해지죠. 그리고
역사적으로 보았을 때 집단주의는 수많은 악행을 불러일으켰어요.

서양인도 불의 지혜의 부작용에서 도피하고자 항상 어떤 집단에 소속되고 싶어 하는 경향이 있어요. 그런데 대개 그 집단이란 건 극단적으로는 나치와 같은 커다란 악행을 만들죠. 그런 집단에서는 다른 집단을 억압하거나 증오하는 집단이기주의가 나타나요. 역사를 통해 이러한 사실을 깨달은 서구의 지식인은 집단주의를 최대한 줄이고 개인주의를 더욱 강조하는 경향으로 나아갔어요. 그리고 일부 서구 지식인은 개인주의가 널리 퍼지고 세계에 '보편화'되면 세계는 평화롭고 행복해질 것이라고 주장해요.

하지만 그건 어려울 거예요. 사람들은 거기에서 오는 부작용을 이기지 못하고 계속해서 집단에 소속되려고 할 테니까요. 제2차 세계대전이 끝나고 나서, '자유진영'이라는 미국과 영국의 자본주의 진영과 공동체를 지향하는 공산주의 진영이 대립했어요. 그 이념적인 냉전 상황은 세계 각국과 세계인에게 소속감을 갖게 만들었고, 자신이 속한 세력의 승리를 위해 사람들은 함께 노력했어요. 한국에서도 당시 운동권 대학생들이 오히려 공산주의의 편을 들었던 사례가 있지 않나요? 그들이나 그 반대편 진영의 사람들 모두 커다란 집단에 소속되어 정신적인 안정감을 가졌을 거예요. 그런데 공산권이 붕괴되고 냉전이 끝나자 그 두 거대 집단도 사라졌어요. 이제는 민족과 인종, 종교, 문화 등 다양한 집단 간의 갈등이 일어나고 있어요. 현재 일어나고 있는 이 상황은 크게 보아 서구식 합리주의와 신비주의 사이의 갈등이라고 할 수 있는데, 이는 개인주의(자유주의) 와 집단주의(공동체주의)의 갈등이 재발하고 있는 것과 다를 바 없어요. 양차 세계대전 때도 이러한 충돌이 있었고, 냉전 때도 이러한 충돌이 있었어요. 이 두 진영 간의 갈등은 여전히 잠재적 폭약처럼 남아 있고, 곳곳에서 소규모 충돌을 일으키고 있죠. 이 두 진영은 궁극적으로 불의 지혜 진영과 물의 지혜 진영의 충돌이기 때문에 갈등은 끊임없이 벌어지고 있죠.

그런데 불의 지혜만으로 사람들의 잘못된 집단화와 집단이기주의 추세를 막을 수 없을 거예요. 왜냐하면 그것은 불의 지혜에 내재한 부작용을 개인이 견디지 못해 나타나는 일이기 때문이에요. 불의 지혜가 만들어 내는 부작용을 해소해 줬을 때, 이기적인 집단화로 치닫는 경향을 막을 수 있어요.

그 부작용이란 개인이 가지는 고통과 불행이고, 그로 인해 개인을 버리고 집단을 지향하게 되는 것이지요. 그래서 저는 이 책에서 개인이 겪는 고통을 해소하는 방안에 대해 이야기하려고 해요.

정신을 피폐하게 만드는 불의 지혜의 부작용

인간은 불의 지혜를 사용해서 엄청나게 풍요로워졌어요. 인간의 개념으로 말하면 경제적으로 풍요로워진 거죠. 물론 아직도 세계 곳곳에서 많은 인간이 궁핍하게 지내고 있지만 전체적으로 보면 과거에 비해서 (경제적으로) 훨씬 살기가 좋아졌을 거예요. 인구도 엄청나게 증가했죠. 평균수명도 늘어나고, 식량도 늘어나고, 또 육체적으로 힘든 일은 크게 줄어들었어요. 여러분도 알다시피, 그건 과학과 기술, 그 밖에 여러 학문 덕분이죠. 그리고 그것은 모두 불의 지혜 덕분이라고 해도 과언이 아니에요. 현재 인간은 불의 지혜가 극단적으로 발달한 세상에 살고 있어요. 그래서 많은 인간은 불의 지혜를 절대적으로 좋은 것이라고 믿고 있죠.

그런데 불의 지혜는 자신의 주관에 집중하도록 만들고, 개인주의를 지향해요. 왜냐하면 불의 지혜는 자신의 관점에 집중할 때 발전하고, '개인의 자유'가 목표가 될 때 발전하고, 개인의 '이기심'을 자연스러운 것으로 보기 때문이죠. 한마디로 '주관주의'가 서양의 학문을 발전시키고 문명을 발전시킨 핵심적인 원인이에요.

어떻게 주관주의가 그러한 발전을 낳았느냐고요? 다음 장에서 더 자세히 이야기하겠지만, 여기서 잠깐 언급하자면 그런 방식이 '참'과 '거짓', 그리고 '진실'을 보다 명확하게 판단하는 데 도움이 되거든요. 그래서 자연의 작동 원리와 같은 진리를 찾는 데 도움이 돼요. '자신의 관점 안에 들어온 것(자신의 경험)이 그 밖에 있는 것보다 참되다'라고 믿는 게 불의 지혜의 발전에 도움이 돼요. 그럴 때 '미신'과 '헛소문'을 없애기 쉽거든요. 그래서 과학과 기술이 발전해요. 그러니까 자신의 관점(자신의 경험)에 대한 주목과 신뢰가 불의 지혜를 계발하는 데 매우 좋은 방법이 되는 거예요.

사회가 집단주의와 권위주의로 흐르면 집단에서 가르치는 것을 믿고 따라야 해요. 사람들이 '자신'을 믿지 않고 그것을 맹목적으로 믿으면 새로운 '탐구'가 어렵죠. 하지만 사회가 개인주의가 되면 많은 사람이 자신의 관점을 토대로 올바른 것을 찾으려고 하고, 많은

'탐구'가 곳곳에서 일어나고, 과학과 기술의 발전이 쉬워져요. 그래서 서양의 영향을 받은 현대의 교육은 자신의 관점에 주목하는 게 좋다고 가르쳐요. 이런 가르침을 받은 적이 없다고요? 하하, 학교에서 암기식, 주입식 수업을 받았다면 아마 배울 기회가 없었겠네요. 하지만 암기가 아닌 '학문'을 하는 대학에 가면 아마 (직접 듣지 못하더라도) 체득할 수 있을 거예요.

이성의 능력을 계발하기 위해서는 스스로 사고해야 하고, 자신의 관점에 집중해야 해요. 이유를 캐물어야 하고, 의심해야 하죠. 학문을 한다는 것은 사실 타인의 생각을 그대로 받아들이는 게 아니라 자신의 관점을 가지고 따져 보는 거예요. 그게 서양식 학문과 교육의 특징이죠. 교육받은 지도층은 이 방식의 세례를 받았으므로 점차 사회 분위기는 자신의 관점에 주목하라는 쪽으로 장려되고 있어요.

불의 지혜는 이성과 합리성을 발달시키는 지혜이고, 그로 인해 서구 문명과 과학이 발달했어요. 그래서 서양의 지식인은 흔히 스스로를 '합리주의자'라고 생각하죠. 그런데 한 가지 의문스러운 점이 있어요. 과연 '합리성'이란 게 뭘까요? 가장 좋은 이득을 얻게 하는 게 합리성 아닐까요? 자연의 진리를 탐구해서 과학을 발전시키고, 기술을 발전시키면 인간은 많은 도움을 얻겠죠. 그리고 좋은 물질을 많이 생산해서 경제적 발전도 이룰 수 있겠죠. 하지만 그것만이 합리적일까요? 진정한 합리성이란 궁극적으로 '행복'을 얻는 과정일 거예요. 왜냐하면 모든 사람은 어떤 일의 결과가 행복이 아닌 불행을 준다면, 그 일을 하려고 하지 않을 것이기 때문이에요. 그런데 제가 보기에 요즘 많은 사람이 경제적으로는 풍족하더라도 불행해 보여요.

그런데 어쩌면 제가 물질적 풍요를 제쳐 두고 신비로운 정신적 행복만 중요하게 여기는 것처럼 들릴지도 모르겠네요. 하지만 그런 의도가 아니에요. 경제적 풍요도 중요해요. 절대적인 빈곤 상태는 불행하고, 풍요로우면 행복해지죠. 그런데 그러한 물질적 성공의 원인이 오직 불의 지혜 때문이라고 생각하고, 점차 사회가 불의 지혜만을 추구하는 쪽으로 나아가니 부작용이 심화되는 거예요. 그건 정신적인 문제로 나타나고 있어요. 저는 물질을 포기하고 가난하게 살면서 정신적 행복을 취하라고 말하지 않아요. 정신적 불행이 생기면 사회생활과 물질적 성공도 힘들어져요. 예를 들어 우울하고 혼란에 빠진 정신을 가진 사람이 사회생활을 성공적으로 할 수는 없겠죠. 저는 당신이 정말로 성공적인 인생을 살기를 바란답니다. 그리고 만약 개개인의 정신이 평화로워진다면, 그것이 확장되어 더 넓고 큰 평화도 이룰 수 있을 거예요.

———◆———◆———

불의 지혜와 그에 따른 개인주의, 자유주의가 널리 퍼진 선진국 사람들은 이상하게도 점차 정신건강이 나빠지고 있어요. 실제로 지난 백 년간 정신질환의 발병이 증가해 왔죠. 우울증, 불안증, 자폐증, 조현병 같은 마음의 병 말이에요. 현대사회에서 그러한 정신질환의 발병이 점점 증가하는 이유는 학계에서도 원인을 잘 찾지 못하고 있어요.

그런데 그 정신질환의 공통점이 뭔지 아세요? 그건 다른 사람과 떨어져 고립되어 '혼자만의' 정신 상태가 된다는 거예요. 자기만의 세계에 갇혀 버리는 거죠. 불의 지혜는 자신에게 집중하기를 권해요. 그래서 다른 사람과 다르게 생각하는 '주관적 사고'가 허용되고, 심지어 장려되죠. 그러면 사람들은 혼자만의 상태에 쉽게 빠지겠죠. 혼자만의 상태가 심화되면 불안과 고독, 혼자만의 사고가 극심해지고, 급기야는 정신질환으로 이어져요.

심각한 정신질환뿐 아니라 평범한 개인도 현대사회에서 더욱 고독해지고 있어요. 에리히 프롬이 말한 '자유와 개인주의가 낳는 불안과 고독'이 실제로 증가하는 것이죠. 이에 대한 (좋지 않은) 해소책인 집단주의로 가는 길목이 막히자 사람들은 점차 자폐 성향을 띠고 있어요.

현대기술의 발달로 인간은 단시간에 장거리를 여행할 수 있고, 스마트폰과 인터넷, SNS가 발달해서 더 많은 사람과 연결되어 있고, 멀리 있는 사람도 쉽게 만날 수 있어요. 하지만 물질적으로만 연결되었을 뿐 정신적으로는 고독해요. 사람들 간에 진정한 소통은 어렵고, 침범받지 않는 자신만의 세계에 살고자 하는데, 그럴수록 자신을 가두게 돼요. 그래서 정신적인 고통을 얻고, 현대인은 간절히 심리적인 안정과 치유를 얻고 싶어 해요. 그래서 심리치료에 관한 책이 쏟아져 나오고 날개 돋친 듯 팔리고 있죠. 한국에서도 그렇지 않나요? 일본은 심각하고, 미국이나 유럽도 마찬가지예요. 중국도 점차 그렇게 변해 가고 있죠.

20세기 이후 급격히 발전한 선진국 일본에서는 '오타쿠'와 '히키코모리'라는 말이 유행하고 있어요. 오타쿠는 다른 사람의 시선이나 인정과 무관하게 혼자 몰두하고 즐기는 취미를 가진 사람을 말하고, 히키코모리(은둔형 외톨이)는 극단적으로 혼자가 되어 사회활동은 물론 외출조차도 꺼리고 방 안에 틀어박혀 사는 사람을 말해요. 이들의 특징은 '혼자'라는 거예요. 그들은 정신질환의 범주에 들어갈까요? 물론 정도의 차이가 있고, 정신질환이란 건 전문가 집단이 정하기 나름이겠죠. 다만 혼자 상태의 극단적 수준인 히키코모리는 정신질환에 가까운 상태예요. 실제로 그들은 우울증이나 자폐 성향, 망상 등 병적 요인을 지니고 있는 경우가 많죠. 정신질환의 범주에 드는 것들, 예를 들어 우울증, 불안증, 자폐증, 조현병 등 대부분의 정신질환은 '혼자'의 상태라는 점에서 공통점이 있어요. 그들은 혼자만의 (잘못된) 생각 때문에 그러한 상태에 처한 경우가 대부분이에요.

인간은 점차 혼자 지내는 시간이 늘어나고 있어요. 자신의 마음을 잘 몰라주고 취미가 다른 사람과 같이 지내는 것보다 자신의 취미를 즐기면서 혼자 지내는 게 낫다고 생각하죠. 물론 아직 대부분의 사람은 일상적으로 타인을 만나고 소통을 하려고 하겠죠. 하지만 혹시 타인을 의무적으로 만나는 건 아닌지, 불편한 감정을 참아 가면서 만나고 있는 건 아닌지 생각해 보세요. 혹시 정서적인 안정감이나 행복감 때문이 아니라 물질적인 이득이나 체면을 위해서 사람을 만나는 건 아닌가요?

그런데 혼자 있는 것이 진정으로 행복하다고 주장하는 사람도 있겠죠. 개인주의 사회에서 혼자서 지내는 것은 떳떳한 권리이고, 개인의 존엄성이 더욱 커진다고 주장할 수도 있을 거예요. 사실 혼자서 다르게 행동하고, 혼자서 다른 사람과 떨어져 사는 게 꼭 나쁘다고 볼 수 없어요. 그건 떳떳한 일이고 소수의 권리를 존중하는 민주국가의 특징이죠. 그런데 당신이 혼자가 된 이유가 민주화라든지 정치적 목적의 구현을 위해서였나요? 물론 혼자서 지내는 게 행복할 수도 있을 거예요. 자신이 행복한 방식을 택하는 게 합리적이겠죠[주 : 심리학 연구와 통계에 따르면 일반적으로 행복과 불행을 좌우하는 가장 큰 요인은 사람들과의 활발한 관계이다. 이에 관해서는 서은국의 『행복의 기원』을 참조]. 그런데 혹시 타인과 함께 있으면 불편하고 불행하기 때문에 그에 대한 도피를 택한 건 아닌가요? 만약 그렇다면 안타까운 일이에요. 물론 단지 혼자 지낸다고 해서 나쁘게 볼 필요는 없죠. 그게 사회적 추세일 수도 있으니까요. 다만 프로메테우스 님은 인간이 더 행복해지기를 바랄 뿐이에요. 정신적으로 안정된 상태에서 혼자 지내면 다행이지만, 그렇지 못한 경우가 늘고 있어요. 혼자 지내더라도 정신적으로 건강하고 진정으로 행복했으면 좋겠어요.

문명과 학문이 장려하는 불의 지혜의 영향으로 주관에 빠지는 것뿐만 아니라 불의 지혜로 인한 기술의 발달로 주관에 빠지고 소통이 어려워지는 환경이 되기도 했어요. 미디어의 발달이 오히려 그런 효과를 낳기도 하죠. 전 앞에서 소통이 잘되기 위해서는 같은 경험이나 지식을 공유하는 것이 필요하다고 말했어요. 소통은 적어도 같은 것을 알고 있을 때 가능해요. 서로 다른 경험이나 지식을 가진다면 소통이 어려워지죠. 그런데 미디어의 급속한 발달로 현대인은 점차 서로 다른 지식, 개인화된 지식을 가지게 되었어요.

수십 년 전만 해도 인터넷이 없었고, 기껏해야 텔레비전과 라디오에, 채널도 몇 개 되지 않았어요. 그래서 텔레비전에서 어떤 프로그램이나 영화를 방영하면, 다음 날 주변 사람과 그에 대한 이야기를 나누기가 쉬웠죠. 대개 같은 걸 봤을 테니까요. 하지만 수많은 텔레비전 채널이 생기고, 인터넷이 생기고, 주문형영상서비스(VOD)가 생기면서 선택의 폭이 엄청나게 커졌어요. 그러면서 각자의 경험이 서로 다를 확률도 커졌어요. 자기만의 세계에 빠지기 좋은 환경이 도래한 거죠. 미디어적 경험이 현재 인간의 경험에서 차지하는 비중이 얼마나 될까요? 아마 (일이나 공부하는 시간을 제외하고) 깨어 있는 시간의 절반 가까이가 인터넷, 텔레비전, 동영상, 영화, 게임, 책 등 미디어를 경험하는 데 소비되지 않을까요? 적어도 타인과 직접 소통하는 시간보다 훨씬 많을 거예요. 인터넷을 통해서 익명으로 소통하는 건 타인과 직접 소통하는 것과 달라요. 그건 서로의 신분을 감추고 다른 사람 행세를 하는 것이기 때문이죠.

이렇게 현대사회에서는 각자가 다른 경험을 하기가 매우 쉬워졌고, 사람들은 자신의 취향에 따라 서로 다른 경험을 가지게 되었어요. 물론 모두가 같은 경험이나 같은 지식을 가지는 게 꼭 좋은 건 아니에요. 우리 모두는 각자의 취향과 개성이 다르고, 그것은 존중되어야 하니까요. 그리고 거듭 말하지만, 주관에 집중하는 불의 지혜에는 장점이 많기 때문에 개인주의와 자신의 관점에 집중하는 경향은 분명히 긍정적인 측면이 있어요. 사회적으로나 개인적으로 많은 장점이 있어서 개인주의와 자유주의, 취향의 다양성을 비판하기는 어렵고, 선진국이 가지는 그러한 경향을 없애기는 어려울 거예요.

＊

이 책은 현대인이 고독과 불안, 혼란스러운 정신에서 벗어나 더 행복해지길 원하는 마음에서 쓴 책이에요. 저는 당신에게 혼자 있는 시간을 줄이고 사람을 더 많이 만나라고 말하지는 않을 거예요. 제가 아무리 말을 잘한다고 해도, 당신이 활달한 성격으로 바뀌고 친구가 많아지게 만드는 마법을 부릴 수는 없어요. 그리고 앞에서 말했듯이, 선진국의 개인주의 경향은 되돌릴 수 없는 흐름이에요. 과학기술의 발달, 의식과 문화의 변화 등 여러 가지 이유로 선진국 사람들이 과거의 집단사회로 회귀하기는 어려울 거예요. 저는 결코 개인주의를 버리고 집단을 추구하라고 말하지는 않아요. 그건 물의 지혜에만 치우치는 것이고, 전에 말한 것처럼 집단주의는 역사적으로 심각한 부작용을 낳았죠.

결국 개인이 행복해질 수 있는 방법을 찾아야 해요. 프로메테우스 님은 이 문제를 해결하는 좋은 방법은 '진실을 찾는 것'이라고 하셨어요. 정확히 말하면, '개인이 진실을 잘 찾을 수 있는 능력을 갖는 것'이 가장 좋은 방법이라고요. 개인이 그러한 능력을 가지면 불행해지지 않고 행복해져요.

혼자만의 생각에 빠져서 고통을 받고, 심지어 정신질환에 걸린 사람들의 근본적인 문제가 무엇인지 아세요? 그것은 그들이 '진실을 알지 못하기 때문'이에요. 정신질환자는 대개 그의 근원적인 생각(core thought)에 잘못된 앎을 가지고 있어요. 그래서 심리치료를 할 때 그것을 끄집어내어 깨닫게 하고 고쳐 주는 치료법을 많이 사용하죠[주 : 임상심리학에서 인지치료(cognitive therapy)를 말한다]. 진실을 잘 알고 있거나 잘 찾아내는 사람은 결코 정신질환자가 되지 않아요. 왜냐하면 진실을 잘 찾아내는 사람은 올바른 것을 알기 때문에 마음이 평안하고, 또 그 진실을 활용해서 세상에 잘 적응할 수 있기 때문이죠.

판도라의 상자에 들어 있던 불의 지혜의 부작용도 바로 그것이라고 할 수 있어요. 불의 지혜에 빠졌을 때 오히려 진실을 찾지 못하게 되는 부작용이었죠. 혹시 놀라셨나요? 불의 지혜는 과학을 발전시키기 때문에 진실과 진리를 잘 찾게 만드는 작용을 하는 것 같은데 그것이 진실을 더 찾지 못하게 만든다니, 이상하게 들릴 수도 있겠네요. 물론 불의 지혜는 과학과 같은 많은 진실과 진리를 찾아줘요 (이에 대해서는 3장을 참조). 반면에 어떤 측면에서는 오히려 진실을 더 알지 못하게 만들어요. 그래서 개인이 불의 지혜만 가지면 혼란과 고통을 겪는 거예요. 어떻게 해서 그렇게 되는지는 다음 절에서 자세히 설명할게요.

진실을 찾지 못하도록 방해하는 자신의 관점

자신의 관점에 주목하고 집중하면 불의 지혜가 잘 발달하는데, 불의 지혜는 과학과 같은 진리와 진실을 잘 찾게 만드는 좋은 작용을 해요. 그런데 한편으로는 어떤 진실을 더 찾지 못하게 만드는 부작용을 낳아요. 특히 개인적인 문제가 많이 발생해요. 불의 지혜는 개인주의자가 되기를 요구하는데 개인은 그 부작용 때문에 고통을 받아요.

자신의 관점에 집중하는 성향은 자신의 관점에 '빠져드는' 성향과 다를 바 없어요. 그것이 오히려 진실을 찾지 못하게 만드는 나쁜 결과를 낳아요. 주관에 빠지면 어떤 면에서 오히려 객관성이 부족해지고 많은 진실을 잘 알지 못하게 돼요. 이것이 심각해진 전형적인 모습은 '자폐'와 같아요. 자폐 성향의 가장 큰 문제 중 하나는 소통 능력의 저하예요. 자폐 성향을 가지면 타인의 마음을 자신의 주관만으로 판단하죠. 그래서 잘못 판단하고 소통이 어려워져요. 이에 대해 설명해 볼게요.

인간에게는 다른 사람의 생각을 일정 부분 추측하는 능력이 있어요. 그건 상당히 고등한 능력이라서 다른 동물에게는 없는 능력이에요. 사람들은 각자의 관점이 있고, 각자 생각이 달라요. 인간은 성장하면서 그것을 저절로 깨우쳐요. 중도 자폐아동 등의 경우는 예외이지만 인간은 만 4세 정도가 되면 그걸 알게 되죠.

자폐증이 있는 사람은 타인을 어떻게 생각할까요? 그들은 자신의 관점과 생각이 전부이고, 그 밖의 것은 없는 것으로 여겨요. 테스트를 해 볼게요. 오직 당신의 관점에서만 타인을 바라보세요. 타인의 생각이 보이나요? 타인이 어떠한 관점을 지니고 있는지 알 수 있나요? 결코 알 수 없어요. 당신에게 보이는 것은 타인의 행동과 겉모습일 뿐이에요. 당신의 관점을 넘어서지 않는 이상 타인의 관점과 생각을 추측할 수 없어요. 즉, 타인이 정신을 가지지 않은 로봇이나 인형처럼 보일 수도 있어요. 실제로 자폐아동은 타인을 독

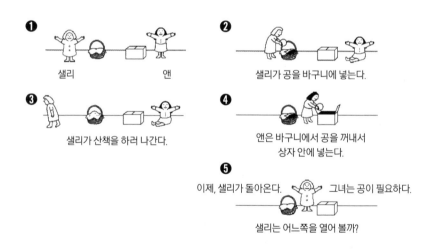

❶ 샐리   앤

❷ 샐리가 공을 바구니에 넣는다.

❸ 샐리가 산책을 하러 나간다.

❹ 앤은 바구니에서 공을 꺼내서 상자 안에 넣는다.

❺ 이제, 샐리가 돌아온다.   그녀는 공이 필요하다.
샐리는 어느쪽을 열어 볼까?

샐리와 앤 테스트
자신과 다른 타인의 관점을 추측할 수 있는지(마음 이론, theory of mnd)를 알아보는 테스트이다.
자폐아동은 이 테스트를 잘 통과하지 못한다. 올바른 답은 바구니를 열어 본다는 것이다.

립적인 정신을 가진 개체로 대하는 게 아니라 마치 로봇이나 무생물처럼 대해요. 자신에게 보이는 것이 전부라고 생각하는 거죠.

물론 인간은 타인의 마음을 정확하게 알 수는 없죠. 다만 추측하고 가정할 뿐이에요. 알고 싶은 타인의 마음이 '진실'이라고 했을 때, 그 진실에 접근하기 위해서는 자신의 관점에서 벗어나야 해요. 자신의 관점이 진실이 아니라 타인의 관점이 진실이기 때문이죠. 하지만 주관에 집중하면 자신의 관점에서 벗어나서 생각하기가 어려워져요.

자신의 관점에 집중하는 사람이 어떤 판단을 할 때 근거로 사용하는 것에는 다음과 같은 것이 있어요. 자신의 경험을 근거로 판단하는 '귀납법', 논리를 사용하는 '연역법', 그리고 '자신의 감성', 즉 느낌과 욕구에 따라 생각하고 행동하는 것이에요. 그들은 이러한 세가지 방식으로 세상을 해석하고, 판단하고, 타인의 생각을 추측하려고 할 거예요. 그런데 그 방식이 과연 정당할까요?

그렇지 않아요. 왜냐하면 그것은 결국 '자신의 관점'의 한계 내에 있기 때문이에요. 귀납법은 자신만의 경험일 뿐이고, 연역법은 자신이 알고 있는 한도 내의 것이고, 느낌과 욕구는 자신만의 것일 뿐이에요. 게다가 머릿속에서 그것을 종합하는 과정이 완벽하게 작동한다고 보기도 어려워요. 아무리 저장된 자료가 훌륭해도 그것을 떠올리고 계산하는 과정상에 오류와 착각이 일어나기 쉬워요.

그런데도 많은 인간은 자신의 관점 내에서 자신의 관점으로 판단하고 추측하기를 고수해요. 아마도 그 첫째 이유는 그것이 '이성적'이라고 생각하는 것이고, 둘째 이유는 '자기애'겠죠. 즉, 자신의 경험과 자신의 느낌, 욕구를 굉장히 소중하게 여기는 것이죠. 그런데 불의 지혜는 그런 방식을 장려해요. 다시 말해서, 불의 지혜를 토대로 하는 학문들이 이 두 가지 원인을 부추기고 있어요. 그렇기 때문에 그들은 더욱 정당하다고 생각해요.

서양에서 발달한 주관주의는 과학과 기술, 학문의 원동력이자 추동력이에요. 다음 장에서 자세히 다루겠지만, 서양철학사의 주류가 바로 주관주의예요. 과학이 급격히 발전한 근대의 경험론과 합리론, 그리고 현대의 실존주의 같은 것이 개인의 주관을 긍정하고 그것에 집중하라고 가르쳐요. 다시 말해서, (서양) 학문의 주류는 주관에 빠지고 오직 주관에 따라 판단하는 것이 '정당하다'고 가르치는 거예요(제3장을 참조). 이러니 문제가 생길 수밖에 없어요.

주관에 빠진 사람들은 소통을 할 때 언어의 뜻을 자신의 주관만으로 판단해요. 그들은 그게 당연한 것이고 어쩔 수 없는 게 아니냐고 항변할 거예요. 하지만 올바른 의사소통은 타인이 가진 의미 또는 의도를 공유하는 것이에요. 주관에 빠진 사람은 타인의 의도를 파악하기가 어려워요. 맥락과 상황에 따라 달라지는 의미, 즉 '화용론'에 약해요. 주관에 빠지지 않는다면 자신의 관점을 고집하지 않고 마음을 열고 타인의 의도를 알기 위해서 노력하겠지만, 주관에 빠지면 타인의 진짜 의도보다는 자신의 관점이 더 옳다고 여길 거예요. 그런 식으로 타인의 의도를 파악하면 진짜 타인의 의도를 잘 찾지 못하게 돼요.

그렇게 해서 주관에 빠진 사람들은 흔히 '틀린 생각'을 가지게 돼요. 그들은 자신의 주관에 따른 판단으로 결론을 내리는데, 그것은 진실과 다른 경우가 많아요. 그들은 자신의 경험과 기억, 논리, 감성에 따라 어떤 결정을 하고 그것을 믿어요. 그들은 '자신이 아는 것'에 한해서 결과를 도출하죠. 하지만 자신의 관점 안의 것들은 한정된 것에 불과해요. 그로 인해 세상의 진실을 찾을 수 있다는 보장은 없어요. 하지만 그들은 그 방법이 이성적이라고 믿으며, 그 방식을 고집하죠.

◆━━━━━━◆

주관에 집착하는 사람들이 어떤 방식으로 생각을 하는지 예를 들어 볼게요. 자신의 관점 안에 있는 기억과 경험에 다음과 같은 것이 있다고 단순하게 가정해 볼게요. 그러면 주관에 빠진 사람들, 즉 '자신에게 있는 것만으로' 생각을 하는 사람들은 대개 이런 식으로 결론을 도출할 거예요(이건 매우 단편적인 하나의 사례일 뿐이에요).

기억 1 : 내가 미영에게 어떤 말을 했다.
기억 2 : 미영은 그 말을 듣고 미소를 지었다.
기억 3 : 미소를 지은 것은 일반적으로 기분이 나쁘지 않다는 신호이다.

기억 4 : 내가 만약 미영의 입장이라면 기분이 나쁘지 않았을
          것이다.

결   론 : 미영은 그 말을 듣고 기분이 나쁘지 않았을 것이다.

이 추론에서 위험한 부분은 무엇일까요? 그건 기억 3에서 성급
한 귀납법을 사용했다는 것이고, 기억 4에서 타인의 입장을 자신의
관점으로 판단했다는 거예요. 귀납법은 과거의 경험 자료를 종합해
서 어떤 결론을 내리는 거죠. 그런데 사실 그 경험이란 자신의 관점
에서 한정된 것에 불과해요. 자신의 경험이란 세계의 일부분에 불
과해요. 마음이 열려 있는 사람은 그것을 알고 자신의 경험만을 지
나치게 강조하지 않지만, 자신의 경험(관점)에 집중하는 사람은 그
러한 귀납법을 사용해요. 하지만 그들은 이런 방식밖에 사용할 수
없다고 믿고, 이 결론이 옳다고 믿어요. 그리고 그 밖의 것, 즉 미영
이 기분이 나쁠 거라는 생각은 전혀 하지 못하죠. 이런 식의 추론
은 얼마든지 틀릴 수 있어요. 그런데 그들은 자신이 가진 정보만 사
용할 수 있고 그것만으로 판단하는 방식이 '이성적'이라고 믿기 때
문에 여기서 나온 결론을 굳게 믿죠. 결국 그 결론이 틀리다는 걸
확인했을 때, 그들은 엄청난 충격과 정신적인 혼란을 겪을 거예요.
   그러면 이러한 추론 과정에서 어떻게 답을 내리는 게 좋을까요?
자신의 기억에 의존한 '닫힌' 근거를 '열어야' 해요. 자신이 가진 증
거가 전부가 아니라는 마음을 가져야 해요. 모르는 부분이 있다는

것을 염두에 두면 답도 열려 있게 되죠. 이렇게 자신의 근거와 답이 열려 있는 사람이 마음이 열려 있는 사람이며 이런 사람이 틀릴 확률이 적어요.

자신의 기억과 경험을 과신하는 고정관념에 빠질 수 있어요. 고정관념에 빠지면 잘못된 생각을 자주 하게 되고, 문제해결능력도 떨어지죠. 잘못된 고정관념에 과도하게 집착하고, 그것을 고치지 않으면 점차 정신질환 수준까지 도달하게 될 거예요. 잘못된 고정관념을 깨고 세상과 잘 소통하기 위해서는 열린 마음을 가져야 해요. 그런데 많은 사람이 주관에 집착한 나머지 고정관념에 사로잡혀 있는 경우가 많고, 생각이 유연하지 못해요. 그러면 개인적으로도 실패할 확률이 높아져요.

지금까지 자신의 기억에만 의존하는 '귀납법'의 문제점을 말했는데, 귀납법은 사실 많은 경험을 통해서 오류를 계속 줄여 나갈 수 있어서 매우 심각한 문제는 아니에요. 다만 타인의 마음을 알려면 경험적 지식만으로는 부족하고 관점을 넘으려는 노력이 필요해요. 이러한 귀납법의 문제보다 더욱 심각한 문제는 자신의 욕구로 인한 '편향성'이에요. 개인은 무의식 속에서 욕구를 지니는데, 그건 '주관적 욕구'라고 할 수 있어요. 그런데 그것이 흔히 생각과 판단의 과정에 개입하고, 그로 인해 진실을 더 찾지 못하게 돼요. 그런데 주관에 빠진 사람들은 자신의 관점을 긍정하고, 자신의 주관적 욕구도 긍정하죠. 그래서 그들의 사고 과정에서 주관적 욕구가 빈번하게 개입하는데, 그걸 잘 제어하지 못해요.

예를 들어 논쟁 중인 A와 B 두 사람 중 누구의 말이 옳은지를 판단하는 추론을 한다고 해 보죠.

기억 1 : A 가 한 말
기억 2 : B 가 한 말
기억 3 : 논쟁과 관련된 증거들의 집합[이것은 무의식의
　　　　영역(장기기억)에 있다.]
무의식적 욕구 1 : 나는 A를 더 좋아한다.
무의식적 욕구 2 : A에게 유리한 증거가 많았으면 좋겠다.
기억 4 : 기억 3 중에서 A에게 유리한 증거들이 많이 떠오르고
　　　　불리한 증거들은 억제된다.
결 　 론 : A가 한 말이 옳을 것이다.

무의식적 욕구는 말 그대로 의식적으로 파악되지 않기 때문에 그 자신은 떠오른 증거에 따라 정당한 판단을 내렸다고 생각할 거예요. 하지만 그의 욕구는 증거의 '편집' 자체를 편향되게 하고 있어요[주 : 이러한 무의식의 편향성으로 인한 잘못된 판단은 최근에 심리학자들도 많이 연구하고 있는 주제이다]. 즉, A에게 유리한 증거가 더 많이 떠오르고, A에게 불리한 증거는 자신의 기억(장기기억) 속에 있는데도 떠오르지 않고 무시되는 거죠. 그게 바로 '편향'이에요. 자신의 욕구와 무의식으로 인한 편향이죠. 편향된 편집은 틀린 결과를 낳아요. 하지만 그는 자신의 무의식과 욕구는 소중하고, 그것에 따르는 게

옳다고 생각하기 때문에 그 편집된 내용을 그대로 받아들여요. 하지만 결론은 옳다고 볼 수 없어요.

개인의 욕구는 판단과 생각에 엄청난 영향을 미쳐요. 지금 하나의 아이스크림을 머릿속에 떠올려 보세요. 무엇을 떠올렸나요? 그 아이스크림은 당신이 좋아하는 것인가요? 당신이 무의식적으로 좋아하거나 먹고 싶은 아이스크림을 떠올렸을 확률이 커요. 인간은 어떤 생각을 할 때 기억 속에서 어떤 것을 떠올리는데, 대개 욕구가 개입된 생각을 해요. 만약 아무리 따져 봐도 그다지 먹고 싶지 않은 아이스크림이 떠올랐다면, 그것은 당신의 무의식이 '가장 인출하기 편한' 기억을 떠올린 거겠죠. 그것도 '쉬운 방식을 택하고 싶은' 무의식의 욕구예요.

그렇게 무의식적 욕구가 생각에 매우 흔히 개입하고, 그것은 생각을 편집하고 추론과 판단에 영향을 미쳐요. 공정하게 기억을 떠올리기란 쉬운 일이 아니에요. 그런데 욕구가 개입되는 편향된 사고는 무의식적인 과정이니 모두가 똑같이 가지는 자연스러운 게 아니냐고요? 그렇지는 않아요. 자신의 관점에 빠지는 사람일수록 그 정도가 심해요. 이 성향은 마음이 닫혀 있고, 자신의 생각만이 옳다고 여기는 사람이 크게 가지고 있어요. 자신의 주관을 긍정하고 거기에 빠진다면, 자신이 가진 편향적인 욕구도 긍정하고, 그것대로 행동하는 것이 정당하다고 여기게 되겠죠.

그런데 심지어 사상적·학문적으로도 이걸 옹호하는 조류가 있었어요. 예를 들어 현대철학에서 '실존주의'가 이것을 옹호하는 사조에 가까워요(그들은 편향적이라기보다는 '주체적', '개별자적'이라는 말로 포장하기는 하지만). 그 이야기는 좀 어려울 수 있으니 여기서는 잠시 미루고 다음 장에서 할게요. 실존주의뿐만 아니라 서양철학의 주류와 불의 지혜에서는 주관적인 욕구가 나쁘다거나 그것을 버리라는 이야기를 하지 않아요. 왜냐하면 주관적 욕구는 결국 개인적인 '의지'인데, 주관주의와 불의 지혜에 따르면 사실 자신의 의지를 억제해야 할 근본적인 이유를 찾을 수 없어요. 물론 타인에게 피해를 주는 이기주의는 사회적 관점에서 나쁘다고 하겠지만, 그것이 아니라면 개인의 의지를 매우 소중하게 여기고, 그것에 '절대적으로 침해될 수 없는' 가치를 부여해요. 잘 이해가 안 된다고요? 동양식 사고로는 잘 이해가 안 될 수도 있지만, 서양식 사고에서는, 특히 합리적인 불의 지혜의 관점에서는 엄밀히 따졌을 때, 이런 결론에 도달해요(제3장 현대 서양철학 부분을 참조).

그래서 불의 지혜에 경도된 사람들이나 주관에 빠진 사람들은 심지어 드러내 놓고 이 과정이 정당하다고 주장하기도 하죠. 즉, 그들은 기억 4, 'A에게 유리한 증거들이 많이 떠오르고 불리한 증거들은 억제된다'를 스스로 파악한다고 하더라도 이를 고치지 않아요. 왜냐하면 이를 일으키는 자신의 무의식적 욕구가 나쁘다는 증거를 '자신의 관점 안에서 의식적으로' 찾지 못하기 때문이에요. 게다가 그들은 그 욕구를 억압하는 것이 자신의 근원적인 자아와 주체성을 손상하는 일이라고 생각해요. 그래서 자신의 정체성과 자기애를 위해 그것을 고집하죠.

그러면 어떻게 해야 할까요? 참 어려운 문제인 것 같죠? 살짝 힌트를 드리면, 이러한 욕구의 개입이야말로 제우스 님이 판도라의 상자에 넣어 놓은 부작용의 핵심이라고 할 수 있어요. 이 문제는 해결하기가 매우 어려워서 저와 소크라테스도 많은 고민을 했답니다.

그 밖에 또 다른 종류의 불의 지혜의 부작용이 있어요. 바로 이성의 핵심적인 도구인 로고스, 즉 언어와 논리가 일으킬 수 있는 부작용이에요. 불의 지혜에서 대표적으로 좋다고 여기고 장려하는 사고(추론)의 방식은 귀납법과 논리예요. 귀납법은 이미 살펴봤고, 언어와 논리도 문제를 일으킨답니다. 어떻게 문제를 일으키느냐고요? 언어와 논리가 항상 문제를 일으킨다기보다는 그것의 특정한 활용에서 인간에게 고통과 불행을 일으키는 교묘한 장치가 숨어 있다고나 할까요. 언어와 논리에 내재된 어떤 허점이 자신의 관점에서 벗어나서 진실을 찾게 만드는 노력을 좌절시켜요. 불의 지혜를 신봉하면 로고스를 신봉할 것이고, 로고스에 과도하게 집착하면 그런 문제가 발생하게 되죠. 그런데 더 자세한 이야기는 나중으로 미룰게요. 이 문제는 정체를 공개하는 게 해결책을 제시하는 것과 다를 바 없어서 제4장에서 그 정체를 공개할게요.

◆━━━━◆

주관에 빠진 사람들은 앞에 말한 두세 가지 문제로 인해서 자주 틀리고, 또 틀린 것을 확인했을 때 충격도 크게 받는 경향이 있어요. 이는 그들이 그것을 확고히 믿고 있어서인데 그러면서도 계속 틀리는 일이 발생해요. 그들은 그 결과에 충격을 받고 혼란에 빠지고 급기야 잘못된 판단으로 실패를 겪게 돼요. 그들은 자신의 관점 안에 갇히게 됨으로써 점차 혼자가 되고, 우울해지고, 자폐적이 돼요. 그들은 점점 현실 세계에서 벗어나 자신의 관점이 통하는 세계로 빠져들어요. 자신의 관점이 통하는 환상의 세계에서 그들은 잠깐은 고통스럽지 않겠지만, 결국 고통과 불행은 피할 수 없어요.

불의 지혜는 자신의 관점을 믿게 만들고, 그것은 앞에서 본 것 같은 개인적인 부작용을 낳아요. 오히려 어떤 부분에서 진실을 찾지 못하게 만드는 부작용이죠. 이건 개인의 행복과 성공을 위해서도 매우 좋지 않아요. 그래서 불의 지혜뿐만이 아니라 '물의 지혜'도 필요한 거죠. 불의 지혜가 자신의 관점을 소중히 여기고 집중하는 지혜라면, 물의 지혜는 자신의 관점에서 벗어나는, 관점의 견고한 벽을 깨뜨리는 지혜예요. 그러면 어떻게 하면 그러한 물의 지혜를 가질 수 있을까요? 그건 이 책 후반부(제4장과 제5장을 참조)에 나올 거예요. 이번 장에서는 불의 지혜의 부작용과 물의 지혜의 장점에 대해서 더 이야기할게요.

관점을 깨면 얻는 이점 1 : 매너리즘에서 벗어나고 마음의 폭을 넓히기

앞에서는 자신의 관점에 갇힘으로써 심하게는 정신질환으로까지 이어질 수 있는 부작용에 대해 살펴봤어요. 그런데 현대인이 전부 다 그렇게 심각한 수준은 아닐 거예요. 이 책을 읽는 많은 독자는 그런 불행을 잘 느끼지 않을 수도 있어요. 교우관계도 원만할 것이고, 그럭저럭 행복한 삶을 살고 있을 거예요. 그런데 혹시 정신적으로는 뭔가 허전하지만, 물질적인 소비로 위안받고 있는 건 아닌가요? 어쨌건 이제부터는 대부분의 사람에게 도움이 될 만한 동기를 유발하는 이야기를 해 볼게요.

자신의 관점에서 잘 벗어날 수 있고, 그것을 잘 깨뜨릴 수 있다면, 대부분의 일반인은 더 좋은 삶을 살 수 있을 거예요. 관점을 깨는 일은 평범한 수준에서 더 높은 수준으로 도약할 수 있게 만드는 발전적인 역할을 할 수 있어요. 그래서 모든 인간에게 자신의 관점을 깨는 일은 도움이 돼요.

평범하고 정상적인 인간은 어떤 삶을 살고 있을까요? 사실 '정상적인'이란 말을 함부로 쓰면 어폐가 생길 수 있겠죠. 인간은 아마도 정신질환에 걸린 상태가 아니면 정상적인 정신이라고 말하겠죠? 그리고 그 밖에 육체적이거나 경제적 측면에서 지속적으로 심각한 고통을 겪고 있는 상태가 아니라면 정상적이라고 말할 거예요. 그런 평범하고 정상적인 인간은 모두 각자가 맡은 일을 하고, 자신만의 생활을 영위하면서 살고 있겠죠. 자신의 관점을 유지하면서 말이에요.

평범한 인간은 자신의 관점을 잘 깨는 능력이 없더라도 심각한 상황이 아니라면 일상생활에 큰 지장을 받지는 않을 거예요. 그들은 가끔 성공하기도 하고 실패하기도 하면서 다양한 삶을 살아가요. 하지만 대부분의 사람은 '단조로운 삶'이라는 문제를 안고 있어요. 심지어 아주 성공한 사람이나 부자도 그 문제를 가지고 있죠. 이걸 딱히 문제라고 하기에는 모호하지만, 겉으로 문제가 없어 보이는 많은 사람이 물질적인 것으로 채우지 못하는 삶의 허망함과 갑갑함을 느끼고 있어요. 그 이유가 뭘까요? 그건 인간은 각자가 '하나뿐인' 인생을 살고 있기 때문이에요. 즉, 인간은 자신의 관점 밖의 세상을 경험하지 못한다는 한계가 있어요. 대개의 인간은 자신의 세상 안에 안주하면서도 한편으로는 갑갑해해요.

삶에 아쉬울 게 없어 보이는 세계 최고의 부자라고 하더라도 또 다른 인생을 꿈꿀 수 있어요. 예를 들어 어떤 사람이 경제학을 전공하고 금융 전문가가 되어서 엄청난 부자가 되었다고 해요. 그가 아는 지식은 경제학과 금융 분야에 치우쳐 있고, 그는 그 업계의 사람들로 둘러싸여 있죠. 그가 겪는 경험은 한정된 틀에 갇혀 있어요. 주변 사람에게 좋은 대접을 받는다고 할지라도 그의 삶은 단조롭고 갑갑할 거예요. 그는 나이를 먹을수록 점점 기존의 관점과 생활에 익숙해져서 시간이 더 빨리 흐르는 것처럼 느낄 거예요. 그런데 그가 만약 '전혀 새로운 관점'을 본인의 것으로 만들기로 한다면, 예를 들어 그가 전공한 경제나 금융과 전혀 다른 물리학이나 미술을 공부해 본다거나 시골로 내려가서 소를 키우고 농사를 짓는다면, 아마 그는 새로운 인생을 사는 것 같은 기쁨을 느낄 거예요.

하지만 또 다른 삶을 살고 싶다고 해서 기존의 일을 버리고 새로운 일이나 공부를 시작하는 경우는 드물죠. 왜냐하면 그 방법은 기존에 영위하던 삶을 포기하고 새로운 삶으로 변환하는 거니까요. 몸과 정신은 하나이므로 두 개의 인생을 살 수는 없어요. 기존의 직장과 학업을 포기하고 다른 새로운 것을 시작하면 기존의 지식도 점점 잊히고 경력도 단절되겠죠. 그래서 대부분의 사람은 아무리 돈이 많고 성공한 사람이라도 다른 삶을 상상만 하고 기존의 삶의 방식에서 잘 벗어나지 못해요.

그런데 관점의 '폭'을 넓히면 다른 삶을 사는 것과 유사한 효과를 가질 수 있어요. 아무리 성공한 사람이라도 한 번뿐인 인생을 살 수밖에 없기 때문에 모든 사람은 더 오래 살고 싶어 해요. 한 번뿐인 인생의 삶을 최대한 연장하고 싶어 하죠. 그런데 단지 길이의 연장이 아닌 '폭'의 연장도 가능해요. 오래 사는 것만 삶의 연장이 아니에요. 관점의 폭을 늘리는 것도 삶의 연장이에요. 이 말이 아직 잘 이해가 되지 않으시죠?

먼저, 관점의 폭이란 무엇인지 설명해 볼게요. 물론 여기서 말하는 관점의 폭이란 시각적 폭을 뜻하는 게 아니에요. 즉, 더 큰 물리적 시야가 한눈에 들어온다거나 시력이 좋은 사람이 관점의 폭이 넓다는 이야기가 아니에요. 그러면 관점의 폭이 시각과 전혀 관련이 없냐고요? 사실 전혀 관련이 없다고 단정 짓기도 모호해요. 심리치료에 사용되는 EMDR 요법에서 보듯이, 관점의 폭을 넓히기를 바라면서 시각의 폭을 넓히는 연습을 하면 경우에 따라 효과가 있을지도 몰라요.

EMDR(Eye Movement Desensitization and Reprocessing, 안구운동 민감소실 및 재처리요법)
주로 외상후스트레스장애(PTSD) 환자에게 고통스러운 기억을 떠올리면서 폭넓은 안구운동을 하도록 한다. 학계에서도 어느 정도 효과를 인정받고 있지만 그 원리는 아직 베일에 싸여 있고, 그로 인해 비판을 받기도 한다. 저자는 시각적 폭을 넓히는 연습이 심리적 관점의 폭의 변화로 간접적으로 연결될 것이라고 추측한다.

아무튼 여기서 말하는 관점의 폭은 심리적인 관점의 폭이라는 걸 여러분도 이해했을 거예요. 그걸 좀 더 설명하자면, 자신의 주관적 관점에만 머무르는 것이 아니라 새로운 관점을 가져야만 얻을 수 있는 생각이 떠오르는 거예요. 어떻게 그럴 수 있을까요? 다소 의아하겠지만 그건 실제로 종종 일어나는 일이에요.

◆━━━━━◆

일화를 한 가지 이야기할게요. 매일 풍선을 불고 그것을 꼬아서 인형 모양으로 만들어 파는 한 피에로가 있었어요. 그는 수년 동안 엄청난 양의 풍선을 불어서 대량의 풍선 공예품을 만들어서 팔았죠. 그는 부풀기 전의 풍선만 봐도 어떤 모양으로 커지고, 어떤 공예품으로 만들 수 있을지를 즉각 파악해요. 그는 취미나 재미로 그 일을 하는 것이 아니라 힘들지만 생계를 위해서 참고 일하고 있어요. 그래서 그는 가끔 쉬는 날에 길을 지나가다가 하나의 풍선이 눈에 띄면 저것을 어떻게 공예품으로 만들 수 있을까 하는 생각이 떠오르기도 하면서, 한편으로는 지긋지긋하다는 느낌이 들어요. 풍선을 볼 때마다 자동적으로 그런 생각이 떠오르는 거죠. 그런데 그 생각은 그 피에로의 주관적인 관점일 뿐이에요. 아이들은 같은 풍선을 보더라도 다른 관점을 지닐 수 있고, 깔깔대고 웃을 수 있죠. 어떤 사람은 터지는 것에 대한 두려움으로 부푼 풍선을 무서워하기도 해요. 어떤 사람은 피에로를 보고 웃을 수도 있고, 또 어떤 사람은 피에로를 보는 것만으로도 무서움을 느껴요.

그런데 그 피에로가 자신의 관점에 갇혀 있고 관점의 폭이 좁다면, 항상 풍선을 볼 때마다 공예품이 떠오를 것이고 그것을 만드는 힘든 과정이 떠오를 것이고 지긋지긋하다는 느낌이 떠오를 거예요. 풍선을 보고 기뻐할 아이들의 마음은 떠오르지 않죠. 그리고 매너리즘에 빠질 거예요. 삶은 단조롭고 반복적일 거예요. 그래서 행복감도 줄어들죠. 마치 쳇바퀴 굴러가는 듯한 삶을 살게 될 거예요. 그건 귀중한 인생을 헛되이 보내는 것인데, 만약 그가 자신의 관점을 깬다면 새로운 관점을 경험하게 돼요. 그건 오래전에 잊힌 자신의 관점일 수도 있고, 미처 알지 못했던 다른 사람의 관점일 수도 있어요.

이 사진을 보고 어떤 느낌이 드는가?
어떤 사람은 피에로 공포증이 있을
수도 있는데 그 느낌은 본인의 관점이
만든 것이다

그 피에로는 당시 자신이 지니고 있던 관점을 깨고 다른 관점을
떠올려 보았어요. 그리고 잊힌 자신의 과거의 관점이 떠올랐어요.
그건 그가 어렸을 때 풍선인형을 가지고 싶어서 엄마에게 사 달라
고 조르고, 풍선인형을 처음 가졌을 때의 기뻐했던 마음과 그 풍
선 인형에게 이름을 붙이고 예뻐하면서 가지고 놀던 기억이었어
요. 그는 그때의 관점이 되살아나기 시작했고, 또한 다른 많은 아
이들도 그러한 관점을 지니고 있다는 것을 깨달았어요. 그러자 풍
선이 다른 시각으로 보이기 시작했어요. 풍선을 보면 그가 어렸을
때 지녔고 다른 아이들이 지니는 즐거운 느낌이 들기 시작했어요.
그리고 풍선을 비틀어 인형 모양으로 만들 때마다 어렸을 때 풍선
인형을 가지고 놀던 마음이 들기 시작했어요. 그래서 전보다 행복
해졌고, 얼굴이 밝아졌고, 어떻게 하면 아이들이 더 좋아하는 모
양으로 풍선인형을 만들 수 있을지 생각하게 되었어요. 그래서 그
가 만든 풍선인형은 더 많이 팔리게 되었어요.

자신의 관점 안에 갇히면 매너리즘에 빠져요. '매너리즘'이란 말이 좀 어렵나요? 국어사전을 보니 "항상 틀에 박힌 일정한 방식이나 태도를 취함으로써 신선미와 독창성을 잃는 일"이라고 나와 있군요. 그러니까 행복감이 떨어지고 불행해지는 거죠. 삶의 의미도 찾지 못하고 재미도 없어요. 재미는 대개 신선한 것에서 나오기 때문에 관점의 폭이 좁거나 고정되면 삶의 즐거움이 감소되고 허무해지고 무기력해진답니다.

◆————◆

왜 자신의 관점에 갇히면 매너리즘에 빠질까요? 관점은 '현재 자신의 관점'을 뜻하고, 그건 현재 그가 가진 육체적, 무의식적 상태로 인해 '결정된' 것이기 때문이에요. 현재 그가 가진 상태란 과거의 것이 축적되어 만들어진 상태예요. 즉, 그의 관점은 과거의 것이 축적되어 그만큼 '늙어 있는' 상태인 거예요. 그로 인해 습관과 고정관념이 만들어진 상태이죠. 그의 현재 관점은 그의 '늙어 있는' 습관과 고정관념, 무의식의 총합이에요. 많은 사람은 그러한 습관적인 관점에 안주하는데, 그래도 큰 문제가 드러나지 않고 편하니까요. 하지만 편하다는 게 과연 장점이기만 할까요? 똑같은 방식을 고수하면 편하기는 하겠지만 점점 둔감해져요. 그게 관점과 마음이 늙어 간다는 거죠. 그는 자신이 하던 방식대로 세상을 바라보고, 새로운 자극이 나타나도 기존의 틀(관점)에 맞게 받아들이고, 그 틀은 거의 고치지 못해요.

아주 어렸을 때 마음의 양이 1이라면, +1의 자극이 들어오면 마음의 양이 2가 되고, 두 배가 돼요. 하지만 마음과 관점이 늙은 어느 시점에 그의 마음의 양이 100이면 +1의 동일한 자극이 들어왔을 때 101이 되어 그 변화가 미미해요. 자신의 관점은 시간에 따라 계속 늙어 가므로 민감도는 계속 떨어져요. 그래서 관점이 늙은 사람은 둔감해져서 행복감을 덜 느껴요. 어렸을 때는 사탕 하나만 받아도 행복감을 느끼고, 스테이크 한 조각이 먹고 싶어서 부모를 조르지만, 관점이 늙으면 고급 스테이크를 마음껏 먹을 수 있어도 그다지 행복하지 않듯이요.

인류는 과거에 비해서 엄청나게 풍요로워졌어요. 현재 나이가 많은 인간도 어렸을 때와 지금을 비교해 보면 그 차이를 알 수 있을 거예요. 어렸을 때는 먹고 싶지만 먹을 수 없었던 것이 많았고, 가질 수 없는 것도 많았을 거예요. 지금은 어떤가요? 어렸을 때 꿈꾸던 것을 더 쉽게 구할 수 있지 않나요? 그러면 과연 얼마나 행복해졌나요? 과거에 자신이 꿈꾸는 것만큼 행복해졌나요? 인간은 경제적으로나 물질적으로는 엄청나게 풍요로워졌지만, 사람들이 느끼는 행복감은 과거와 큰 차이가 없고 욕구불만은 여전해요. 물론 물질적으로 풍요로워짐으로써 행복해졌다고 생각하는 사람도 있겠죠. 하지만 물질적인 혜택에 비해서 행복은 좀처럼 충족되지 못해요. 이것은 단지 인간의 끝없는 욕심 때문일까요? 자신보다 돈이 많은 부자를 보고 배가 아프기 때문일까요?

제우스 님은 자신의 관점에 갇혔을 때 매너리즘에 빠져서 행복감을 잘 느끼지 못하게 만들어 놨어요. 대개 부자의 딜레마가 이거예요. 돈이 많은 만큼 행복해야 하는데, 실제로는 그만큼 행복하지가 않아요. 만약 충분히 행복하다면 돈을 그만 벌려고 할지도 몰라요. 하지만 충분히 행복하지 않기 때문에 돈이 이미 많아도 돈을 더 벌려고 해요. 그래서 욕심은 줄어들지 않고, 결국 사회적인 문제가 발생해요.

인간은 신체 나이만 늙는 것이 아니라 정신과 마음의 나이도 늙어요. 관점에 갇히면 자신의 늙어 있는 관점만으로 세상을 받아들이게 돼요. 그러면 더 행복해지는 게 아니라 습관과 매너리즘에 빠져요. 그는 틀에 박힌 마음과 생각으로 세상을 바라보고, 그의 세상에는 새로울 게 없어져요. 자신의 기존 관점으로 세상을 대하기 때문이에요. 그런데 만약 관점의 단단한 속박을 깰 수 있다면, 그는 마치 새로운 세상을 만난 것과 같을 거예요. 그는 자신의 늙은 관점이 아닌 '젊은 관점'을 받아들일 수 있게 된 거예요. 세상을 받아들이는 마음과 느낌은 젊어질 수 있어요. 관점을 깨면 관점과 생각의 폭이 넓어지고, 삶이 더 풍요로워지고, 마치 연장되는 것과 같은 효과가 있어요.

◆━━━━◆

관점을 깨고 폭을 넓히면 마음의 '회복력'도 커져요. 젊음의 특징은 회복력이 강하다는 거예요. 반면에 늙으면 회복력이 떨어져요.

육체적으로도 그러하지만, 정신에서도 마찬가지의 일이 일어나요. 고정된 관점은 회복력을 떨어뜨리고, 열린 관점과 새로운 관점은 회복력을 높여요.

인간은 살면서 종종 나쁜 경험을 하고 그것이 기억에 남아요. 그리고 시간이 흘러도 종종 그 기억이 떠올라 괴로워해요. 그게 심각해지면 외상후 스트레스장애(PTSD)가 되죠. 그 정도가 아니더라도 대부분의 인간은 떠올리기 싫은 기억을 가지고 있고, 그로 인해 상처를 받아요. 그런데 마음의 상처와 고통은 어디서 올까요? 그 원인은 자신의 관점에 있어요.

당신이 사랑하는 애완견이 차에 치어 죽는 장면을 목격했다고 해 보세요. 그건 트라우마가 되어 이후로도 계속 괴로움을 줄 수 있어요. 처음에 받은 심적 고통은 어쩔 수 없다고 해도 차차 치유해야 해요. 그런데 만약 자신의 기존 관점에 갇혀 있거나 집착하고 있다면, 거기에서 벗어나기 어려워요. 과거의 기억이 계속 강렬하게 떠오르고, 그 고통이 계속 재발할 거예요.

그럴 때는 다른 관점을 생각해 보세요. 예를 들어 그 애완견과 별로 관련이 없는 사람의 관점에서 바라보세요. 그러면 슬픔과 고통이 줄어들 거예요. 지금도 매 순간 전 세계에서 수많은 사람이 죽고 있어요. 하지만 자신과 가까운 사람이 아니라면 크게 슬픈 생각이 들지 않고 충격도 받지 않아요. 왜 그럴까요? 그건 자신의 관점이 그와 가까운 사람의 관점과 다르기 때문이죠. 그래서 어떤 끔찍한 기억에서 벗어나고 싶다면 관점의 폭을 넓혀야 해요. 다른 관점, 좀 더 멀리 떨어진 관점으로 바라본다면, 그 사건이 이전과 다르게 보이고, 자신의 주관적 느낌과 관념으로 인한 고통도 치유될 거예요.

그런데 자신의 관점을 고수하는 게 삶의 장점도 될 수 있지 않느냐고요? 그런 부분도 있죠. 자신의 관점에 주목하면 한 가지 '좁은' 분야에서 더욱 능숙해지고 성숙해지는 장점이 있어요. 하지만 관점을 깬다는 건 기존의 관점에서 얻은 지식을 포기한다는 의미가 아니에요. 직업의 이동이나 다른 공부를 해 보는 건 시간의 흐름 속에서 과거를 포기하고 과거와 단절하는 것이지만, 관점의 틀을 깨고 폭을 넓히는 것은 과거의 고정된 선택지에서 벗어나서 '다양한 선택지가 되는 생각이 떠오르는 것'이라고 할 수 있어요. 다양한 선택지가 있긴 해도 과거에 하던 일과 직업을 계속 영위할 수 있고 계속 그 길로 나갈 수 있어요. 다만 똑같은 대상을 '다르게 볼 수 있는 눈'이 생긴 거죠. 그러한 눈은 오히려 기존에 하던 일에 대한 효율성을 더 높일 가능성이 커요. 특히 반복적인 기계적 작업을 하는 일이 아니라 정신적 판단과 창의성이 요구되는 일이라면 더욱 그렇겠죠. 현대인은 기계적이고 반복적인 일은 거의 하지 않을 거예요. 그런 일은 이미 대부분 기계로 대체되었지요. 특히 이런 시대에는 기존의 관점에서 벗어나 '다르게 보기'가 더욱 좋은 효과를 줄 거예요. 그 이야기를 이어서 해 볼게요.

관점을 깨면 얻는 이점 2 : 창조력, 소통, 사랑

자신만의 관점을 깼을 때 '다르게 보기'가 가능해진다고 말했는데, 이 능력은 특히 '창조력' 또는 '창의력'과 관련이 있어요. 특히 현대인에게 상당히 중요해진 소양이죠. 요즘 반복적이고 단순한 작업은 대부분 기계가 하고 있고, 인간은 인간만이 할 수 있는 일을 하고 있어요. 그건 기계적인 작업이 아니라 창조적인 작업이죠.

에리히 프롬은 1941년에 출간된 『자유로부터의 도피』에서 자유와 개인주의가 주어졌을 때 고립감과 불안감과 같은 고통이 생겨나고, 그로 인해 사람들이 전체주의나 권위주의로 빠져드는 현상을 심리학적으로 설명했어요. 당시 독일에서 나치가 일어난 사례를 분석한 거죠. 다만 자유가 주어졌다고 해서 사람들이 반드시 집단주의에 빠지는 건 아니에요. 개인이 겪는 고통이 해소되었을 때 그것을 방지할 수 있는데 프롬은 그 해소 방안으로 '(타인에 대한) 사랑'과 '창조적인 일'을 제안했어요. 그럴듯한 이야기예요. 사랑과 창조적인 일을 하면 자신의 삶에 의미가 커지고, 자유의 소중함을 알게 되고, 권위주의나 전체주의에 쉽게 빠지지 않을 거예요.

그러면 사랑과 창조적인 일을 어떻게 하면 더 많이 할 수 있을까요? '이제부터 타인을 더 사랑하고, 창조적인 일을 더 잘하자'라고 마음을 먹기만 하면 되는 걸까요? 물론 쉽게 할 수 있는 건 아니겠죠. 사랑과 창조적인 일을 더 많이 할 수 있는 상태를 조성하고 마련해야 할 거예요. 사회적인 제도나 환경을 그렇게 바꾸는 것도 좋겠지만, 그건 제가 언급할 건 아니어서 여기에서는 개인이 가지는 마음 상태에 관한 이야기를 할게요.

창조란 기존의 것과 다른 '새로운' 것을 만들어 내는 것이죠. 그리고 창의력은 동일한 대상을 '다르게' 볼 수 있을 때 잘 나타나요. '다르게 본다'는 말은 기존의 관점, 하나의 관점에 집착하지 않고 새로운 관점으로 전환하거나 그것을 받아들인다는 거예요. 그런데 이러한 관점의 전환은 창의력뿐만 아니라 소통과도 커다란 연관이 있어요. 그리고 타인을 이해하고 사랑하는 데에도 도움을 주죠. 그러니까 주관을 깨뜨리고 다른 관점으로 나아가는 일은 에리히 프롬이 제안한 '창조적인 일'과 '사랑'이라는 해결책과 많은 연관이 있어요.

자신만의 관점을 고집했을 때 하나의 사물을 한 가지 관점에서 보게 되고, 다양한 생각은 나오지 않아요. 예를 들어 한 가지 관점만 지닌 사람은 야구방망이를 보았을 때 그것이 사용되는 것을 본 과거의 기억만을, 즉 야구할 때 쓰는 일밖에 떠오르지 않고 거기서 벗어나지 못하죠. 그들은 고정된 사고방식에 매여 있고 과거에 집착해요. 새로운 생각을 쉽게 받아들이지 못하고 생각해 내지도 못하죠. 그래서는 창의력이 잘 나타나지 않아요. '창조'와 관련해서 인간에게 좋은 효과는 '생명력'도 있는데, 이에 대한 이야기는 좀 복잡하니 노자와 대화를 나눈 제5장에서 자세하게 다룰게요.

◆━━━━◆━━━━◆

현대인은 창의성에 관심이 많은 것 같아요. 당신도 그러한가요? 그에 대해서 좀 더 이야기해 보죠. 그럼 사회생활의 성공을 돕는

(직접적으로 말하면 돈벌이가 되는) 좋은 창의성에 대해 이야기해 볼 게요.

창의성이란 새로운 생각이자 발상의 전환이죠. 그런데 그것만이 전부가 아니에요. 사회적으로 인정받는 창의성이란 단지 '새로운 것'만이 전부가 아니죠. 왜냐하면 새로운 생각 중에는 쓸모가 없거나 오히려 해를 끼치는 생각도 있을 테니까요. 예를 들어 어린아이들이 보는 프로그램에 착한 편이 승리하는 게 고정관념이라면서 악당이 이기는 결말을 만드는 건 좋은 창의성이 아니에요. 사람들이 기분 나빠하고 싫어하기 때문이죠. 그런 작품은 사람들에게 외면을 받고 실패할 거예요. 그래서 성공하기 위한 창의성이란 새로우면서도 타인이 호감을 갖고 칭찬하는 거예요.

그래서 좋은 창의성을 발휘하기 위해서는 사람들의 마음을 이해해야 돼요. 어떻게 하면 타인의 마음을 이해할 수 있을까요? 자신의 관점에 갇혀 있다면 타인의 마음을 이해하기 힘들어요. 자신의 주관과 개성을 강조하면 어쩌면 독창적일 수도 있고 새로운 것이 될 수도 있어요. 즉, 타인과의 의사소통을 제대로 하지 못하고 자기만의 세계에 갇힌 사람이 만든 작품도 독창적일 수 있고 타인이 보기에 새로울 수 있어요. 하지만 그것은 대개 성공하지 못해요(간혹 아주 운이 좋아서 성공하는 경우도 있긴 하지만요). 우리가 호감을 갖는 성공한 창의성은 대개 사람들의 마음을 이해한 거예요. 타인의 마음을 이해하고 만든 작품이 성공할 확률이 높아요. 중요한 건 타인의 관점을 이해하는 거죠.

하지만 어려운 문제가 남아 있어요. 과연 자신의 관점에서 벗어나고 혹여 그게 가능하다고 할지라도 타인의 관점을 정말로 알 수 있을까요? 저는 이제까지 자신의 관점을 깨고 '새로운 생각'을 할 수 있다는 말을 했지, 타인의 관점과 생각을 정확히 알 수 있다고 말하지 않았어요. 만약에 텔레파시가 가능하다면 타인의 관점과 생각을 알 수 있겠죠. 하지만 안타깝게도 인간에게는 텔레파시 능력이 없어요. 사실상 인간이 알 수 있는 건 경험하는 것에 한정되고, 아무리 자신의 관점에서 벗어난다고 할지라도 타인의 관점과 마음을 직접 알 수 없다는 점은 인정할 수밖에 없죠. 직접 알 수 있는 방법은 자신의 관점 안에 들어와야 하는데, 타인의 마음은 자신의 관점 안에 들어오지 않아요. 불의 지혜를 숭상하는 진영에서는 인간의 경험은 개인의 관점에 한정될 수밖에 없고, 그걸 벗어난 상상은 오류와 오판을 불러일으킨다고 여겨요. 그래서 자신의 관점과 그 외부를 차단하고 자신의 관점에 주목하는 게 낫다고 보죠. 하지만 그렇게 해서는 자신의 관점에 갇혀 버려요. 타인의 마음은 결코 알 수 없는 것이 되어 버리죠.

그러면 인간은 타인의 마음을 결코 이해할 수 없는 걸까요? 인간은 직접적으로 타인의 마음을 알 수는 없지만, 간접적인 방식으로 이해력을 높일 수는 있어요. 그 방법은 자신의 관점에서 벗어나는 거예요. 타인이 나와 다르게 생각하고 있다는 것을 이성적으로만 이해하지 말고, 자신의 관점에서 스스로 벗어남으로써 그 탐구를 직접 실천하는 거죠. 이것은 마음을 여는 것이고, 마음이 열린 사람이 타인의 마음을 더 잘 이해할 수 있고, 또 더 잘 소통할 수 있어요. 그리고 소통을 통해 타인의 마음을 더 잘 알게 되죠.

그런데 수많은 사람의 마음에 드는 작품이나 제품을 만들려면 소통 능력뿐만 아니라 '통찰력'이 필요해요. 통찰력은 상당히 설명하기 어려운 개념인데, 여기에는 약간의 신비적인 부분이 포함되는 물의 지혜와 함께 불의 지혜도 필요해요. 통찰력은 모든 지혜가 종합되었을 때 발휘되는 가장 고차원의 능력이죠.

통찰력에 다소 신비적인 부분이 개입된다는 말의 의미는 통찰력의 과정이 이성적으로 잘 설명되지 않는 '영감'이 개입되는 경우가 많기 때문이에요. 영감이란 갑자기 떠오르는 새로운 생각과 같은 것이고, 그것은 자신의 기존 관점을 초월했을 때 일어나는 일이에요. 그래서 물의 지혜와 관련이 있죠. 다만 신비적인 것이나 영감에만 지나치게 의지하면 '미끄러운 비탈길'과 같은 부작용에 빠질 수 있으니 조심해야 해요. 신비주의에 빠져서 과학적이고 논리적인 사고를 도외시하게 되는 부작용 말이에요.

그래서 좋은 통찰력과 창의력을 가지기 위해서는 불의 지혜 또한 필요한데, 그것은 과학적 지식, 세계에 대한 수많은 지식, 논리적 사고를 사용하는 거예요. 사람들을 잘 이해하기 위해서는 자신의 관점에서 벗어나는 것뿐 아니라 그들과 관련된 정보의 습득이 필요해요. 그것이 좋은 방향을 알려 주는 방향타 역할을 하죠. 어떤 사람에 관한 정보와 그가 속한 문화의 특징을 많이 알수록 그를 이해하는 데 도움이 된다는 건 당연한 일이겠죠. 이렇게 많은 지식을 배우는 일은 불의 지혜라고 할 수 있어요. 불의 지혜의 특징은 자기 안에 증거와 지식을 많이 쌓기를 권해요. 왜냐하면 그런 자기 안의 지식을 통해 사고하라고 가르치기 때문이죠. 그래서 통찰력을 가지려면 불의 지혜와 물의 지혜를 모두 가져야 해요. 이는 타인과 소통을 잘 하는 데에도 필요하죠.

불의 지혜와 물의 지혜가 모순되지 않고 합쳐질 수 있다는 것이 어느 정도 이해되나요? 물론 지금은 전부 이해하지 못해도 돼요. 그건 이 책 전체에 걸친 내용이니까요. 다만 여기서 강조하고 싶은 점은, 자신의 관점을 깨는 일은 자신의 경험과 지식을 버리는 일이 아니라는 거예요. 자신의 관점을 깨더라도 경험과 지식은 계속 남고 활용할 수 있어요. 그로 인해 불의 지혜를 버릴 필요는 없어요. 다만 불의 지혜만 있으면 좋지 않기 때문에 물의 지혜도 가져야 한다는 거예요. 타인과 소통을 잘 하려면 불의 지혜와 물의 지혜가 모두 필요한 것처럼, 인간이 잘 살아가기 위해서는 둘 다 필요해요. 그 둘은 모두 세상의 진실을 알게 해 주는 역할을 하기 때문이죠.

◆━━━━◆

최근에 불의 지혜와 물의 지혜를 조화롭게 갖추고, 매우 창의적으로 대단히 성공한 사람이 있어요. 지금은 저승에 있는 스티브 잡스(Steve Jobs, 1955~2011)로 그에 대해 이야기해 볼게요. 그는 철학,

과학, 공학, 예술 등 다방면에 호기심이 많았고, 다양한 공부를 했어요. 그는 불의 지혜가 상당히 강했던 사람이에요. 철학과 물리학처럼 진리 탐구를 하는 고상한 학문에 관심을 보인 것도 그렇고, 특히 주관을 믿는 성향이 강했다는 점을 보면 알 수 있죠. 그는 자신의 생각을 상당히 고집하는 성격이었어요. 자신이 옳다고 여기는 건 반대가 심하더라도 밀어붙이는 경향이 있었죠. 하지만 다른 의견을 들어 보는 것을 싫어하지는 않았고, 가끔 타인이 자신을 설득하면 생각을 바꾸기도 했어요.

그가 만든(기획한) 애플의 제품들은 매우 창의적이었고, 그는 매우 창의적이고 창조적인 사람으로 평가되고 있어요. 그건 단지 강한 불의 지혜 때문이 아니라 많은 사람의 마음을 이해하는 통찰력 때문이에요. 그는 강한 불의 지혜적 성향을 나타냈는데, 어떻게 그런 통찰력과 창의력을 가질 수 있었을까요? 잡스의 사례만 보더라도 불의 지혜와 물의 지혜를 한 사람이 모두 가질 수 있고, 적절하게 사용할 수 있다는 걸 알 수 있어요.

스티브 잡스가 물의 지혜를 터득하는 방식은 약간 독특했어요. 그는 이성적이고 과학적인 서양의 학문을 열심히 공부하면서도 한편으로는 신앙의 영역인 종교적 의식에 심취했어요. 그는 특히 힌두교와 불교 같은 동양 사상에 심취했고, 선불교의 승려를 영혼의 스승으로 삼았어요. 그는 매일 마침 선불교식 참선을 했죠. 물론 여러분에게 물의 지혜를 얻기 위해서 이런 종교적인 수행을 하라는 말은 아니에요.

좌선을 한 채 차를 마시는 스티브 잡스
선불교식 참선의 '비움'처럼 그의 거실에는 가구가 거의 없다.
이는 그의 미니멀리즘 디자인 철학과도 연관된다.

그런데 참선이란 무엇일까요? 그것은 물의 지혜를 얻기 위한 수행 방법 중 하나예요. 물의 지혜는 '비움'과 관련이 있다는 말을 앞에서 한 적이 있는데 기억나시나요? 참선이 목표로 하는 것이 바로 비움이에요. 불의 지혜는 자기 안에 많은 것을 채우려고 하고, 물의 지혜는 그것을 깨뜨리거나 비워요. 참선은 자기 안을 가득 채운 욕심과 집착, 아집, 번뇌를 '무(無)'로 만드는 거예요.

참선은 동양철학에서 많이 쓰이는 수행 방법이죠. 동양철학은 전통적으로 물의 지혜를 추구했어요. 불의 지혜의 입장에서 보면 물의 지혜는 이성적이지 않은 것으로 보여요. 서양철학에서는 동양철학이 그렇게 보이겠죠. 그러면 그게 나쁜 걸까요? 저는 이 책에서 나쁘지 않다는 점을 설명할 거예요. 즉, 동양철학이 모두 나쁘지 않다는 게 아니라 동양철학의 저변을 이루는 물의 지혜가 나쁘지 않다는 것이죠. 그것은 '주관을 깨뜨리고, 주관에서 벗어나는' 지혜예요.

스티브 잡스는 주관을 중시하는 불의 지혜와 함께 주관을 깨뜨리는 물의 지혜를 모두 좋아했어요. 그것이 높은 통찰력으로 이어져 잠재되어 있던 대중의 마음을 읽고 창의적인 제품을 만들 수 있었죠. 그는 불의 지혜를 통해서 주관과 개성에 충실했던 동시에 물의 지혜를 통해서 주관적 관점이 빠질 수 있는 오류와 독단(dogma)을 깨뜨렸어요. 그의 평소 행실이 독단적인 것처럼 보이지만 실제로는 잘못된 독단보다 좋은 고집이 훨씬 많았어요.

◆━━━━━━◆

자신의 관점을 깨면 타인의 관점과 마음을 더 잘 이해할 수 있고 소통이 개선될 거예요. 그러면 타인과 더 잘 지낼 수 있고 곧 이기주의도 줄어들 수 있어요.

그런데 불의 지혜를 많이 지니면 이기적이 될까요? 앞에서 서양인이 대체로 불의 지혜에 편중되었다는 말을 했는데, 그러면 서양인이 동양인보다 이기적일까요? 아마 이에 동조하는 의견은 많지 않을 거예요.

이와 관련된 흥미로운 현상이 있어요. 서양의 학문이나 사상은 분명히 이성적인 불의 지혜를 숭상하고 있어요. 그런데 사회적으로는 불의 지혜로 설명할 수 없는 일을 관습적으로 하고 있답니다.

대부분의 서양인은 기독교 같은 종교를 믿어 왔고, 까다로운 에티켓의 전통이 있었으며, 명예를 중요시하는 등 사회의 평화와 공동체를 위한 여러 가지 장치를 전통적으로 가지고 있었죠. 재미있는 것은 그것이 '이성적'으로 이해는 안 되지만 관습적으로나 일상적으로는 널리 적용되고 있었다는 거예요. 제가 보기에 그런 비이성적인 관습의 큰 도움으로 이제까지 서양 문명이 유지되어 온 것 같아요.

불의 지혜로만 엄격하게 따지면 어떻게 될까요? 서양 학문에서는 합리적인 인간이라는 이유에서 인간을 '이기적인 개체'로 가정해요. 경제학의 가정을 보면 그걸 알 수 있어요. 심지어 도덕과 윤리에서도 결과적으로 자신에게 이득이 되기 때문에 행하라고 주로 이야기해요. 서양식 학문으로 따져 보면 개인에게 이득이 안 되는 건 도덕적, 윤리적으로도 별로 좋지 않은 것이 되어 버리죠. 이렇듯 불의 지혜는 기본적으로 개인주의와 주관주의를 추구하는데, 이것을 개인이 '너무 진지하게' 받아들이면 자폐적이 되거나 이기적이 될 수밖에 없어요.

반면에 자신의 관점에서 벗어나 다른 관점을 쉽게 받아들이면 이기주의가 줄어들 거예요. 그러면 타인에 대한 사랑이 커지겠죠. 특히 자기의 이익을 위한 이기적 사랑이 아니라 보다 넓은 타자를 사랑하는 '자비심'이 생길 거예요. 불교에서 강조하는 게 '자비'인데 그 의미는 관점을 넘어선 폭넓은 사랑이에요. 일반적인 사랑보다도 폭이 넓어서 불교에서는 심지어 작은 동물까지도 사랑하고 배려하죠. 그 정도는 아니더라도 자신의 관점만 중요하다고 여기지 않으면 타인을 더 사랑하고 너그럽게 대할 수 있어요. 그러면 자유와 개인주의로 인한 고통과 사회문제가 줄어들 것이고, 에리히 프롬이 우려했던 전체주의의 발생을 막을 수 있을 거예요.

3장
서양 문명을 발전시킨 불의 지혜

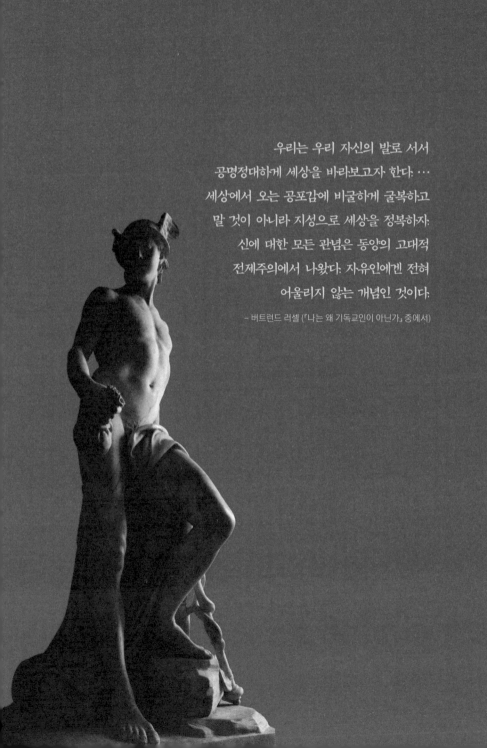

우리는 우리 자신의 발로 서서
공명정대하게 세상을 바라보고자 한다. …
세상에서 오는 공포감에 비굴하게 굴복하고
말 것이 아니라 지성으로 세상을 정복하자.
신에 대한 모든 관념은 동양의 고대적
전제주의에서 나왔다. 자유인에겐 전혀
어울리지 않는 개념인 것이다.

– 버트런드 러셀 (『나는 왜 기독교인이 아닌가』 중에서)

과학적 진리를 찾아내는 지혜

앞에서는 불의 지혜의 단점만 주로 이야기했네요. 하지만 불의 지혜에는 인간에게 도움이 되는 커다란 장점도 있어요. 서양이 세계를 지배하고, 생산성이 높아져서 경제가 발달한 것도, 알고 보면 모두 불의 지혜가 가져다준 과학과 기술의 발달 덕분이었답니다. 뿐만 아니라 개인의 일상에서도 불의 지혜는 좋은 역할을 많이 해요. 다시 말하면 '자신의 관점에 집중하는 태도'가 개인에게 가져다주는 이로움이 있답니다. 이번 장에서는 그러한 주관주의가 어떻게 불의 지혜와 연결되는지를 설명하려고 해요.

그에 앞서 서양에서 불의 지혜가 어떻게 발달해 왔는지를 살펴볼 거예요. 그 과정에서 철학자와 철학 사상에 관한 이야기가 많이 나올 거예요. 그래서 좀 어렵게 느껴질 수도 있어요. 만약 학문적인 부분이 부담스럽거나, 불의 지혜로 인한 부작용을 해소해 주는 물의 지혜에 대해 빨리 알고 싶다면, 이번 장을 건너뛰어도 좋아요. 흐름상 크게 문제는 없으니까요. 다만 동양보다 서양에서 과학이 더 빨리 발전한 이유와 근대화를 먼저 이룬 이유를 알고 싶다면 이번 장을 꼭 읽어 보길 권해요.

◆————————◆

프로메테우스 님이 처음 인간에게 불을 건네준 이야기부터 시작해 볼게요. 프로메테우스 님과 그의 동생 에피메테우스 님은 동물에게 각각 유용한 능력을 주었어요. 사자에게는 날카로운 이빨과 강함, 사슴에게는 빠른 발과 민첩함, 새에게는 긴 날개와 양력, 카멜레온에게는 보호색 위장 능력 등이죠. 그런데 동물에게 능력을 모두 나눠 주고 나자, 인간에게는 줄 능력이 남지 않았어요. 인간을 좋아했던 프로메테우스 님은 고민에 빠졌어요. 결국 프로메테우스 님은 신의 영역에 있던 불을 훔쳐다가 인간에게 전해 주었죠. 불의 힘은 유용한 모든 능력 중에서도 가장 강력한 것이어서 결국 인간은 지구의 지배자가 되었어요.

실제로도 불을 피울 수 있는 능력은 인간에게만 있어요. 동물의 왕이라는 사자와 호랑이도 불을 보고는 도망치기 바빴죠. 하지만 인간은 그 불을 이용해 자연을 변형하고 쓸모 있는 도구를 만들었어요. 철을 만들고 또 각종 도구를 만들었어요. 그런데 프로메테우스 님이 인간에게 전해 준 것은 진짜 불은 아니었어요. 불이 상징하는 것이 '좋은 머리'라는 건 아마 짐작했을 거예요. 그러면 그 '좋은 머리'란 무엇일까요? 그것은 '진리를 찾아낼 수 있는 잠재적 능력'이에요. 다른 동물은 자연의 진리를 아무리 해도 찾아낼 수 없지만 인간은 잠재적으로 그런 능력을 지니고 있어요.

'진리'라고 해서 거창한 것 같지만 꼭 그런 건 아니에요. 인간이 불을 사용할 수 있었던 건 '불에 관한 진리'를 찾아냈기 때문이에요. 그것은 '건조한 조건에서 공기를 불어넣으면서 마찰을 하면 불이 만들어진다'는 진리였죠. 이처럼 인간이 찾아내는 진리라는 것은 일반적으로 '어떤 조건에서 어떤 식으로 하면 어떤 결과가 나오더라'는 형식을 가지고 있죠. 이러한 진리를 알아낸 인간은 이를 바탕으로 불이나 도구 등 여러 가지 것을 만들어 냈어요. 과학자들은 지금도 이러한 형식의 진리를 찾아내고 발전시키는 일을 하고 있어요.

◆———————◆

불의 지혜는 '로고스(logos)'의 능력이라고 할 수 있어요. 프로메테우스 님이 인간에게 준 능력은 로고스가 되었어요. 로고스가 인간의 뛰어난 능력을 말한다면, '미토스(mythos)'는 신의 능력과 그와 관련한 신비로운 이야기를 말해요. 인간의 이성이 깨어나기 전, 사람들은 원시 종교를 믿었어요. 모든 자연 현상은 신의 손길이라고 믿었죠. 하지만 이성이 깨어나고, 스스로의 생각으로 자연을 탐구하기 시작하면서 역사는 미토스의 시대에서 로고스의 시대로 나아갔죠.

'로고스'는 '언어' 또는 '이성'이라는 뜻이에요. 이것은 인간만이 지닌 뛰어난 두 가지 능력을 의미해요. 그것은 '탐구 능력'과 '언어 능력'이죠. 탐구 능력이란 자연을 관찰해서 어떤 일관된 자연의 이치를 찾아내는 걸 말해요. 인간은 자연의 변화를 관찰해서 그 저변에 깔린 공통점을 찾아내는 능력을 본능적으로 지니고 있어요. 앞에서 말한 것처럼 진리를 찾아내는 능력, 즉 '어떤 조건하에서 어떤 것이 주어지면 일관되게 어떤 결과가 나오더라'를 찾아낼 수 있는 능력을 '잠재적으로' 지니고 있죠. 이것이 인간이 지닌 탐구 능력이에요.

그런데 혹시 언어 능력이 인간에게만 있다는 말에 의아해할지도 모르겠네요. 새나 짐승도 울음소리를 내면서 신호를 전달하는데 그건 왜 언어가 아닐까요? 인간의 언어에는 특별한 점이 있어요. 그건 자연과 사물을 축약한다는 점이에요. '산', '바다', '자전거', '신발', '사랑' 이렇게 인간의 언어는 세상에 존재하는 거의 모든 대상을 축약(치환)해서 전달할 수 있어요. 하지만 다른 동물의 울음소리에는 그런 게 없어요. 혹여 있더라도 매우 한정적이죠. 또한 인간은 언어 능력 덕분에 어떤 사람이 발견한 진리를 멀리 있는 사람에게 쉽게 전달하고, 계승하고 보존할 수 있어요.

어떤 대상이든 단순하게 치환하고 축약할 수 있는 특징은 '논리'와 '수학'을 가능하게 만들어요. 논리와 수학의 뛰어난 장점이 무엇인지 아세요? 그건 논리와 수학을 통해 나온 결과가 실제 세상의 결과와 맞아떨어진다는 점이에요. 예를 들어 수학 계산을 해서 나온 결과는 실제 세상의 결과와 일치해요. 왜냐하면 수학, 언어, 논리는 실제 대상의 모습을 축약해서 가리키고 있기 때문이죠. 그래서 일일이 세어 보지 않고 실제로 자를 대고 결과물을 측정해 보지 않아도 수학적 계산을 통해서 세상을 정확하게 예측할 수 있어요.

불의 지혜의 최대 장점은 이렇게 과학적인 진리를 찾게 해 준다는 점이에요. 그런데 과학적인 진리나 자연법칙 같은 것뿐만 아니라 세상의 수많은 '진실'을 찾는 데에도 큰 역할을 해요. 이를 설명하려면 '자신의 주관에 집중'하는 것이 어떠한 도움이 되는지 잠깐 언급할 필요가 있어요.

자신의 관점을 중시하고 그것을 믿으면 다른 사람의 말을 의심하고 잘 믿지 않게 돼요. 그리고 자신이 가진 '증거'를 바탕으로 판단하게 되죠. 이것이 '증거에 근거한 판단'이 돼요. 마치 법정에서 판사가 엄정한 판결을 위해서 증거를 중시하는 것처럼 말이에요. 증거에 근거한 판단이야말로 전형적인 불의 지혜라고 할 수 있어요. 이러한 태도는 '타인의 말을 믿기보다는 자신이 가진 증거를 믿는 것'이에요. 이것이 올바른 진실을 찾는 역할을 하고, 또한 과학을 발전시키는 데 핵심적인 역할을 해요. 이러한 태도는 미신을 믿지 않게 만들고, 소문에 휩쓸리지 않게 하고, 의심하고 비판해서 가장 합당한 판단을 하도록 도와줘요.

———◆———

불의 지혜의 또 다른 특징은 인간의 힘을 긍정하고 믿게 만든다는 거예요. 인간은 불의 지혜 덕분에 진리를 찾아내어 세상을 정복했어요. 이에 자신감을 얻은 인간은 스스로의 힘이 대단하다고 생각했어요. 그래서 미토스와 신을 부정하고, 인간의 힘은 무궁무진하며 심지어는 무한할 수도 있다고 생각하기 시작했죠. 불의 지혜는 점차 인간을 오만하게 만들었어요. 아마도 제우스 님은 이러한 점 때문에 인간에게 불을 건넨 프로메테우스 님에게 분노했을 거예요.

그런데 꼭 인간이 신의 뜻에 따라야 하느냐고요? 신에게 반항해도 되지 않느냐고요? 하하, 그런 생각까지 한다면 당신은 정말로 불의 지혜의 영향을 많이 받은 것 같군요. 프로메테우스 님의 편으로서 인간의 입장을 고려해서 말해 볼게요. 신에게 도전하고 신을 이기는 문제는 제쳐 두고라도, 인간에게 실제로 나쁜 일이 일어나기 때문에 그런 생각은 좋지 않아요. 안타깝게도 자연은 그렇게 작동하고 있죠. 제2장에서 제가 말한 여러 가지 부작용도 그렇고, 그 밖에 인간의 지혜로 아무리 해도 알 수 없는 것이 있기도 하고, 인간의 기술로 결코 이룰 수 없는 것이 있기도 해요. 그것을 오판하고 오만에 빠지면 더 불행해질 뿐이죠(더 자세한 설명은 제5장을 참조).

인간은 탐구 능력과 언어 능력이 있어서 매우 오래전부터 불을 사용하고 언어를 사용해 왔어요. 그건 서양이나 동양, 아프리카에서도 마찬가지였죠. 그런데 여러분도 알다시피 과학과 기술은 서양에서 (특히 15세기 르네상스 이후에) 압도적으로 발전해요. 그 이유는 서양에서 불의 지혜가 압도적으로 발전했기 때문이에요. 더 깊게 원인을 분석해 보면 서양인에게 자신의 관점을 믿고 긍정하는 경향(에토스)이 있었기 때문이에요. 서양인의 정신적인 특징과 사상이 그러한 경향을 나타냈으나, 동양에서는 그렇지 않았어요. 그러면 여러분은 또 다른 의문이 생길 수 있겠죠. 왜 서양인은 그러한 경향을 가지게 되었을까? 음… 그건 정말로 비밀스러운 이야기예요. 프로메테우스 님이 제게만 살짝 알려 준 이야기가 있는데요, 그건 나중에 알려 줄게요.

◆━━━━◆

이제부터는 서양에서 불의 지혜가 급격히 발달하던 시기를 이야기해 볼게요. 두 차례의 급격한 발전 시기가 있었는데요, 고대 그리스 시기와 유럽의 르네상스 이후 시기가 그에 해당해요. 그럼 고대 그리스 이야기부터 시작해 보죠.

이제부터 철학자 이야기를 많이 할 거예요. 특정 문화권 사람들의 독특한 사상을 알려면 철학과 철학자들을 살펴봐야 해요. 서양

헤라클레이토스

에서 최초의 철학자는 기원전 6세기경 그리스의 식민지 이오니아 지방에 살던 탈레스(Thales)예요. 탈레스는 '자연의 근원은 물이다' 라는 주장으로 최초의 철학자 칭호를 얻었죠. 이 말의 내용은 그다 지 의미 있어 보이지 않는데, 자연의 공통적인 저변을 찾았다는 것 이 중요한 부분이에요. 그것도 모든 자연의 공통적인 근원을 신이 아닌 자연 안에서 찾았다는 데 의미가 있어요. 비록 그의 말이 맞 는 것 같진 않지만, 그는 근원을 신에게 돌리지 않고 자신의 눈으로 자연의 근본을 찾아내려고 했던 거예요.

그 후 탈레스처럼 자연의 근원, 즉 자연의 실체 또는 본체(substance) 를 자기 나름대로 주장한 여러 철학자가 등장했는데 그들 중 제가 특히 눈여겨본 사람은 헤라클레이토스(Heraclitus)예요.

헤라클레이토스는 자연은 계속 변화한다고 생각했어요. 그는

'같은 강물에 두 번 몸을 담글 수 없다'라는 말로 유명하죠. 그 끊임 없는 변화를 인간은 과연 어떻게 보아야 할까요? 동양에서는 세상 이 계속 변하므로 알 수 없다는 쪽으로 생각한 반면 헤라클레이토 스는 '로고스'를 통해서 그 변화의 근원을 알 수 있다고 생각했어요. '로고스'의 중요성에 대해 최초로 말한 거지요. 또한 그는 세상의 근 원이 '불'이라고 말했어요. '변화'를 '물'처럼 유연하다고 생각한 동양 과는 달리 그는 '변화'를 '불'과 같다고 생각했던 거죠(참고로 그는 변 화가 대립물의 충돌로 인해서 발생한다고 생각했어요). 그는 놀랍게도 로 고스가 불의 지혜라는 점을 알아챘던 거예요. 그리고 앞으로 펼쳐 질 서양의 불의 지혜의 발달을 예측했고, 그 방향으로 이끌었어요.

소크라테스, 플라톤, 아리스토텔레스의 불의 지혜

이제 이 책에서 나중에 중요한 역할을 하는 소크라테스가 등장 할 차례군요. 소크라테스는 기원전 5세기 말경 아테네에서 활약한 철학자예요. 그런데 당신은 소크라테스에 대해서 얼마나 아나요? '네 자신을 알라'라는 대답이 대부분일 테지만, 너무 의기소침해할 필요는 없어요. 사실 전문가들도 소크라테스에 대해 이해하는 것 이 쉽지 않아요. 소크라테스만큼 유명세에 비해서 사상이나 업적 이 명확히 해명되지 않은 철학자도 없어요. 두꺼운 '철학사' 책을 봐 도 예상 외로 소크라테스에 대한 설명은 분량이 상당히 적은 편인 데, 아이러니하게도 그 영향력만은 막강하답니다.

소크라테스(좌)와 플라톤(우)

　소크라테스를 이해하기가 어려운 이유에는 그가 저서를 하나도 남기지 않았다는 점이 크게 작용했을 거예요. 그의 생각을 알 수 있는 기록은 주로 그의 제자인 플라톤(Plato)과 크세노폰(Xenophon) 등이 남겼어요. 문제는 거기에 저자의 해석이 개입되어 있다는 거예요. 즉, 기록한 사람의 생각에 따라 편향되게 쓰였을 가능성이 있다는 거죠.

　플라톤의 많은 책에 소크라테스가 등장해요. 소크라테스가 어떻게 해서 아테네 (일부) 사람들에게 미움을 받았고, 사형 판결을 받았는지, 그의 최후의 모습은 어땠는지를 플라톤은 책으로 기록했어요. 플라톤은 거의 모든 책을 마치 소설이나 대본처럼 등장인물이 대화하는 형식으로 썼어요. 책에서 소크라테스의 일대기를 그린 부분은 상당 부분 사실로 여겨져요. 하지만 다른 많은 부분에서는 과연 그 등장인물이 진짜 소크라테스인지, 아니면 플라톤이 가공의 인물을 만들어 자신이 하고 싶은 말을 하는 것인지가 모호해요. 대개 플라톤의 초기 저작에 등장하는 소크라테스는 진짜 소크라테스의 이야기와 사상에 가깝고, 중기 이후의 소크라테스는 플라톤이 지어낸 말, 즉 자신이 하고 싶은 말에 가깝다고 학자들은 해석해요. 소크라테스의 이름만 빌려 쓴 거죠. 대표적으로 중기 작품인 『국가』[주 : 플라톤의 대표적인 저서로 매우 중요한 고전이다]에 등장하는 소크라테스가 이야기하는 사상은 플라톤의 독창적인 것이라고 여겨져요.

이러한 논란에도 불구하고 소크라테스는 4대 성인 중 한 명으로 불릴 정도로 서양 사상사에서 매우 핵심적인 역할을 한 것으로 알려져 있어요. 이건 소크라테스가 불의 지혜의 발달사에서 매우 큰 역할을 했다는 걸 의미하죠. 그런데 그건 주로 플라톤 덕분이에요. 불의 지혜의 진정한 대부인 플라톤이 자신의 스승을 존경해서 그 반열에 올려놓았다고 할 수 있죠. 그렇다고 하더라도 소크라테스가 불의 지혜의 발전에 큰 기여를 한 건 사실이에요. 하지만 제가 이 책에서 특히 하고 싶은 이야기는, 소크라테스는 불의 지혜뿐만 아니라 물의 지혜도 많이 가르쳤다는 거예요.

소크라테스에 관한 이야기는 제4장에서 더 많이 다룰 텐데 여기서는 왜 소크라테스가 불의 지혜의 역사를 빛낸 사람이 되었는지를 간단히 이야기할게요. 소크라테스의 주요한 활약은 당시 아테네에서 활약하던 학자들인 '소피스트'들과 대립했다는 점이에요. 대표적인 소피스트로는 프로타고라스(Protagoras), 고르기아스

(Gorgias), 트라시마코스(Thrasymachus)가 있어요, 그들은 객관적 진리(기준)란 존재하지 않는다고 생각했어요. 사람마다 각자의 주관이 다르므로 옳고 그름의 객관적 기준은 존재하지 않는다고 말이에요. 그들의 그런 생각은 상대주의에 가까웠죠. 이에 대해 소크라테스는 그들을 비판하고 객관적 진리를 찾을 수 있다고 주장했어요. 그래서 불의 지혜의 가장 좋은 효과인 진리 탐구에 큰 도움을 준 거예요. 또한 소크라테스는 '앎'이 매우 중요하고 절대적으로 좋은 것이라고 주장한 것으로도 유명해요. 이것도 불의 지혜가 추구하는 진리 탐구와 계몽주의로 이어지는 가르침이죠.

◆————◆————◆

그런데 진리 탐구를 '대단히' 중요한 일로 격상한 사람은 플라톤이에요. 그래서 플라톤은 불의 지혜의 선구자로 불릴 만하죠. 서양 학자들도 불의 지혜에서 플라톤의 중요성을 알고 있어요. 유명한 현대 철학자 화이트헤드(Alfred North Whitehead, 1861~1947)가 "이후의 모든 서양철학은 플라톤의 각주에 불과하다"라고 한 말은 유명해요.

플라톤이 불의 지혜의 선구자인 이유는, 그가 불의 지혜의 가장 큰 목표이자 장점인 진리 탐구를 인간의 가장 중요하고도 바람직한 (선한) 일이라고 설명한 데 있어요. 그는 진리 탐구의 중요성을 마치 종교 교리처럼 설명하는데 그것이 '이데아론'이에요. 제가 그걸 '종교'에 빗대는 이유는 종교가 인간의 선과 악, 이승과 저승, 영혼의 세계까지 포괄해서 가장 좋은 일, 절대적으로 따라야 할 일을 설명하기 때문이에요. 그런데 플라톤은 그 일을 '진리 탐구'라고 말했고, 그렇게 찾아야 할 진리를 '이데아'라고 했죠.

인간이 찾으려고 하는 '진리'란 무엇일까요? 몇 가지 특징이 있는데, 첫째로 상대적이지 않고 절대적이며 객관적인 것, 둘째로 자연에서 겉으로 쉽게 드러나지 않고 그 저변에 숨어 있는 것, 셋째로 그것을 찾아내어 알게 되는 일이 (절대적으로) 좋은 일이라는 것이에요. 그 세 가지를 마침내 확립한 사람이 플라톤이에요. 플라톤에 따르면 우리가 사는 세상은 진실이 아니라 진실의 '그림자'와 같아요. 우리는 그것 너머에 있는 진실을 찾도록 노력해야 해요.

『국가』에 나오는 '동굴의 비유'에 따르면, 인간은 동굴 안에 묶여서 벽을 바라보고 있어요. 벽에는 불빛에 비친 사물들의 그림자들이 보이죠. 인간이 보는 세상(현상)이 그 그림자예요. 그런데 어떤 똑똑한 철학자 같은 사람이 자신을 묶은 매듭을 풀고 동굴 밖으로 나와서 참 세상을 바라본다면 그 그림자가 진실이 아니라는 것을 깨닫게 되고, 사람들에게 진실한 모습을 알려 줄 수 있어요. 그 진실한 모습이 '이데아'의 세계예요. 즉, 플라톤은 우리가 보는 현상 그 너머에 숨겨져 있는 것이 보다 참되다고 생각했어요. 우리(인간)는 그 참된 것을 찾아야 하죠.

그럼 이데아를 어떻게 찾을 수 있을까요? 자신에게 보이는 현상

너머에 있는 참모습은 '이성(로고스)'을 통해서 찾을 수 있어요. 이와 관련해 플라톤은 약간 신비로운 이야기를 하는데, 인간이 현상 너머 이데아를 찾을 수 있는 이유는 전생에 우리가 이데아를 알고 있었고, 현생에서 그것을 '상기'하기 때문이라고 했어요. 플라톤은 자연 그대로의 세계보다 정신의 세계, 진리의 세계가 더 완벽함에 가깝고 선함에 가깝다고 주장했어요. 그로 인해 정신의 계발과 진리 탐구를 향한 강력한 의지가 나타날 수 있었던 거예요. 다만 현상을 너무 좋지 않게 보고 정신 안의 탐구를 지나치게 강조한 건 약점이 될 수 있었어요. 그 약점을 아리스토텔레스가 파고들었어요.

◆————◆

이제 플라톤의 제자 아리스토텔레스(Aristoteles) 이야기를 해 볼게요. 아리스토텔레스는 플라톤과 꽤 다른 주장을 했어요. 플라톤의 영향을 받아 인간은 진리를 찾아야 한다는 목표는 세웠는데, 아직 불의 지혜의 올바른 방법을 전부 설명하지는 못했어요. 플라톤은 이데아를 찾는 방법으로 깊은 생각과 같은 이성의 작용을 말했지만 그걸로는 찾을 수 있는 진리가 많지 않았어요. 왜냐하면 플라톤은 감각과 지각으로 인지되는 '현상'을 좋지 않게 보았고, 거기에는 이데아가 없다고 생각했거든요. 그런데 이런 생각에 따르다 보면 외부 현상을 관찰하는 것보다 혼자 생각 속에서 진리를

라파엘로의 〈아테네 학당〉 중 플라톤(좌)과 아리스토텔레스(우)
플라톤은 이데아의 세계인 위를 가리키고 있고, 아리스토텔레스는 경험(현상)의 세계인 아래를 가리키고 있다.

찾는 방법을 선호하게 될 거예요. 그것도 진리를 찾는 한 방법이겠지만, 그러면 찾을 수 있는 세상의 진리는 제한적이 되죠. 반면에 아리스토텔레스는 감각과 지각 내용 안에서 진리를 찾을 수 있다고 주장했어요. 그리고 플라톤이 비현실적인 관념의 세계에 빠져 있다고 비판했죠.

아리스토텔레스가 플라톤의 관념주의를 비판했다고 해서 완전히 상반된 주장을 했다고 해야 할까요? 큰 그림에서 보자면 그는 플라톤이 미처 생각하지 못한 부분을 보완한 걸로 보여요. 플라톤이 진리를 탐구해야 한다는 목적을 분명히 하고 정신적 성찰의 중요성을 일깨워 주었다는 업적이 있다면, 아리스토텔레스는 진리를 찾기 위한 추가의 '좋은 방법'을 알려 준 거죠. 그래서 그 둘은 불의 지혜의 발전에 모두 큰 역할을 했어요. 플라톤은 아마도 경험을 중요시하는 아리스토텔레스의 주장을 듣고 '하찮은 것에 주목하다니, 천박하다' 정도의 반응을 보이겠죠. 하지만 인간의 '경험 내용'에 주목하는 방식은 불의 지혜의 발달에서 매우 중요해요. 플라톤은 그 중요성을 미처 몰랐거나, 별로 고려하지 않았던 거죠.

불의 지혜의 최고의 결실이 바로 과학과 기술인데 과학과 기술 분야에서는 아마 플라톤보다는 아리스토텔레스를 더 중요한 위인으로 여길 거예요. 반면에 관찰과 실험보다는 성찰과 숙고 방식의 연구를 하는 철학에서는 플라톤을 우위에 두죠. 다만 철학에서도 영국과 미국의 학계에서는 아리스토텔레스를 더 좋아하고 중요하게 여길 거예요. 왜냐하면 나중에 나올 테지만, 아리스토텔레스가 영국 근대 철학의 특징인 '경험론'의 시초이거든요.

불의 지혜는 인간의 이성과 함께 '경험에 주목함'을 촉매로 해서 급격하게 발전해요. 경험에 주목하는 태도가 불의 지혜의 발달에 엄청난 '촉진제' 역할을 하는 거죠. 실제로 아리스토텔레스는 다양한 학문을 발전시켰는데(물론 현대에 와서 돌아보면 틀린 것도 많지만) 철학과 윤리학뿐만 아니라 논리학을 발전시켰고, 여러 가지 자연과학과 관련해서도 많은 업적을 이루었어요.

그 촉진제 역할을 한 '경험'은 '자신의 관점'과 관련이 있어요. 자신의 관점은 서양에서 중세의 오랜 시간이 흐른 뒤, 르네상스 시기부터 점차 부각되어 주목을 끌기 시작해요.

르네상스 : 자신을 믿고 모험을 떠나다

고대 그리스·로마 시대가 막을 내린 뒤 이어진 유럽의 중세 시대는 학문의 발전, 특히 불의 지혜로 보면 암흑기에 가까워요. 물론 소소한 발전이 있기는 했지만, 전반적으로 많이 억눌린 분위기였죠. 유럽의 중세는 신과 종교가 지배하던 시대였거든요. 즉, '신정정치'가 국가와 사회를 지배했어요. 그리고 인간의 독자적 힘에 대한 희망도 억눌렸어요. 그러던 중 가톨릭 교단이 주도한 십자군 원정이 실패하고, 흑사병의 유행으로 엄청난 인명이 사망하자 가톨릭 교단에 대한 원성이 높아지고 신뢰가 떨어졌어요. 이를 계기로 정치와 민생은 교회의 지배에서 점차 독립하는 방향으로 나아갔어요.

마침내 14~16세기경에 이탈리아의 몇몇 도시를 시작으로 르네상스(Renaissance)가 일어나요. 문예부흥이라고 불리는 르네상스는 학문뿐 아니라 여러 분야에 획기적인 변화와 발전을 가져와요. 그건 불의 지혜가 고대 그리스와 로마의 성장기 이후에 다시 획기적으로 발전하는 계기가 되었죠. 그런데 르네상스가 왜 하필 이탈리아에서 시작되었을까요? 여러 가지 설 중 가장 유력한 건 당시 피렌체, 베네치아, 밀라노, 피사 같은 곳에서 상공업이 발달하고 부자들이 생겨났기 때문이라는 설이에요. 부자들이 학자들과 예술가들을 지원하고, 그 결과 사상적으로도 세속적 경향과 개인주의가 싹트기 시작했다는 것이죠. 르네상스 시기는 고대 그리스의 학문을 재발견한 시기이기도 했어요. 당시 지식인은 과거의 찬란했던 문명과 지혜의 발전상을 그리워하며 그것을 계승하고자 했어요.

16세기에는 독일에서 마틴 루터(Martin Luther, 1483~1546)가, 프랑스에서 장 칼뱅(Jean Calvin, 1509~1564)이 가톨릭교회를 비판하고 신교, 즉 프로테스탄티즘 운동을 일으켰어요. 그런데 많은 사람이 이러한 신교가 과학 등 불의 지혜의 발달과 무관하고, 오히려 방해를 했다고 생각해요. 왜냐하면 루터와 칼뱅은 당시 과학기술에 부정적이었고 오히려 가톨릭보다도 더한 금욕주의와 독실함을 가르쳤거든요. 그건 불의 지혜의 지향점과 어긋나 보이지만 놀랍게도 신교는 서양의 경제 발전에 많은 도움을 줘요. 저명한 사회학자인 막스 베버(Max Weber, 1864~1920)에 따르면, 프로테스탄티즘의 금욕주의와 독실함은 근면과 성실, 직업윤리(소명의식)를 갖게 만들어서 서양의 자본주의 발전과 부의 축적에 큰 역할을 했다고 해요. 분명히 신교의 교리는 과학을 발전시키는 불의 지혜와는 동떨어져 보여요. 그런데 그것이 인간의 삶을 향상하는 데 큰 역할을 한 거죠. 이 신기한 원리는 이 책의 전체 주제와 맞닿아 있어요. 불의 지혜만으로는 안 된다는 사실 말이에요.

　아무튼 신교가 기존의 가톨릭 교단에 비해서 불의 지혜의 발전에 좋은 역할을 한 점도 있는데, 그것은 정치와 과학에서 종교를 분리했다는 점이에요. 중세 시대의 가톨릭 교단은 그것에 개입하고 억압했는데 신교는 그렇게 하지 못했어요.

르네상스 시기에서 빼놓을 수 없는 중요한 사건은 '탐험'과 '해외 진출'이에요. 서양이 아프리카와 인도로 진출하고 아메리카 대륙을 발견한 것이 이 시기였죠. 탐험가 콜럼버스(Christopher Columbus, 1451~1506)와 바스코 다 가마(Vasco da Gama, 1469~1524)가 15세기(1400년대 후반)에 활약을 했어요. 서양인은 더 넓은 세계를 탐험하면서 새로운 문물을 얻고 교역을 시작했어요. 그 결과 상업이 발전했어요. 상업의 발달은 부르주아 계층을 만들었고, 그들이 예술가와 학자들을 후원하면서 불의 지혜가 더욱 발전했답니다. 그리고 신대륙(아메리카)에는 숱한 위험 요소가 있었음에도 16세기부터 (소수의) 서양인이 이주해서 살기 시작했죠.

이것도 (동양인의 입장에서는) 참 희한한 일이죠. 왜 당시 서양인은 전혀 알지 못하는 두려운 미지의 세계를 향해 배를 타고 떠났을까요? 왜 그들에게는 두려움을 이겨 낼 만한 '호기심'과 '모험심'이 있었을까요? 이에 대해서 당시의 정치, 경제 상황과 관련된 여러 가지 설이 있지만, 저는 심리적인 측면에서만 말할게요.

서양인의 모험심과 호기심을 높여 주는 심리적 기제가 당시에 있었어요. 그건 '자신의 관점에 주목하는 성향', '자신을 믿는 성향'과 관련이 있죠. 만약에 자신이 공동체 안에 강하게 속박되고 그것에서 떨어질 수 없다고 생각한다면, 미지의 세계로 떠날 수 있을까요? 아마 그러기 힘들겠죠. 자신이 공동체에서 나오더라도 스스로 잘 헤쳐 나갈 수 있다는 믿음과 독립심이 커야만 그러한 모험이 가능할 거예요.

자신의 관점에 주목하면 호기심이 커져요. 왜냐하면 그런 사람은 자신의 관점 안에 있는 것은 확실히 알지만, 자신의 관점 밖은 미지와 암흑의 영역이 되거든요. 즉, 자신이 아는 건 알고, 그 밖의 건 확실히 모르고 있다는 생각을 하는 거죠. 그래서 자신의 관점 밖의 깜깜한 부분을 직접 확인해서 자신의 관점 안으로 넣고 싶어 하죠. 그것이 바로 호기심이에요. 당시 서양인은 자신이 살고 있고 알고 있는 땅덩어리 외부의 영역을 안다고 생각하지 않았어요. 그래서 그것을 알고 싶어 했어요.

르네상스 시기에 자신의 관점에 주목하게 된 분위기는 미술에서도 나타났어요. 그 시기 서양 미술에서는 '선원근법(투시원근법)'을 도입하기 시작했고, 그 후 그것은 서양 미술에서 일반적인 구도로 자리 잡았죠. 선원근법이란 간단하게 말해서 1인칭 관점으로 보이는 대로 그리는 거예요. 매우 단순한 원리인 것 같지만, 놀랍게도 동양에서는 동시대뿐 아니라 그 후로도 오랫동안 이 방식을 사용

르네상스 시기 마솔리노의 예배당 벽화
선원근법으로 인한 소실점이 나타난다(선은 추가된 것이다).

하지 않았어요. 다만 원근법은 있었죠. 그런데 동양에서는 멀리 있는 것을 흐리게, 가까이 있는 것을 진하게 그리는 '농담법'을 사용했어요. 반면에 선원근법은 물체의 기울기가 각각의 각도를 가지면서 선으로 이어 보면 하나의 소실점이 만들어지는 방식이에요.

그 차이가 뭘까요? 선원근법은 한 지점에서 바라본 1인칭 관점이지만, 농담법은 1인칭이라고 말하기 어려워요. 즉, 서양인이 '나'의 관점에서 보이는 것을 그렸다면, 동양인은 '우리'의 관점에서 보이는 것을 그린 거라고 할 수 있죠.

◆————◆

이제 드디어 과학이 등장할 차례예요. 르네상스 시기에 가장 유명한 과학자는 이탈리아의 갈릴레이(Galileo Galilei, 1564~1642)일 거예요. 여러분도 들어 보셨겠죠? 갈릴레이는 어떻게 해서 위대한 과학자가 되었을까요? 그는 기존의 소문이나 가르침을 무조건적으로 믿지 않았어요. '직접 관찰'을 해서 결론을 내리고 믿었어요. 그는 최초로 천체 망원경을 만들어서 우주와 행성의 모습을 자세하게 관찰했어요. 그 결과 코페르니쿠스(Nicolaus Copernicus)의 지동설(지구가 태양 주위를 돈다는 설)을 지지하게 되죠. 하지만 교황청의 서슬 퍼런 감시하에 있던 당시 이탈리아에서 그는 지동설을 계속 주장할 수 없었어요. 그가 종교재판정을 떠나면서 '그래도 지구는 돈다'고 혼잣말을 했다는 이야기도 많이 알려져 있어요.

갈릴레이는 역사상 최초의 '진정한' 과학자로 불려요. 왜냐하면 그는 '관찰'뿐 아니라 '실험'을 통해 진리를 발견한 최초의 과학자이거든요. 갈릴레이는 실험과 관측을 통해서 '자유낙하를 하는 물체의 낙하 거리는 시간의 제곱에 비례한다'는 것을 밝혀냈어요.

그리고 또 많이 알려진 일화는 피사의 사탑에서 무게가 다른 두 공을 떨어뜨려서 속도 차이를 관찰했다는 이야기예요. 그런데 사실 이 실험을 그가 실제로 했는지에 대해서는 논란이 있어요. 다만 확실한 건 질량(무게)과 낙하속도가 비례하지 않을 것이라는 가설을 논리적 방식으로 증명하는 글을 써서 남겼다는 거예요.

여러분은 떨어지는 속도가 무게와 비례할 것이라고 생각하시나요? 평소에 무게가 가벼운 깃털 같은 것은 느리게 떨어지고 무거운 돌은 빨리 떨어지는 걸 많이 봐 와서 그렇게 쉽게 생각할 수 있어요 [주 : 낙하속도는 엄밀히 따지면 질량이 아니라 공기 저항과 관련이 있다]. 더구나 당시에 가장 권위 있다고 여겨지는 학문은 아리스토텔레스의 학설이었는데, 아리스토텔레스는 무거울수록 빨리 떨어진다고 말했어요.

갈릴레이는 이러한 기존의 상식을 의심했어요. 이러한 '의심'은 대단한 거예요. 그가 증명한 것을 쉽게 설명하면, 만약 두 개의 쇠 공을 끈이나 접착제 같은 것으로 연결했다고 해 보죠. 그러면 마치 하나의 물체처럼 여겨질 수 있어요. 그러면 그 물체는 하나의 쇠공보다 두 배의 속도로 떨어질까요? 상상해 봐도 그렇지 않겠죠(갈릴레이는 약간 복잡한 다른 방식으로 설명하긴 하지만).

갈릴레오 갈릴레이
자신이 만든 망원경을 들고 있다.

그 후로 갈릴레이가 이러한 과정을 피사의 사탑에서 실험해 봤는지는 논란이 있지만, 아마도 피사의 사탑이 아니더라도 어딘가에서 실험을 해 보지 않았을까요? 갈릴레이는 자신의 관점에서 기존의 상식을 의심했고, '내가 직접 확인해 봐야 믿을 수 있다'고 생각했던 거예요. 그런 태도가 과학을 발전시켰어요.

르네상스는 유럽인이 점차 신의 지배에서 벗어나 인간과 개인(자신)의 힘을 믿기 시작한 거대한 물결이었어요. 르네상스 시절부터 유럽인은 용감하게 신대륙 탐험을 많이 하는데, 그 바탕에는 '나는 공동체를 떠나도 살 수 있다'는 독립심과 자립심, 모험 정신이 있었어요. 자신과 주관을 믿는 성향은 개척 정신과 모험 정신을 키우죠. 그리고 서양에서 과학이 발전한 원인도 그러한 모험 정신과 관련이 많아요. 과학자들은 타인의 말이나 기존의 상식에 따르는 것이 아니라 '고독한 모험'을 했기 때문에 혁명적인 과학적 업적을 이룰 수 있었어요. 그 이후로도 과학자들의 '고독한 모험 성향'은 과학을 발전시키는 원동력으로 작용해요.

◆――――◆

예전부터 서양인이 동양인보다 훨씬 주관적인 성향(자신의 관점을 중시하는 성향)이 있었다고 이야기했는데, 그렇다면 서양인은 언제부터, 왜 주관적 성향을 가지게 되었을까요? 르네상스 시기에 갑자기 서양인이 그렇게 변한 것일까요? 아니면 그 전부터 그랬을까요? 여러분도 궁금하겠지만, 저도 굉장히 궁금했답니다. 이에 대한 해답은 인간의 기록과 학문에서는 아무리 찾아봐도 알 수 없어서 프로메테우스 님께 물어봤어요.

그에 대해 프로메테우스 님은 다음과 같이 대답했어요. 그것의 비밀은 미토스(신화)적이어서 믿거나 말거나이지만, 기억나는 대로 옮겨 보죠.

"자신의 관점에 집중함은 불의 지혜를 발달시키는 원리랍니다. 그건 일종의 '비법'이라고 할 수 있죠. 나는 인간에게 불의 지혜를 발달시킬 수 있는 능력을 주었습니다. 그것은 세상을 관찰해서 거기에 숨겨진 원리를 알아내는 능력, 그리고 언어 능력이에요. 매우 오래전 나는 인간이 그 능력을 선천적으로 가지게끔 만들었습니다. 그러자 인간은 불을 사용해서 다른 동물을 제압하고, 언어를 쓰게 되었고, 농사를 짓고, 거대한 문명을 세웠습니다. 이런 모습은 비슷하게 세계 곳곳에서 나타났습니다. 다만 내가 준 능력은 잠재적인 것이어서 환경에 따라 속도와 모습이 조금씩 다르게 나타났죠. 그런데 그 후 한동안 인간의 문명은 정체되기 시작했습니다. 자신을 신이라고 생각하는 지도자들이 등장하고, 비참한 처지의 사람들이 늘어가고, 불의 지혜의 장점도 빛을 발하지 못하고 있었습니다. 나는 성미가 좀 급해서 인간이 불의 지혜를 어떻게 발전시키는지를 빨리 보고 싶었지요. 그래서 이건 사실 비밀스러운 이야기입니다만, 나와 가까운 곳에 살던 사람들에게 그 비법을 전수해 주었답니다. 그리스인이었지요. 그들이 잠자는 사이 무의식중에 '자신의 관점에 집중하는 게 좋다'라고 속삭였던 것입니다. 이 일이 제우스 님께 알려지면 어떻게 반응하실지 몰라서 제우스 님 몰래 했던 거예요. 내가 이 속삭임을 그리스인에게만 들려준 이유는, 제우스 님이 불의 지혜에 부작용을 심어놓았기 때문입니다. 불의 지혜가 발전하면 좋은 점도 있지만, 나쁜 점도 나타날 수 있어요. 그래서 모든 사람에게 그것을 강조하기를 주저했습니다. 좋은 삶이 꼭 불의 지혜로만 이룰 수 있는 건 아니니까요. 그러니까 그들이 그런 성향을 지니게 된 건 나의 속삭임 때문이고, 그건 선천적인 게 아니라 후천적인 습득이었답니다. 그 후로 그리스인은 급격하게 뛰어난 문명을 이룩하기 시작했습니다. 그들은 사람을 독립적인 개인으로 여기는 에토스(습성)

를 지니게 되었고, 지적인 말싸움과 논쟁을 즐기기 시작했으며, 개인의 자유를 갈망했고, 민주정치를 시행했고, 이성적인 학문을 발달시켰죠. 또한 호기심과 앎에 대한 욕구가 급격히 커졌습니다. 물론 호기심과 앎에 대한 욕구는 모든 인간의 기본적인 특성입니다. 내가 인간에게 탐구 능력을 줄 때 함께 준 것이지요. 그런데 자신의 관점에 주목하면, 자신의 관점 너머의 세상은 암흑 속으로 들어가 자신이 모르는 것이 많다고 느끼게 됩니다. 그래서 호기심과 앎에 대한 욕구가 급격히 커집니다. 마치 암흑 속에서 손전등으로 비춘 환한 부분만 보이는 것과 같죠. 앎에 대해 급격히 커진 그리스인의 욕구는 불의 지혜를 발달시키고, 개인주의도 함께 발전시켰습니다. 다만 이후에 인간의 사정으로 인해 한동안 그 발전은 정체되었습니다. 하지만 나는 더 이상 간섭하지 않았습니다. 나의 개입은 한 번이면 족하니까요. 그 비법은 그리스인의 마음속에 남아 있다가 로마를 통해 유럽 대륙으로 퍼졌습니다. 그리고 르네상스 시기에 와서 그리스와 로마의 찬란한 문명을 만들었던 그 정신을 재발견하게 됩니다. 그들은 내가 속삭인 그 비법의 장점을 캐내기 시작했습니다. 그 이후로 그들은 그 정신을 계승하고 장려해 왔습니다."

근대의 시작 : 합리론과 경험론, 그리고 과학의 발전

르네상스를 기점으로 서양에서는 과학과 기술, 학문, 경제 등이 급격하게 발전했어요. 그것은 불의 지혜 덕분이었죠. 그리고 곧이어 '근대(modern)'로 분류되는 시대가 찾아와요. 불의 지혜 덕분에 서양에서는 근대라고 할 수 있는 시기가 동양에 비해서 굉장히 빨리 도래한 거죠.

그런데 '근대'가 대체 무엇인지 모호하게 느껴질 수 있겠네요. '근대'라고 하면 거의 현대와 비슷할 정도로 발전된 시대를 말하는 게 아닐까요? 맞아요. '모던(modern)'은 근대로 번역되기도 하고 현대로 번역되기도 하죠. 그런데 어떻게 르네상스 직후에 바로 근대가 찾아왔다고 말할 수 있을까요? 물론 산업이나 정치, 일상에서 바로 근대가 찾아온 건 아니에요. 다만 여기서 근대로 분류한 것은 학문과 제도가 과학과 기술을 발전 궤도에 올려놓은 시기를 의미해요. 그러니까 근대라는 긴 레일 위에 과학과 기술의 토대를 처음 올려놓고 '출발'시킨 시기인 거죠. 그래서 철학에서는 이 시기가 '근대 철학'으로 분류되지만, 사회·문화적으로는 아직 완전하게 근대의 모습이 나타나기 전일 거예요. 다만 르네상스 시기부터 이미 서양의 몇몇 도시에서는 주식회사, 증권, 보험, 은행과 같은 근대적인 경제 체제가 나타나기 시작했어요. 이는 당시의 해외 진출, 무역과 연관이 커요.

이제는 '서양 근대 철학'을 살펴볼게요. 참고로 철학사에서는 근대 철학 이후에 현대 철학을 따로 구분하는데, 현대 철학은 모더니즘 이후의 '포스트모더니즘' 성향이 등장했다는 특징이 있어요. 포스트모더니즘은 근대의 방향과는 다른 방향이어서 그에 대해서는 이 장 후반부에서 다룰 거예요.

먼저 살펴볼 철학자는 근대의 문을 연 것으로 평가받는 프랑스의 데카르트(René Descartes, 1596~1650)예요. 데카르트는 지금도 프랑스가 가장 자랑스러워하는 철학자랍니다. 지금은 프랑스가 유로화를 쓰지만 그 전에 쓰던 프랑스 지폐에는 그의 초상화가 실렸을 정도예요.

데카르트에 관해서 가장 많이 알려져 있는 건 '나는 생각한다 그러므로 존재한다(Cogito ergo sum)'라는 말이죠. 혹시 들어 보지 않으셨나요? 그런데 이 말이 왜 그렇게 대단한 말이 되었을까요? 한번 생각해 보세요. 음… 데카르트에 따르면 이건 '철학의 출발점'이자 '제 1원리'예요. 그는 '나는 생각한다 그러므로 존재한다'가 가장 틀릴 확률이 적은 명제라고 보았어요. 그에게 그 밖의 모든 명제는 틀릴 확률이 존재해요.

데카르트는 '정말로 확실한 진리'를 찾고 싶어 했어요. 그는 틀리지 않는 진리가 가치가 있을 것이라고 여기고, 틀릴 수 있는 모든 가능성을 검토해 봤죠. 가장 먼저 대상이 된 것이 나의 관점 안에 들어오지 않는 각종 소문과 명제들이죠. 그것은 당연히 틀릴 수 있어요. 그리고 나의 관점 안에 들어온 감각의 결과물, 즉 경험도 의심할 수 있어요. 감각은 불확실하고 신기루와 같을 수도 있으니까요(마술사의 눈속임을 생각해 보세요). 심지어 그는 수학도 의심할 수 있다고 했어요. 좀 극단적이기는 하지만, 아무리 맞게 보이는 수학일지라도 그때마다 악마가 현혹하거나 훼방 놓는 경우를 상상할 수도 있다고 했어요. 그리고 모든 의심 속에서도 '의심을 하고 있는 나 자신이 존재한다'는 건 의심할 수 없다는 결론에 도달했어요. 이게 바로 '나는 생각한다 그러므로 존재한다'예요. 그러니까 '나는 생각한다'라는 말은 원래 '나는 의심한다(회의한다)'에서 나온 말이죠.

데카르트는 '생각하는 나'라고 하는 제1원리를 출발점으로 삼아 진리를 탐구해야 한다고 주장했어요. 이것은 획기적인 전환이었어요. 바로 '주관주의'로의 전환이었죠. 그는 '나'를 중심으로 해서 나와 가장 가까이에 있는 것, 즉 순전히 뇌 안에서 일어나는 논리적, 연역적, 합리적 방식은 상당히 믿을 만하고, 뇌 밖의 것과 연결된 경험적인 것은 그보다 훨씬 믿기 어렵다고 생각했어요. 물론 자신의 관점 밖에 있는 건 거의 믿기 힘들죠. 마치 원근법에서 나에게 가까운 것일수록 선명해지는 것과 유사해요. 이건 세상에서 신뢰할 수 있는 중심을 '나'로 삼고, 진리를 탐구하기 위해 확실한 나로부터 불확실한 외부 방향으로 나아가는 신뢰성의 방향을 의미해요.

데카르트 사상의 두 가지 의의는 첫째로 이렇게 사고의 중심이자 출발점을 '나'로 삼았다는 거예요. 세상의 중심을 멀리 있는 것이 아니라 나(주체)로 바꿔 놓은 거죠. 그건 코페르니쿠스의 지동설만큼이나 혁명적인 거예요. 둘째로 '의심'과 '비판(회의)'을 진리를 찾는 매우 중요한 방법으로 여겼다는 거예요. 물론 그 의심과 비판은 나를 중심으로 해서 내가 판단하는 의심과 비판이에요. 오로지 내가 가진 증거와 합리성, 논리에 따라 의심하고 비판하고 판단하는 거죠. 물론 자신이 가진 증거와 논리도 의심할 수 있다는 것을 알아

르네 데카르트

야 해요. 다만 남에게 그 과정을 맡기는 것이 아니라 '스스로' 의심
해야 한다는 거죠.

그런데 데카르트에게는 논리와 연역에 비해서 '경험'은 상당히
신뢰하지 않았다는 단점이 있었어요. 그렇게 되면 인간이 얻는
지식이 너무 한정되거든요. 그런 단점에도 불구하고 데카르트는
'정말로 틀리지 않는 진리'를 찾고 싶어 했기 때문에 경험을 그다
지 신뢰하지 않았던 거예요. 틀릴 가능성이 최소화되어야 한다
는 걸 고집한 거죠. 논리와 수학은 경험적 탐구에 비해서 틀릴 가
능성이 적어요. 대개 연역법은 귀납법에 비해서 틀릴 확률이 적
죠. 귀납법은 정말로 많은 노력을 하고 엄청난 관찰을 하더라도
틀릴 가능성이 있는 명제를 도출하기도 해요. 예를 들어 '모든 백
조는 하얗다' 같은 명제요(실제로 검은 백조도 있어요). 그래서 데카

르트와 같은 '합리론자'들은 정말로 틀리지 않는 진리를 찾고 싶어서 논리와 수학과 같은 연역법을 선호하고, 머릿속에서 참과 거짓을 명확히 가르는 논증 방식을 선호해요. 데카르트 이후에는 네덜란드의 스피노자(Baruch de Spinoza, 1632~1677), 독일의 라이프니츠(Gottfried Wilhelm Leibniz, 1646~1716)가 근대 철학에서 합리론자로 분류되죠.

◆━━━━━◆

그런데 머릿속에서 논리적으로만 따지는 합리론은 '많은 지식'을 얻기 어렵다는 불만을 야기할 수 있어요. 바다 건너 영국인에게는 아마도 실용적인 경향이 있었나 봐요. 그들은 진리의 완벽성보다는 지식의 '양'에 관심이 많았어요. 그들은 지식과 앎이 다다익선(多多益善)이라고 생각했죠. 근대의 유명한 영국 철학자들은 경험을 적극적으로 활용하자고 주장해요. 그들을 '경험론자'라고 하는데, 경험론자들은 경험 안에서 진리와 좋은 지식을 찾을 수 있다고 주장했어요. 그들은 아리스토텔레스의 가르침을 계승했던 거죠. 영국의 경험론자들은 합리론자들보다 경험을 훨씬 신뢰했어요. 그리고 좋은 지식은 경험 안에 있다고 여겼어요. 심지어 로크(John Locke, 1632~1704)는 '우리의 모든 지식은 경험에 근거한다'라고 말하기도 했어요.

경험론에서는 진리 또는 지식을 어떻게 찾을까요? 물론 경험으로 얻은 지식은 완벽하지 않고, 계속 올바른 것으로 만들기 위해 노력해야 하죠. 경험에서 진리를 찾으려면, 경험적으로 최대한 노력해서 어떤 공통점을 찾은 뒤 일단 진리로 가정하고, 나중에 틀린 점이 나오면 고치거나 퇴출해야 해요. 그게 바로 '귀납법'이죠. 그러한 귀납법의 적용이 과학의 발전에 큰 역할을 했어요.

데카르트와 거의 동시대인인 영국의 철학자 베이컨(Francis Bacon, 1561~1626)은 '아는 것이 힘이다'라는 말로 유명해요. 그는 영국의 경험론 전통의 선구자라고 할 수 있는데, 진리를 찾는 방법으로 귀납법을 추천했어요. 또한 실험을 통해 진리를 발견할 수 있다고 강조했죠. 그는 실험과 같은 직접적이고 적극적인 경험을 통해서 '우상(idol)'이라고 하는 미신과 맹신을 제거해야 한다고 말했어요. 그의 사상을 모태로 1660년에 영국에서는 과학을 장려하고 발전시키는 영국왕립학회(The Royal Society)가 설립됐어요.

영국에서는 경험론 철학과 함께 자연과학이 급격히 발달해요. 뉴턴(Isaac Newton, 1642~1727)의 업적이 대표적이죠. 뉴턴은 인류에 과학 혁명을 일으킨 선구자로 여겨질 정도예요. 그는 어떻게 해서 만유인력의 법칙 같은 과학적 업적을 이루어 낼 수 있었을까요? 그건 자신의 경험을 통해 어떤 가설적인 진리를 세우고, 경험을 통해 그것이 옳은지를 검증해 봤기 때문이에요. 물론 그의 검증 이후에 여러 사람에 의해 계속 검증이 이루어져요. 그래서 검증을 통과한 과학 이론이 계속 살아남는 거죠. 이것이 과학의 과정이자 귀납법의 원리예요. 일단 경험을 통해서 어떤 가설과 같은 것을 만들

프랜시스 베이컨

고, 후에 그것이 실제로 적용되는지 실험하고 관찰하는 거죠. 경험적인 검증을 통과할수록 신빙성이 높아지고 틀릴 확률은 줄어들어요. 뉴턴의 물리 법칙이 현재까지도 인정받는 이유는, 여전히 수많은 관찰과 실험에서 그것이 들어맞기 때문이에요. 다만 현대에 와서 틀리다고 밝혀진 것도 더러 있긴 하지만요.

사실 뉴턴의 학설 중에 어떤 부분은 한동안 다른 학자로부터 많은 비판을 받았어요. 대표적으로 만유인력의 법칙은 '신비로운 원격작용을 가정한다'는 비판을 받았죠. 그 신비로운 원격작용(중력)은 한참 뒤에 아인슈타인의 일반상대성이론이 등장하면서 겨우 이해되었죠. 이렇게 뉴턴의 물리학도 비판을 받았지만 그건 아직 경험적으로 확인하지 못한 영역을 추측한 부분이었고, 실험과 경험적으로 옳은 부분은 인정받아요. 과학은 이렇게 자신의 주장을 펼치고, 그것을 경험적으로 적용해 보면서 발전해요. 그 덕분에 인간은 많은 유용한 지식을 얻을 수 있어요.

사실상 귀납 방식은 인간이 사용할 수 있는 최선의 방법이에요. 인간이 어떻게 '정말로 완벽한 진리'를 가질 수 있을까요? 인간은 신이 아니기 때문에 100% 올바른 지식을 갖기는 불가능해요. 심지어 수학이나 논리도 의심할 수 있다고 데카르트가 말했잖아요. 하지만 계속 검증을 해 나가면 99.999...%에 접근하는 건 가능해요. 그건 100%와 다를 바 없죠. 그러니까 과학은 믿을 수 있는 거고, 과학적인 것을 진리라고 할 수 있는 거예요. 귀납법도 연역법 못지않게 정확할 수 있는 거죠.

———◆———

과학 연구는 일종의 진실을 찾는 과정이죠. 그러면 그 진실은 어디에서 찾아야 할까요? 진실은 다른 사람이 하는 말이나 소문 속에 있는 것이 아니에요. 오직 자신의 경험 안에서 찾는 거예요. 즉, 그 경험이란 자신의 관점 안에 있는 것, 자신이 직접 보고 겪은 것을 말해요. 자신의 관점 영역 밖에 존재하는 건 경험이 아니에요. 앞에서 프로메테우스 님이 비유한 것처럼 암흑 속에서 손전등을 비추어 밝혀진 부분이 자신의 관점 영역이에요. 그것이 경험이죠.

근대 영국의 경험론은 '공동체적 경험'이나 '대중적 경험'을 중시하는 것이 아니에요. '개인적 경험'을 중시해요. 영국 경험론자들이 가정한 경험도 그것이었어요. '공동체적 경험'도 가능하지 않느냐고요? 그건 '경험'이라는 말을 어떻게 정의하느냐에 따라 다를 수 있겠죠. 그런데 설령 '공동체적 경험', '대중적 경험'을 가정할 수 있다고 하더라도, 그건 근대의 경험론에서 말하는 경험이 결코 아니에요. 경험론자들은 아마 그런 건 허황된 말장난에 불과할 거라고 생각할 거예요. 왜냐하면 영국 경험론자들이 가정하는 경험은 감각이나 지각 내용 같은 것이기 때문이에요. 그것은 자신의 관점 안에 있는 것이므로 전부 개인적인 거예요.

영국 경험론의 핵심 철학자 중에 버클리(George Berkeley, 1685~1753)라는 사상가가 있어요. 그는 자신의 경험 밖에 있는 것, 즉, 자신의 관점 밖에 있어서 인지되지 않는 것은 심지어 존재하지도 않는다고 주장했어요. 이 말은 상당히 비상식적으로 들릴 거예요. 내가 지금 경험하지 않고 있다고 해서 일본이나 미국이 존재하지 않나요? 물체는 내가 보는 면만 존재하고 보이지 않는 반대 측면은 존재하지 않나요? 그래서 당시에도 많은 비판을 받았어요.

하지만 그가 괴상한 사람이 아닌 유명한 철학자가 된 이유는, 관점 이외의 영역은 불명확하고 세상은 사람들 각자의 경험이 모여서 이루어지므로, 여분의 '존재'가 아니라 '경험'만 있다고 보아도 무방하다는 생각이 꽤나 그럴 듯하고, 쓸데없는 신비적 대상이 최대한 제거될 수 있다는 장점이 있어요. 그리고 제가 눈여겨본 점은, 그가 불의 지혜의 '비법'을 강조하고 있다는 점이에요. 프로메테우스 님

조지 버클리

의 '자신의 관점에 집중하고 주목하라'는 속삭임 말이에요. 버클리
의 사상, 즉 '내가 경험하는 것만이 존재한다'라는 생각은 그 비법
을 극도로 강조하는 기능을 해요.

　많은 사람은 과학이 객관적이므로 공통의 경험과 관련이 있다고
생각할 거예요. 그로 인해 오해할 수 있으므로 다시 한 번 강조할게
요. 영국 경험론 경향의 영향으로 과학이 발전한 이유는 '공동체의
경험'이 아니라 '개인의 경험'을 중시했기 때문이에요. 즉, 경험론에
서 경험을 믿는다는 건 다른 사람의 경험을 믿는 게 아니라 '자신의
경험'을 믿는 걸 뜻해요. 과학과 귀납법에서 이루어지는 과학적인
검증이란 개인적 경험(관찰, 실험)을 통한 검증을 말해요.

　그런데 좀 이상하지 않나요? 개인적 경험은 주관적 경험이고, 그
건 사람마다 다를 수 있는데 어떻게 그러한 경험이 과학을 발전시

키고, 결국 '객관성'을 얻는 것일까요? 사실 유럽 대륙의 합리론자들은 경험이 주관적이고 틀릴 수 있으므로 객관성을 찾는 데 별로 도움이 되지 않을 것이라고 생각했어요. 그런데 개인적 경험을 중요하게 여기니까 '결과적으로' 과학이 발전하고, 객관적인 진리를 찾는 데 도움이 되었어요. 참 희한하죠?

여기서 '결과적으로 그렇게 되었다'는 게 의미심장해요. 사실 이런 게 과학이에요. 그렇다면 점성술이나 천동설은 왜 과학에 포함되지 않을까요? 어떤 시대의 어떤 사회에서는 점성술이나 천동설도 '과학'이라고 생각할 수 있을 거예요. 어떤 사회에서 점성술과 천동설에 권위를 부여하면 사람들은 그것을 '과학'이라고 믿을 거예요. 그런데 지금은 그것은 과학이 아니에요. 왜냐하면 결과적으로 사실과는 실제로 맞지 않기 때문이죠. 실제로는 근대 서양에서 적용한 방식이 가장 잘 들어맞고, 지금까지도 올바른 과학이라고 여겨지고 있죠. 그러면 근대 서양, 특히 영국에서는 어떠한 방식으로 만든 것을 과학이라고 여겼을까요?

근대 영국에서는 '개인적 경험을 통해 검증된 것'에 과학의 권위를 부여했어요. 근대 영국에는 '왕립학회'가 있었고, 거기에서 과학의 권위를 부여했죠. 왕립학회는 베이컨의 가르침을 받들어 과학의 정신을 규정했어요. 그것을 대변하는 것이 바로 왕립학회 문장에 라틴어로 쓰인 'Nullius in Verba'라는 표어예요. 이 표어의 뜻은 '어느 누구의 말도 받아들이지 말라'예요. 즉, 다른 사람의 말을 믿지 말라는 뜻이죠. 이렇게 영국 왕립학회는 다른 사람의 말을 의심하

초기 영국 왕립학회 문장
'Nullius in Verba(어느 누구의 말도
받아들이지 말라)'라고 쓰여 있다.

고 자신의 관점을 믿는 것을 과학의 정신으로 규정했고, 학자들은
각자 자신의 관점에서 주장을 하고 검증을 하였어요. 그것이 결과
적으로 과학을 발전시켰답니다.

그런데 어떻게 그렇게 될 수 있었을까요? 왜 개인적인(주관적인)
경험이 착각이나 오류를 잘 일으키지 않고, 객관적인 지식을 얻도
록 만드는 것일까요? 이에 대해서는 사실 당시 경험론자들도 잘 몰
랐어요. 실용적·결과론적으로 보면 좋은 결과만 얻으면 되니 미
처 그 원리나 이치에는 관심을 두지 못해 베일에 싸여 있었던 거
죠. 후에 이 문제를 해결한 사람이 독일의 철학자 이마누엘 칸트
(Immanuel Kant, 1724~1804)예요.

주관주의가 불의 지혜를 촉진하는 원리

유럽 대륙의 합리론과 영국의 경험론이 어떤 점에서 특히 차이가 있는지 이해했나요? 한마디로 말하면, 진리를 찾는 데 있어서 경험을 신뢰하는 입장이 달랐던 거예요. 합리론자들은 경험을 그다지 신뢰하지 않았지만 경험론자들은 경험을 깊이 신뢰했죠. 물론 여기서의 경험은 자신의 경험, 1인칭 관점의 경험을 말해요. 경험을 신뢰했더니 과학과 같이 좋은 지식을 얻을 수 있다는 사실이 입증되었어요. 그래서 점차 유럽 전역에서도 경험이 신빙성 있는 것으로 받아들여져요. 프랑스, 독일 등 유럽 곳곳에서 경험론에 근거한 과학이 발달하죠.

경험론이 좋은 결과를 만들긴 했지만 문제가 남아 있었어요. 자신의 관점은 주관적이고 그건 타인과 다를 수 있는데, 왜 자신의 관점과 경험을 중시하는 것이 객관적 진리를 발견하는 데 도움이 되는가 하는 것이었죠. 이제는 그걸 설명할 필요가 있었죠. 그것을 설명한다면 주관주의의 정당성과 중요성을 더욱 드높일 수 있는 발판이 마련될 테니까요.

앞에서도 말했지만 이 문제를 (어느 정도) 해결한 사람이 바로 독일의 철학자 이마누엘 칸트였어요. 아마도 결과보다는 정신적인 과정에 주목하는 유럽 대륙 철학이 이 문제를 풀기에 더 적합했던 것같아요. 칸트의 해결책은 1781년에 출간된 『순수이성비판』에 담겨있죠.

이 책에서 칸트는 주로 인간의 인식 과정에 대해 자세하게 설명해요. 그의 설명에서 특히 혁신적인 점은, 인간의 인식은 외부 대상을 그대로 받아들이는 것이 아니라 인류 공통의 '선험적인' 기제를 통해 인식한다는 거예요. '선험적'이라는 말은 경험 이전에 주어진 것을 뜻하는 말로서 '선천적'이라는 의미예요. 그러니까 인간 종에 공통적이죠.

그가 설명한 인간의 인식 과정은 대강 이래요. 외부에 어떤 '물자체'라는 존재가 있는데, 인간은 감성과 지성(오성)이라는 기제로 그것을 지각해요. 물자체는 그 자체로는 결코 인간이 알 수 없는 대상이에요. 다만 인간은 물자체를 인간의 선험적인 기제(틀)를 통해 가공해서 인간에게 적당한 결과물로 만들죠. 그렇게 만들어진 그 결과물은 인간에게 통일된 객관성을 갖게 돼요. 우리의 이성은 결국 그 결과물을 가지고 생각하고, 상상할 때도 그것을 재료로 해서 상상하는 거예요. 현대 과학으로 봤을 때도 이 이론은 그럴듯해요.

지금까지 이야기로 '주관적 경험이 객관성을 갖는 이유'에 대한 해답을 이해했나요? 만약 이해했다면 당신은 천재예요. 하하, 그럼 더 설명해 볼게요. 앞에서 '감성'과 '지성(오성)'에 의해 어떤 결과물이 만들어진다고 했는데, 그 결과물이 '경험'이 되는 거죠. 이 '경험'은 '나만의 것이면서도 모두의 것'이에요. 즉, '주관적이면서도 객관적'이죠. 이 부분이 아마 이해하기가 쉽지 않을 거예요.

어떻게 주관적이면서도 객관적인 게 가능한지 칸트의 설명을 좀 더 자세히 살펴보죠. 이 과정에는 순서가 있어요. 먼저, 감성(Sinnlichkeit)이라는 인간의 기제가 시간과 공간을 기반으로 해서 물자체를 '현상'으로 바꿔요. 그 후에 지성(오성, Verstand)이 어떤 '범주 기제'를 가지고 그 현상을 또다시 가공해 '개념'이라는 결과로 만

이마누엘 칸트와 그의 저서
『순수이성비판』

들어 인식하게 되죠. 여기서 범주라는 건 '질', '양', '양태', '관계' 같은 것인데 복잡하므로 자세한 설명은 생략하죠. 경험은 바로 이러한 과정을 거쳐 탄생해요. 칸트에 따르면 감성과 지성의 과정은 착오가 없다고 해요(물론 예외는 있겠지만). 즉, 이건 '객관성'을 가진다는 의미예요. 왜냐하면 경험을 만드는 이 두 가지 기제는 선험적이고 공통적이기 때문이죠. 그러니까 경험은 자신만의 것이면서도 객관성을 갖는 거죠.

그래도 잘 이해가 안 되시나요? 그럼 컴퓨터 파일의 호환성에 비유해 보죠. 어떤 사진 파일을 특정한 형식(예를 들어 jpg 형식)으로 만들면, 다른 수많은 컴퓨터와 호환되죠. 그러면 하나만 존재하는 사진 파일이라고 해도 다른 모든 컴퓨터에서 동일하게 나타날 수 있는 가능성(호환성)이 있는 거고, 그것은 객관성(호환성)을 가진 거예요. 그러한 '파일 형식' 같은 것이 바로 인간에게 동일한 것으로 변환해 주는 '감성'과 '지성(오성)'의 작용이에요. 그래서 결과적으로 하나만 존재하더라도 공통적일 수 있게 돼요.

칸트에 따르면, 착오를 일으키는 건 지각과 관련된 이러한 부분이 아니라 오히려 '순수이성'이에요. '순수'를 붙인 이유는 이성에서 지각 경험의 영역을 제외한 이성의 영역을 지칭하기 위함이죠. 책제목에서 알 수 있듯이, 칸트는 이 책에서 순수 이성의 오류 가능성을 비판하고, 그 한계를 규정하고자 했어요. 순수 이성은 감성과 지성의 규제를 받아야 하는데, 그 규제를 위반한 순수 이성의 폭거가 착오와 망상을 일으킨다는 거죠. 이걸 보면 칸트는 경험론의 손을 들어준 것처럼 보이지 않나요? 저는 그렇게 보여요. 그런데 합리론 측에서는 그를 자기편으로 삼고 싶어서 종종 '관념론 철학자'라는 타이틀을 붙이기도 하죠. 그러한 인식 과정이 경험과 관념의 융합이라고 보기 때문인데(즉, 외부의 것과 정신의 융합), 그렇다고 해서 그를 관념론자라고 보는 게 옳은지는 잘 모르겠어요.

칸트로 인해서 자신의 관점에 대한 주목은 이제 이론적 정당성을 완전히 확보하게 된 셈이에요. 합리론자들은 자신의 관점의 경험에 오류가 있을 수 있다고 생각했지만, 이제 그것이 객관성을 가진다는 이론적, 합리적 근거를 마련했어요. 자신의 관점에 주목해야 한다는 불의 지혜의 비법에 탄탄한 근거가 마련된 셈이죠.

칸트는 계몽주의를 대표하는 철학자이자 계몽주의의 구세주로 평가돼요. 계몽주의는 지식 습득과 진리 탐구를 지향하니 불의 지혜를 지향한다고 할 수 있죠. 그런데 칸트가 살던 시기에 계몽주의가 잠시 위기에 처한 적이 있었어요. 당시에는 경험적 증거와 이성을 벗어나는 이야기인 낭만주의, 특히 신비적 믿음이 범람하던 시기였어요. 그러던 중에 칸트가 계몽주의가 다시 힘을 되찾도록 했어요. 그 때문인지 칸트가 살던 독일에서 이후에 과학과 기술이 급격히 발전하게 돼요.

그런데 사실 '낭만주의'는 '비이성적인 것에 대한 추구'를 통칭하는 개념이어서 신비주의뿐만 아니라 여타 '감성적인 것'도 포함할 수 있는 넓은 개념이에요. 그건 신비주의, 환상, 감성, 열정, 공동체주의, 민족주의 등 굉장히 다양한 개념을 포함할 수 있어요. 그래서 복잡하고 오해하기 쉬워서 저는 '낭만주의'라는 말을 쓰기가 무척 조심스러워요. 다만 계몽주의와 상대되는 개념이기 때문에 어쩔 수 없이 쓴 거예요. 그런데 칸트 이후에 낭만주의는 성격이 바뀌어 오히려 더 크게 되살아나요. 이건 잠시 현대에 대한 언급으로, 자세한 이야기는 현대 부분에서 하기로 하죠.

칸트가 주관주의와 계몽주의의 불길을 힘껏 부채질한 후, 서양의 주관주의와 주관에 대한 기대감은 더욱더 커져 갔어요. 이후에 독일의 철학자 헤겔(Georg Wilhelm Friedrich Hegel, 1770~1831)은 주관의 힘을 '최대'로 키웠다고 해도 과언이 아니에요.

헤겔은 주관이 그 너머의 '객관'까지 포섭해서 결국 '절대정신'으로 발전할 수 있다고 주장했어요. 그 과정이 정·반·합의 변증법이죠. 이는 주관적 관념과 이성에 대한 극단적인 낙관론이었어요. 헤겔은 모든 것을 주관(정신) 안으로 집어넣을 수 있다고 본, 진정한 관념론자라고 할 수 있어요. 칸트가 인식, 특히 지각적 인식에 주목

게오르크 헤겔

했다면, 헤겔은 주관적이고 이성적인 관념이 모든 것을 빨아들여서 결국 모든 것을 아는 정신, 즉 절대적으로 올바른 정신으로 발전할 수 있다고 주장했어요.

◆━━━━━◆

여기까지가 서양철학사에서 근대 철학에 해당해요. 서양 근대 철학의 발전 과정을 한마디로 말하면 '주관주의의 완성'이라고 볼 수 있어요. 그리고 이러한 사상을 기반으로 불의 지혜와 과학기술이 발전했어요. 그 발전의 비법이 바로 '주관주의'였어요. 즉, '자신의 관점에 집중하고 주목하라'라는 것이죠. 그런데 그 비법이 어떻게 진리와 진실을 찾게 해 주는 걸까요? 아직 조금 설명이 부족한 것 같아요. 이제는 당신이 개인적으로 그 비법을 가지면 어떻게 당신에게 도움이 되는 불의 지혜가 향상되는지를 설명할게요.

주관주의, 즉 자신의 관점에 집중하는 방식이 가진 뛰어난 효과는 한마디로 '미신과 헛소문을 몰아내는' 것이라고 할 수 있어요. 진리와 과학의 가장 큰 적은 미신과 헛소문이에요. 그것을 믿지 않거나 없애는 것만으로도 진리와 진실을 찾는 좋은 방법이 되죠. 그리고 자신이 가진 증거만으로 진실을 찾게 될 거예요. 자신의 관점 외부의 것은 받아들이지 않음으로써 자신이 가진 논리와 경험에 집중하게 돼요. 그것이 진리와 진실을 찾는 좋은 방법이에요.

주관주의는 '비판적 사고'로 자연스럽게 이어져요. 비판적 사고란 어떤 주장이나 정보를 비판적으로 바라보고, 자신에게(자신의 기억에) 증거가 없는 한 섣불리 믿지 않는 태도를 말해요. 이런 태도를 가지면 일단 모든 소문은 믿지 않고 의심하게 되죠. 만약 자신의 관점 안에 증거가 없는 것을 쉽게 받아들인다면, 다른 사람의 말을 쉽게 믿고 잘못된 소문을 믿게 될 거예요. 하지만 주관주의를 가지면 그것을 비판하게 되고 항상 증거를 찾으려고 할 거예요.

예를 들어 신문 기사나 어떤 과학자가 한 말이라고 해도 완전히 믿을 만한 게 못 돼요. 과학적 정설은 믿을 만하더라도 과학자라는 사람이 자신의 권위를 이용해서 잘못된 정보를 퍼뜨리는 일도 종종 있어요. 신문 기사는 그것을 한 번 더 왜곡하기도 하죠. 비판적 사고는 일단 모든 소문과 믿음을 해체한 후에 자신의 관점 안에 있는 것을 증거로 해서 타당한 근거가 있을 때에만 믿는 거예요. 그래서 주관주의 또는 비판적 사고 능력을 갖춘 사람은 처음에는 자신이 믿을 만한 것이 적고, 아는 것이 적다고 느낄 거예요. 그리고 믿을 만한 것(지식)을 늘리기 위해서 명백한 증거를 최대한 수집하려고 노력할 거예요. 그래서 많은 지식을 쌓기 위해 공부를 하고, 관찰을 하고, 더 나아가 숨겨진 진실을 찾기 위해 실험을 실시해요.

특히 인문학 계열(문학, 사학, 철학 등)에서는 비판적 사고가 매우 중요한 소양이에요. 인문학을 공부하는 주요 목적이 이 소양의 계발이라고 해도 과언이 아니죠. 그건 서양철학의 영향이 크기 때문이기도 하지만, 실제로 비판적 사고가 진실과 진리를 찾는 데 도움이 되기 때문이에요. 물론 자연계열(이과)에서도 비판적 사고가 매우 중요하기는 하지만, 인문학 계열이 자연계열보다 논쟁이 훨씬 빈번하게 벌어지기 때문에 비판적 사고 훈련이 더욱 중요해요.

인문학 계열에서 논술 시험이란 것을 보죠? 어떻게 쓰면 잘 쓴 글이라고 칭찬을 받을까요? 지식을 많이 동원하거나 많은 사람이 지지하는 이야기를 쓴다고 해서 잘 쓴 게 아니에요. 진짜로 칭찬받는 건 자신이 가진 증거를 최대한 활용해서 '자신의 관점에 따른' 논리 구조를 만드는 거예요. 그건 기초적인 것부터 하나하나 의심해서 증거를 제시해서 쌓은 논리를 말해요. 그게 빠지면 주위의 소문이나 대세를 그대로 따른 것이라 보고, 좋지 않은 평가를 내리죠. 그렇게 자신의 관점에 집중해서 쓴 글은 결론이 논란의 소지가 있더라도 앞으로 불의 지혜를 계발할(진실을 잘 찾을) '자질이 있다'는 평가를 받고 칭찬을 받아요. 그래서 인문학에서는 자신의 관점으로 세계를 바라보라고 가르쳐요.

자연계열에서 비판적 사고와 같은 역할을 하는 것에는 대표적으로 '실증주의'가 있어요. 실증주의는 '내 눈으로 봐야 믿겠다'라는 태도가 발전한 것인데, 실제로 경험 가능한 증거가 나왔을 때 믿는 것을 말해요. 물론 미세 입자라거나 광년 거리에 있는 별, 아주 먼 옛날 등 직접 경험하기 어려운 것이 있지만, 그것도 실험적으로 증명된 여러 기구를 써서 경험할 수 있어요. 만약 자신의 관점과 경험이 중요하다는 것을 잊어버린다면, 소문처럼 떠도는 이야기를 맹목적으로 믿게 될 거예요. 그걸 한번 믿어 버리면 그와 부딪힐 수 있는 이론을 생각도 하지 못하고, 새롭게 제시하지도 못할 거예요. 과거에 다른 사람이 말했던 천동설을 그대로 믿고, 지동설을 제시하지 못하게 되는 것과 같은 이치이죠.

초등학교에 다니는 어린이들은 과학실에서 실험 수업을 할 거예요. 왜 잘 알려진 과학적 성과를 그냥 전달하지 않고 직접 실험을 해 보게 할까요? 실험 결과는 뻔할 텐데 말이죠. 혹시라도 기존에 알려진 것과 다른 실험 결과가 나올지도 몰라서 초등학생이 그 일을 수행하고 있는 것일까요? 아마도 그보다는 어린이에게 단지 가르쳐 주는 것을 믿게 하는 방식이 아닌 '본인의 눈으로' 확인하는 방식을 가르치려는 걸 거예요. 불의 지혜의 방식을 가르치는 거죠.

인문학의 핵심 요소는 '비판적 사고'이고, 과학의 핵심 요소는 '실증주의'라고 할 수 있어요. 이것이 인문학과 과학을 발전시키는 원

과학 실험을 하는 어린이들

동력이에요. 서양식 학문을 배우는 선진국 학생들은 이것을 함양해야 해요. 이 소양은 자신의 관점에 집중하고 주목할 때 계발되기 때문에 학계에서는 학생들이 그러한 태도를 갖기를 유도하고 장려해요.

이제 자신의 관점에 집중하는 태도에 어떤 장점이 있는지 아시겠어요? 이것은 지금도 물론 사람들에게 유익하고 필요한 거예요. 학문뿐만 아니라 실생활의 다양한 분야에서도 진실을 찾고 참과 거짓을 가리는 데 도움을 주죠. 간단히 말하면, '의심하고 비판하며 자신이 가진 증거에 주목해서 판단하는 방법'이 좋은 방식이에요.

그래서 자신의 관점에 주목하는 방식을 결코 버려서는 안 돼요. 다만 부작용이 없게끔 그 방식을 '잘' 사용해야 하죠. 그런데 '주관주의'라는 말은 '–주의'가 붙어서 좀 더 강력하고 배타적인 의미를 가질 수 있으니, 주관주의가 좋다는 말은 하지 않을게요. 주관주의는 장점뿐만 아니라 부작용도 내포하고 있어요. 이 책에서는 그러한 주관주의의 부작용을 치유하려고 해요.

현대의 경향 : 주관적 감성에 주목하다

근대를 거쳐 드디어 '현대'라고 불리는 시대가 되었어요. 시대적으로 구분하면 대략 19세기 말부터라고 할 수 있죠. 서양은 근대의 주관주의로 인해 과학적 진리를 많이 찾아내었고, 그로 인해 수준 높은 기술이 발달할 수 있었어요. 그래서 물질적으로 풍요로워지고 강력한 무기도 보유하게 되었죠. 반면에 동양에서는 공동체주의와 객관주의를 지향해서 그러한 것을 만들어 낼 수 없었어요.

이 시기의 서양은 동양을 비롯한 전 세계를 침략하고 지배했어요. 당시 서양의 논리는 '인간이 불과 도구를 사용해서 다른 동물을 정복한 것처럼, 앞서는 문명이 뒤떨어지는 문명을 지배하는 건 당연하다'는 식이었어요. 그리고 서양 선진국들과 그들을 따른 일본까지 합세해서 양차 세계대전이라는 끔찍한 전쟁을 벌였어요. 그 이후에는 공산 진영과 자유 진영 간의 충돌과 냉전 시대가 진행되고, 그 시대도 끝이 나 현재의 상황에 이르렀어요.

불의 지혜는 과학과 기술을 발달시키고 물질을 풍요롭게 만들었지만, 정신적인 만족은 채워 주지 못했어요. 그래서 여러 가지 부작용이 발생해요. 그 부작용은 제우스 님이 넣어 놓은 거 아니냐고요? 물론 개인적인 고통은 판도라의 상자에 제우스 님이 넣어 놓은 부작용 때문이라고 할 수 있어요. 하지만 전쟁과 같은 인류 전체의 비극적 상황은 인간의 '오만함'과 '이기심' 때문이에요. 그건 불의 지혜가 자신의 능력을 과신하게 만드는 데서 비롯했고, 제우스 님은 그것을 우려하셨죠.

그럼 이제 현대 서양 사상의 판도 변화를 살펴보죠. 이전에 칸트가 계몽주의를 발달시켰다고 말했는데요, 그러면 그 이후로 계몽주의가 주도했을까요? 그렇지 않아요. 19세기 유럽에서는 희한하게도 사상과 예술 분야에서 '낭만주의'의 분위기가 커져요. 계몽주의가 이성 중심이라면 낭만주의는 비이성적이어서 서로 상반되는 개념이죠. 그런데 사실 낭만주의는 좀 복잡하고 복합적인 개념으로 혼동하기 쉽고 어려운 개념이에요. 이제 그 모호한 낭만주의에 대한 이야기를 해 봐야겠군요.

어떻게 낭만주의가 칸트 이후에 크게 일어났느냐 하면, 인간의 '감성적인 부분'이 주목을 받았기 때문이에요. 이러한 경향은 문학과 예술 분야에서는 주관적인 느낌과 감성, 열정을 표현하는 형식으로 나타났죠. 서양 근대 철학자들이 비판했던 대상은 주로 미신과 같은 '신비적 낭만주의'였어요. 그런데 비이성적인 영역은 신비주의 이외에도 감성적인 것도 있고, 그와 관련해서 공동체주의, 민족주의 등 여러 가지 개념이 있어요. 참고로 20세기에 유럽에서 끔찍한 비극(세계대전)이 일어난 원인도 이러한 몇몇 낭만주의적인 개념과 큰 연관이 있었죠.

근대에 이성을 강조하는 계몽주의가 발전했는데, 그 후로 주관적인 '감성'도 점차 주목을 받은 거예요. 어떻게 그렇게 될 수 있었을까요? 사실 데카르트, 칸트, 헤겔 등 서양 근대 철학자들이 이성을 중시했다고 해서 감성을 나쁘게 본 것은 아니에요(관심이 없었을 수는 있지만). 오히려 감성을 긍정적으로 보았다는 해석이 많아요. 즉, 로고스(logos, 이성)에 상반되는 낭만주의는 크게 미토스(mythos, 신비)와 파토스(pathos, 감성)로 나뉠 수 있는데, 서양 근대 철학자들은 주로 미토스를 비판하고 파토스는 거의 비판하지 않았어요. 감성을 비판한 쪽은 서양 근대 철학자들이 아니라 오히려 동양의 철학이나 기독교 같은 종교계 쪽이었어요.

주관주의에서는 개인의 감성과 욕구를 나쁘게 볼 근거를 찾기가 어려워요. 그래서 주관주의 철학의 계보에서 과학과 이성에 대한 철학적 토대가 정점에 도달한 후에 주관적 감성에 주목하게 된 건 예정된 일이나 다름없었어요. 드디어 주관주의 철학에서 감성적인 부분이 주목받을 차례가 된 거죠. 그렇게 해서 19세기부터 서양 사상계에서는 근대와는 달리 이성의 중요성을 떨어뜨리고 감성에 주목하는(우위에 두는) 경향의 변화가 일어나죠. 그 시초를 형성하는 철학자는 쇼펜하우어, 키르케고르, 니체예요.

◆━━━━━◆

쇼펜하우어(Arthur Schopenhauer, 1788~1860)는 헤겔과 거의 동시

대에 살았고, 그들은 서로를 알고 있었죠. 그런데 그의 철학은 헤겔의 것과는 완전히 달랐고, 그래서 그는 헤겔을 싫어했어요. 헤겔이 이성의 힘을 너무 과대평가하고 있다고 보았기 때문이에요. 그의 철학이 지닌 특징은 불의 지혜에 대한 회의와 함께 주관주의의 부정적인 측면을 폭로한 거예요. 근대 철학은 주관주의를 완성하고 그 장점을 찾았는데, 쇼펜하우어는 주관주의가 커다란 불행과 고통을 일으킨다는 걸 알고 있었죠. 그는 제우스 님이 심어 놓은 주관주의의 부작용을 인지했던 것 같아요.

쇼펜하우어의 대표작 『의지와 표상으로서의 세계』에 따르면, 세계는 자신의 관점 안의 것으로, 그것은 자신의 '의지' 또는 '감성'이

쇼펜하우어와 그의 저서
『의지와 표상으로서의 세계』

만든 '표상'에 불과해요. 감각된 세계는 객관적이라기보다는 자신의 의지와 욕구가 만든 주관적 결과에 불과하다는 거죠. 그리고 그 결과는 자신에게 불행을 안겨 줘요. 제2장에서 설명했던 개인적인 고통을 그 예로 볼 수 있어요.

그러면 그 불행을 이겨 내는 방법은 없을까요? 쇼펜하우어는 찾지 못했어요(참고로 그는 '천재'라면 극복이 가능하다고 쓰기는 했는데, 그건 노력해서 얻기가 불가능한 거예요). 그에 따르면 이성과 합리성으로는 이 문제를 결코 해결할 수 없어요. 인간은 결코 주관이 만드는 욕구에서 벗어날 수 없고, 그 고통에서 벗어날 수 없어요. 그래서 그는 염세주의자, 허무주의자로 알려져 있죠. 그는 그 대안으로 결국 욕구를 없애라고 가르치는 동양의 불교에 심취했어요.

그런데 쇼펜하우어는 대체로 서양철학의 흐름에서 비주류로 여겨져요. 그 이유는 단지 불교를 좋아했기 때문이 아니라 서양철학의 주류인 주관주의를 부정적으로 보았기 때문일 거예요. 그는 그러한 서양식 철학을 비관적으로 보고 불교에 빠져들었어요.

덴마크의 철학자 키르케고르(Søren Aabye Kierkegaard, 1813~1855)는 이성과 과학을 부정적으로 보았어요. 그 대신 '나'를 그보다 더 우위에 두었어요. 이렇게 '나의 독자성과 자유'를 무엇보다도 중시하는 사상을 '실존주의'라고 해요. 키르케고르는 실존주의의 시초로 평가돼요. 실존주의는 이성, 법칙, 진리, 객관성보다 '나'를 우위에 둬요. 그래서 실존주의는 극도의 주관주의라고 볼 수 있죠. 실존주의는 현대 철학의 중심 흐름 중 하나예요.

그러면 키르케고르는 현대 철학의 문을 연 서양철학사의 핵심 주류에 속한다고 할 수 있을까요? 그런데 그도 조금 부족해 보여요. 학계에서는 그보다는 후에 등장한 니체를 더 인정해요. 키르케고르가 실존주의의 시초라고 해도 주관주의의 힘과 장점에 그다지 기대를 걸지는 않았어요. 그의 철학도 쇼펜하우어처럼 비관적인 면이 강했거든요. 그는 주관을 강조하기는 했지만 그다지 희망적이지는 않았어요.『죽음에 이르는 병』,『불안의 개념』등의 책 제목만 봐도 그런 느낌이 들지 않나요? 그도 결국 종교(기독교)에 빠져들어요.

반면에 독일의 철학자인 니체(Friedrich Wilhelm Nietzsche, 1844~1900)는 실존주의자이면서 주관주의에서 희망을 찾았어요. 그는 진정한 실존주의자답게 이성을 비판하고, 과학을 비판하고, 종교를 비판하고, 심지어 도덕도 비판했어요. 그리고 '나'라는 존재가 그 모든 것을 뛰어넘는 최고의 것이라고 했죠.

니체는 허무주의로 알려져 있는데, 쇼펜하우어의 허무주의와는 달라요. 쇼펜하우어는 삶 자체에 대해 허무적이고 염세적이었지만, 니체는 실존(자신)을 제약하는 이성, 과학, 종교, 도덕에 대해 허무적이었어요. 그는 쇼펜하우어와 달리 주관적 욕구와 감성을 좋은 것으로 보고 염세주의를 배격했어요. 니체는 주관에 주목하고 잘 계발하면 의지와 충동에 따라 행동하면서도 모든 것을 통제할 수 있는 '초인'이 될 수 있다고 주장했어요. 그는 주관주의에서 희망을 찾고 이를 긍정적으로 본 거죠.

프리드리히 니체

　학자들에게 '최초의 현대 철학자는 누구인가?' 혹은 '현대 철학의 창시자는 누구인가?'라고 물으면, 아마도 많은 학자가 쇼펜하우어와 키르케고르보다 후대의 철학자인 니체를 지목할 거예요. 니체는 쇼펜하우어나 키르케고르보다 서양철학의 주류에 속한다고 여겨져요. 아마도 니체가 그들과는 달리 주관주의를 긍정적으로 보았기 때문일 거예요. 서양철학의 주류는 주관주의예요. 심지어 진리와 도덕을 포기하더라도 주관주의는 포기할 수 없는 거죠. 도덕과 공동체를 중시하는 동양의 입장에서는 상상도 하지 못할 일이에요. 그러니까 니체는 가장 극단적으로 서구적인 철학자로 볼 수 있죠.

　그런데 쇼펜하우어, 키르케고르, 니체는 모두 개인적으로는 매우 불행했어요. 그들은 이성을 잘 사귀지도 못했죠. 특히 니체는 약

10년간 정신이상 증세를 일으키다가 불행한 삶을 마감해요. 쇼펜하우어와 키르케고르는 불의 지혜를 부정적으로 보는 동시에 주관주의의 고통도 체감했어요. 그리고 고통을 극복해 보려고 노력했죠. 그들은 그나마 물의 지혜를 찾으려는 노력을 해서 조금 나았지만, 니체는 매우 심각하고 불행했어요. 니체는 이성과 과학을 나쁘게 보면서도 주관주의를 철저하게 옹호했어요. 하지만 앞에서 강조했듯이, 이성과 과학은 불의 지혜의 장점이므로 버릴 필요가 없어요. 그것은 개인의 삶을 행복하게 만드는 좋은 역할을 할 수 있어요. 그런데 니체는 이러한 불의 지혜의 장점을 거부하고, 불의 지혜와 주관주의의 부작용만 받아들인 셈이죠.

◆――――――◆

현대 서양철학의 흐름은 이성에서 탈피해서 감성을 중시하는 방향으로 전개되었어요. 이는 주관주의에서 벗어난 게 아니라 오히려 주관주의가 더 강화되었다고 해도 과언이 아니죠. 크게 유행했던 실존주의에서 알 수 있듯이 주관을 억압하는 진리나 법칙, 종교, 윤리를 부정하고 주관을 더욱 키워 나갔어요. 그렇게 해서 강조된 부분이 주관적 욕구였죠. 실존주의에서는 '나'가 가장 중요하고 나의 욕구와 충동, 의지에 따르는 것이 타당하다고 주장해요. 진리나 법칙 같은 건 뒤로 밀리죠. 그래서 극도의 개인주의와 자유주의가 성립되는 거예요. 법의 권위도 약해지고요.

그러면 실존주의가 나쁘기만 한 것일까요? 저는 행복의 차원에서 말할게요. 개인의 자유도가 커지면 물론 행복해지기도 하겠죠. 사회적으로 개인적인 욕구를 채워 주는 식의 정책을 시행하면 많은 개인은 더 행복해질 수 있을 거예요. 그리고 자신을 더 사랑하게 되는 장점도 있겠죠. 그런데 문제는 거기에 커다란 부작용이 숨어 있다는 점이에요. 사회적으로 일어나는 혼란의 차원이 아니라 개인적인 고통이 생겨요. 다음 장에서 그 원인에 대해 자세히 파고들 테지만 간단히 언급하자면, 그 고통이 생기는 이유는 주관적 욕구가 과연 좋은 것인지 나쁜 것인지를 제대로 따져 보지 않은 채 긍정했기 때문이에요.

실존주의 이외에 현대 철학사에 등장한 다른 유명한 것에는 현상학(phenomenology)이 있는데 이에 대해 짧게 설명해 볼게요. 쉽진 않겠지만 현상학을 한마디로 정리하자면, 칸트가 설명한 인식 과정에 주관적 감성을 포함해서 수정·보완하려는 학문이라고 할 수 있어요. 칸트는 인간의 선천적인(공통된) 기제로 인해서 지각과 인식이 작용한다고 했는데, 쇼펜하우어 이후로는 주관적 감성이 인식 과정에 깊게 개입한다는 게 널리 알려졌어요. 칸트에 따르면, '현상'은 인식 과정에서 매우 초기에 만들어지므로 주관의 개입이 (거의) 일어나지 않아요. 하지만 현상학에서는 현상에도 지향성, 즉 주관적 욕구가 개입한다고 보고, 그 구조를 밝히려고 해요. 그들은 주관적 욕구가 경험에 개입하는 부분을 최대한 엄밀하게 따져 보고자 하는 거죠.

현대에는 이렇게 이성을 추구하는 근대와 다르게 감성과 욕구에 주목하게 되는 경향이 일어나요. '포스트모더니즘'이라는 말을 들어 보셨죠? 이는 철학의 한 사조이기도 하면서 예술의 한 사조이기도 해요. 크게 보면 예술의 사조는 철학사의 흐름과 비슷하게 흘러가는 면이 있어요. '포스트모더니즘'은 '근대 이후' 또는 '탈근대'라는 뜻으로, 현대의 철학과 예술에서 포스트모더니즘의 특징은 기존의 법칙과 권위, 이성을 깨뜨리고 해체하는 거예요. 때문에 예술에서는 상상하지 못했던 파격적인 시도가 나타나죠[주 : 이 외에 현대 서양철학의 구조주의와 후기구조주의의 흐름은 에필로그에서 다룬다].

서구 안에서도 자세히 살펴보면 유럽 대륙과 영미의 경향이 조금 다른데, 근대부터 그랬듯이 영국과 미국은 전통적으로 좀 더 실용적이고 지식의 양에 관심이 많았어요. 그래서 현대 유럽 대륙 쪽에서 진리와 이성을 비판하고 주관적 감성에 주목하는 분위기가 있었다면, 영국과 미국에서는 진리 탐구에 계속 매진했어요. 그들은 불의 지혜의 본래 목적과 장점을 추구하고, 진리 탐구에 도움이 되지 않는 주관적 감성 따위는 거들떠보지 말자는 경향이 있었어요. 그래서 현대의 영국과 미국의 철학계는 이성적이고 과학적인 면이 계속 발전하면서 (언어)분석철학, 심리철학이 발달해요.

하지만 아무리 현대 영미 철학계가 주관적 감성을 모른 척했다

에드문트 후설

고 해도 서구의 그 커다란 흐름을 막을 수는 없었어요. 과학적인 영미 철학계와 주관적이고 감성적인 유럽 대륙 철학계는 종종 반목했는데, 영미 철학계가 이겼다거나 적절하게 해결했다고는 보이지 않아요. 다만 모른 척하고 회피했을 뿐이죠. 특히 현상학에 대해서는 그들도 할 말이 없을 거예요. 어쩌면 주관적 감성을 포함하는 현상학이 객관적 진리 탐구일 수도 있거든요. 현상학의 창시자인 후설(Edmund Husserl, 1859~1938)도 현상학이 진정한 과학이라고 생각했어요.

물론 영미도 서구의 대표주자로서 주관주의를 지향한 건 마찬가지이고, 주관주의가 점점 커지면서 '주관적 감성'에 대한 주목은 자연스럽게 커질 수밖에 없었어요. 다만 영미는 그것이 비합리성을 키운다고 해서 좋지 않게 보았는데, 그러면 그 대안은 뭘까요? 이성으로 욕구와 감성을 억눌러야 할까요? 현대사회에서 그런 억압은 통하기 어려워요. 영미는 그들의 특기인 실용주의와 결과주의[주 : 결과적 이득을 가장 중요하게 여기는 생각. 영국의 공리주의가 이러한 경향을 가진다]로 이성을 추구하면서 실용적 분야(돈이 되는 분야)에서 적절하게 감성을 활용하고 있어요. 다만 실용주의와 결과주의는 허무한 이론이고, 지성적이지 않다는 비판을 받기 쉬워요.

그래서 지금까지 왔어요. 현재는 서구 문명이 세계를 지배하고 있고, 그 정신은 불의 지혜이고, 합리주의, 개인주의, 자유주의가 주도하고 있어요. 지금은 그 주류 문명에 신비주의가 도전하고 있는 양상이죠. 특히 21세기 초반인 현재 세계를 주도하고 있는 미국의 정신은 이성과 감성까지는 실용적으로 통합했지만, 과연 신비주의까지도 실용주의적 관점에서 주류로 받아들여야 하느냐가 문제가 되고 있어요. 미국은 서양을 대표하는 나라이기 때문에 그건 받아들이기 어렵죠. 이성과 감성이 주관주의라는 틀에서 결합된다는 점은 이해할 수 있어도 신비주의와 이성이 공존하기는 어려우니까요. 그래서 계속 충돌이 일어나고 있어요.

현재 서양에서 발달한 불의 지혜는 세계 곳곳에 퍼졌고, 이제 세계의 많은 학생이 학교에서 불의 지혜와 주관주의를 배우고 있어요. 이제 '자신의 관점에 집중하라'는 프로메테우스 님의 속삭임은 전 지구적으로 퍼져서 세계 곳곳, 산업화된 나라의 수많은 사람의 무의식 속에 어느 정도 자리 잡았어요. 일본인, 한국인, 중국인도 점차 그런 생각을 갖게 되었죠. 이제 동양인도 서양 못지않게 개인주의적이 되었고, 상당히 서구적인 사고방식으로 바뀌었어요. 물론 장점도 있겠지만 그와 함께 부작용도 점점 커지고 있어요. 주관주의를 자발적으로 서서히 발전시킨 서양에 비해서 이를 갑자스럽게 받아들인 동양은 그 부작용에 더 쉽게 노출될지도 몰라요.

4장

물의 지혜 I :
주관의 덫에서 벗어나다

즐거움과 괴로움은 좋음과 나쁨이라고
할 수 있고 이것들의 선택과 관련해서
범하는 잘못은 앎의 결여 때문에 일어난다.

– 소크라테스 (플라톤 저, 『프로타고라스』 중에서)

소크라테스, 불의 지혜의 선구자가 되다

프로메테우스 님은 지금이 불의 지혜가 지닌 부작용을 알리고 그 해결책을 알려야 할 적당한 때라고 생각하셨어요. 그 해결책은 바로 자신의 관점을 '깨는' 지혜, 즉 '물의 지혜'였죠. 이번 장과 다음 장에서는 제가 이 책을 쓰게 된 목적이기도 한 물의 지혜에 관한 이야기를 들려줄게요. 우선 이번 장에서는 소크라테스를 만날 거예요. 그래서 그의 가르침 중에 감추어져 있던 물의 지혜를 밝혀내고, 불의 지혜가 지닌 부작용을 치유하고자 노력한 과정에 대해서 이야기를 할 거예요.

그럼 앞 장을 건너뛴 분도 있을지 모르니 잠시 불의 지혜에 대한 소개를 간단하게 할게요. 불의 지혜는 (과학적인) 진리와 진실을 찾는 지혜예요. 프로메테우스 님은 바로 그러한 불을 인간에게 가져다주었어요. 다만 그것은 진짜 불이 아니에요. 진짜 불이었다면 쉽게 꺼졌겠죠. 프로메테우스 님이 인간에게 준 것은 불을 만드는 방법, 즉 자연의 이치를 깨달을 수 있는 능력이었어요. 인간은 자연의 숨겨진 원리, 진리, 법칙을 발견할 수 있는 능력을 지니게 된 거예요. 그 능력 덕분에 인간은 과학과 기술을 발전시킬 수 있었고, 계속해서 올바른 지식을 수집할 수 있게 되었어요. 그러한 지식을 찾아내고 판단하는 인간의 고차원적인 능력이 '이성'이에요.

서양에서 불의 지혜가 발달하고 과학이 발달하게 된 최초의 기원은 이성(로고스)을 중시한 고대 그리스에서 찾을 수 있어요. 특히 소크라테스, 플라톤, 아리스토텔레스는 이성을 중시한 철학자로 잘 알려져 있죠. 그런데 '이성'이 대체 왜 그렇게 중요한 걸까요? 이성이 중요한 이유는 옳고 그름을 정확하고 객관적으로 판단할 수 있는 과정을 제공하기 때문이에요. 이성적 사고방식에는 증거를 기반으로 하는 판단, 논리, 수학, 관찰과 실험 같은 것이 있어요. 이성적(합리적) 사고와 가장 관련이 큰 플라톤은 진리는 우리의 정신(이성)으로 찾을 수 있으며, 그것은 선하고 참된 것이므로 반드시 찾아야 한다고 주장했어요. 플라톤이 기틀을 잡은 이후에는 진리를 탐구해 나가는 방식에 대한 논쟁이 벌어졌는데 그 과정에서 서양철학은 점차 주관주의 경향을 뚜렷하게 드러내게 되죠. 주관에 집중하는 경향이 서양인에게 언제부터, 왜 나타났는지는 (아직) 명확하지 않지만, 그러한 차별적 경향이 서양에서 과학과 기술이 발달하게 된 핵심적 원동력이었다는 점이 중요해요.

———◆———

주관주의가 발달하면서 현대 서양철학에서는 심지어 이성과 진리에 대해 회의를 품는 경향이 나타나기도 해요(제3장 현대 부분을 참조). 하지만 불의 지혜가 지닌 좋은 효과는 이성과 과학적 진리 탐구라고 할 수 있어요. 그리고 플라톤은 확실히 그 시초로서의 자격이 있죠. 그런데 많은 학자가 플라톤뿐만 아니라 그의 스승인 소크라테스에게도 공을 돌려요. 그 둘은 많은 부분이 연결되어 있다고 여겨져요.

소크라테스는 직접 쓴 문헌을 하나도 남기지 않았어요. 그의 사상과 업적은 대개 플라톤의 기록으로 남아 있죠. 플라톤의 책은 대개 등장인물 간의 대화로 이루어진 대본과도 같은 형식인데, 소크라테스가 주인공으로 등장하는 경우가 매우 많아요. 플라톤은 소크라테스의 실제 행적에 가까운 기록을 남기기도 했지만, 자신만의 독창적인 사상을 주장할 때 소크라테스의 입을 빌리기도 했죠. 특히 플라톤의 중기 이후에 등장하는 소크라테스의 대화는 대체로 플라톤 자신의 생각에 가깝다고 해요. 하지만 어디까지가 진짜 소크라테스의 사상인지 확실히 구분하기는 여전히 어렵다는 문제가 있어요. 게다가 소크라테스의 일화에도 어떤 편향된 편집이 개입되었을지는 알 수 없는 일이죠. 학계에서는 이를 '소크라테스의 딜레마'라고 불러요.

어쨌든 플라톤이 진리를 탐구하는 불의 지혜의 핵심적 선구자임은 모든 학자들이 인정하는 것인데, 그와 함께 소크라테스도 불의 지혜의 선구자라는 인식이 사람들에게 널리 퍼졌어요. 더구나 소크라테스가 시기적으로 더 앞서므로 더욱 대표자처럼 여겨졌죠. 소크라테스, 공자, 예수, 석가모니가 세계 4대 성인이라는 말 들어 보셨나요? 20세기 전반기에 활약한 실존주의 계열의 철학자 야스퍼스(Karl Jaspers, 1883~1969)가 그렇게 쓴 걸로 유명해요. 예수와 석가는 종교적 성인, 공자는 동양의 철학자, 그리고 소크라테스는 서양의 철학자죠. 이러한 예에서 보듯이 소크라테스는 이성과 진리를 중시하는 전통을 세우고 불의 지혜의 원류를 일으킨 사람으로 많이 알려져 있죠.

니체도 저서 『비극의 탄생』에서 소크라테스가 이성과 진리를 추구하는 불의 지혜의 대표적 인물이라고 썼답니다[주 : 여기서 '비극'이란 부정적인 의미가 아니라 고대 그리스의 문학 장르를 뜻한다]. 물론 그가 '불의 지혜'라는 말을 직접 쓰진 않았지만요. 니체는 이성과 진리를 좋지 않게 보는 실존주의자예요. 그는 『비극의 탄생』에서 '아폴론'으로 비유되는 진리와 이성, 지성 추구와 같은 (그에 따르면) '소크라테스 철학'을 비판하고, '디오니소스'에 비유되는 자유와 파괴, 낭만, 감성을 옹호해요.

이렇듯 소크라테스는 많은 학자에게 불의 지혜의 선구자로 여겨지고 있죠. 그러면 소크라테스가 어떤 활동을 했기에 그렇게 여겨지는 것일까요? 그런데 안타깝게도 그의 활동과 활약을 파악하는 일조차 매우 어려워요. 왜냐하면 그가 직접 자신의 이론과 사상을 책으로 정리해 놓지 않았을 뿐만 아니라 아직까지도 그의 (그가 의도한) 사상이 완전히 드러나거나 체계적으로 정리되어 있지 않아서예요. 그의 사상과 일생은 많은 부분이 베일에 싸여 있죠. 그래서 서양철학사를 정리한 책을 봐도 소크라테스에 대한 부분은 분량이 상당히 적어요. 쓸 말이 많지 않거든요. 때문에 그가 불의 지혜(이성과 진리 탐구)의 선구자라는 건 후대의 해석자들이 추측하고 해석한 결과예요.

물론 기록으로 봤을 때 소크라테스가 불의 지혜에 남긴 커다란 족적은 있어요. 소크라테스의 주요한 활약은 당대의 소피스트들과 논쟁하고 그들을 비판한 일화예요. 소피스트[주 : 당시 지식인. 궤변론자라고도 한다]인 고르기아스, 프로타고라스, 트라시마코스와 말로 논쟁을 벌인 내용이 플라톤의 저서에 남아 있죠. 당시 소피스트들의 일반적인 생각은 '상대주의'에 가까워요. 그들은 '사람마다 각자의 기준이 따로 있으니 절대적·객관적 정의(正義) 같은 건 없고, 이기는 것이 정의'라는 주장을 했어요. 그들은 절대주의나 절대적 진리란 존재하지 않는다고 주장한 거죠. 소크라테스는 이런 입장을 비판했어요. 그는 선과 악, 참과 거짓을 가를 수 있는 절대적 기준이 있다고 생각했죠.

불의 지혜와 관련해서 소크라테스의 또 다른 주요한 업적은 지식(지혜) 추구, 즉 '앎'을 절대적으로 좋은 것이라고 이야기한 거예요. 플라톤의 저서 『프로타고라스』에 보면 소크라테스는 프로타고라스와 대화를 하면서 최종적으로 '덕(virtue, 그리스어로 arete)이란 앎이다'라는 결론을 내려요. 덕은 '훌륭한 능력', '좋은 능력'을 의미하죠. 소크라테스는 악행은 인간의 무지로 인해서 발생한다고 보았어요. 반대로 진정으로 알게 되면 선해지고 똑똑해진다고 보았어요. 뿐만 아니라 모든 후천적인 능력도 앎으로 얻을 수 있다고 보았어요. 이러한 소크라테스의 가르침이 계몽과 진리탐구의 도화선이 되었고, 불의 지혜는 더욱더 발전하게 되었어요.

이런 점에서 볼 때 소크라테스에게는 분명히 불의 지혜의 선구자적인 면이 있어요. 그리고 플라톤은 소크라테스가 말한 '앎'을 좀 더 구체적으로 설명했어요. 플라톤은 '고정적이며 불변적인' 어떠한 진리가 추상적·정신적 차원에서 존재한다고 보았어요. 그는 그것을 모든 현상의 원인이자 목적이 되는 '이데아'라고 불렀어요. 그리고 인간은 그걸 알아야 한다고 주장했어요. 이러한 '이데아론'은 일반적으로 플라톤의 독창적인 사상으로 여겨져요.

소크라테스는 서로 다른 의견 간에 옳고 그름을 가를 수 있는 절대적 기준이 존재한다고 말했지만, 모든 현상의 저변에 불변하는 이데아적 진리가 있다고는 말한 것 같지 않아요. 그건 플라톤의 업적이니까요. 그러니까 불의 지혜의 커다란 역할인 '자연에 숨겨진 진리'를 찾는 탐구에 관해서는 소크라테스보다는 확실히 플라톤의 업적이 커요. 그 이후 아리스토텔레스는 추상적인 이데아론을 넘어서 좀 더 실용적으로 많은 지식을 찾는 방법을 찾아내죠(제3장을 참조).

그러면 소크라테스가 말한 '덕은 곧 앎이다', 즉 앎이 인간에게 정말로 좋은 것이라는 말을 어떻게 해석할 수 있을까요? 그것은 좋은 지식을 많이 알아야 한다는 뜻일까요? 그런 해석도 얼핏 보면 타당해 보이지만, 엄밀히 보면 그와 조금 다른 듯해요. 소크라테스가 말한 '앎'이란 습득된 '지식'을 말하는 게 아니라 '지혜'를 말하는 거예요. '지식'과 '지혜'는 얼핏 유사해 보이지만 상당히 다른 말이죠. 이에 대해서는 소크라테스가 제게 설명해 줬어요.

◆━━━━━━━◆

프로메테우스 님은 저에게 소크라테스에게 직접 찾아가서 대화를 나눠 보라고 하셨죠. 그러면 그가 생전에 물의 지혜 또한 가르쳤다는 걸 알 수 있을 것이고, 많은 것을 배울 수 있을 거라고 했어요. 저는 저승에서 평안한 나날을 보내고 있는 소크라테스를 만났어요. 물론 그를 만나기 전에 인간계에 남아 있는 기록(플라톤의 기록)을 미리 살펴보았죠. 소크라테스와 만나 이야기를 나눠 보니 그는 자신의 가르침 중에 한쪽만 크게 부각된 사실을 안타까워하는 듯이 보였어요.

소크라테스는 그가 생전에 말한 '앎'에 대해서 이렇게 말했어요.

"좋은 앎을 가지는 것은 절대적으로 좋은 것입니다. 덕은 곧 앎이고 좋은 앎은 곧 덕이 되죠. 그런데 이 말이 간혹 '지식'으로 번역되기도 했습니다. 하지만 그 말은 오해를 부를 수 있어요. '지식'은 인간의 '체득'과 분리된, 어떤 독립적인 정보 같은 것을 의미하기도 하거든요. 그런데 내가 말한 '앎'이란 그런 게 아닙니다. '앎'이란, 올바른 정보와 함께 그 정보를 실행하는 능력을 가진 상태를 말합니다. 인간과 따로 떨어져 존재하는 객관적 지식 같은 게 아닙니다. 인간에게 체화되어 있고 적절하게 수행될 수 있는 앎이 절대적으로 좋은 것이지, 인간과 분리된 정보 상태의 진리가 절대적으로 좋다는 말이 아니었습니다…. '덕'의 개념에 대해 아십니까? 덕은 '좋은 습관', '능력'과 같은 것입니다. 따라서 앎이란 체화된 '지혜'를 말합니다. 그리고 내가 소피스트들과 달리 절대성과 객관성을 주장한 걸로 알려져 있는데요. 물론 그렇습니다만… 그것도 어떤 객관적 진리와 지식에 대한 것이라기보다는 가치와 정의의 차원에 가깝습니다. 만약에 내가 객관적인 진리나 진실만을 추구했다면 사형 판결에 불복하고 도망쳤을 것입니다. 왜냐하면 사실 나는 그 판결이 진실과 맞지 않다고 생각했기 때문입니다. 나는 그 판결이 잘못되었다고 생각했지만, 그보다는 절대적인 가치 기준에 따르기 위해 충분히 탈출할 수 있었음에도 기꺼이 독약을 마셨습니다."

그런데 정보와 지식은 앎으로 이어지는 데 핵심적 역할을 하지

소크라테스
불합리한 판결에도 소크라테스는 독배를 받아 든다.

않나요? 그리고 좋은 앎에는 올바른 정보와 지식이 반드시 필요한 요소가 아닐까요? 그래서 제가 이 내용을 다시 소크라테스에게 물어봤더니 그는 이렇게 대답하더군요.

"물론 올바른 지식은 절대적인 좋음을 추구하는 데 큰 역할을 합니다. 틀린 지식을 습득하면 나쁜 앎을 가지는 것이고, 올바른 지식을 습득하면 좋은 앎을 갖게 되는 것이죠. 하지만 내가 말한 '앎'은 지식과 다르므로, 지식을 많이 알수록 앎이 커지고 지혜와 행복이 커진다는 말은 성립하지 않습니다. 다만 '어느 정도'일 뿐이지요. 지식의 끝없는 팽창보다는 '중용'이 더 좋을 수도 있습니다. 그러한 중용과 같은 것이 바로 지혜입니다. 인간은 지혜가 커져야 하는 것이지요."

저는 이 말을 듣고도 여전히 소크라테스가 말하는 '지혜'의 개념이 잘 이해가 되지 않아서 좀 더 설명해 달라고 요청했죠. 그는 이렇게 말했어요.

"불의 지혜는 어떤 진리를 찾아내는 지혜입니다. 그런데 그 진리라는 건 '작은 단위의' 진리입니다. 자연에 담긴 객관적인 원리와 법칙, 진실을 찾아내는 진리이지요. 인간은 불의 지혜를 발달시켜서 작은 단위의 진리를 많이 찾아내었죠. 그건 플라톤과 아리스토텔레스가 꿈꾸었던 '실체적인' 진리입니다. 물론 나는 진리를 아는 것이 절대적으로 좋다고 말했습니다. 그런데 내가 말한 진리가 그 작은 단위의 진리들의 총합만을 말하는 것일까요? 그렇지 않습니다. 내가 꿈꾸었던 진리는 작은 단위의 진리뿐만 아니라 불의 지혜를 뛰어넘어 물의 지혜까지 포함한 진리입니다. 더 큰 의미의 진리이자 지혜이지요. 내가 말한 절대적으로 좋은 앎이란 이렇게 큰 의미의 진리를 아는 걸 의미합니다. 그것은 궁극적으로 인간의 행복과 관련되어 있지요. 좋은 앎에는 불의 지혜의 산물인 실체적인 진리, 작은 진리들을 아는 것뿐 아니라 물의 지혜를 아는 것도 포함됩니다. 그리고 제가 가르친 물의 지혜란 '모름'에 대한 인정과 겸손함입니다."

이 마지막에 나온 대목은 다음 절에서 설명할게요. 그런데 여러분은 지금까지의 이야기를 듣고는 이런 의문을 가질지도 모르겠군요. '그러면 소크라테스를 불의 지혜의 선구자로 보지 말아야 하는 건가?' 음… 제가 보기에 소크라테스는 여전히 불의 지혜의 선구자이기도 해요. 다만 그가 주장한 지혜는 굉장히 넓은 범위여서 다소 추상적이었죠. 그런데 플라톤이 그중에서 특히 불의 지혜에 관련된 부분을 구체화하여 발전시켜 나갔던 거예요.

무지의 지를 이해하는 방법

저는 그때까지만 해도 물의 지혜가 뭔지 잘 몰랐어요. 하지만 놀랍게도 소크라테스는 물의 지혜에 대해 이미 알고 있는 듯 보였어요. 그래서 그에게 물의 지혜가 무엇인지 물어봤어요. 그러자 그가 말했어요.

"프로메테우스 님이 주신 불에 상반되는 성격은 물이라고 할 수 있겠지요. 저승에 와서야 이러한 사실을 깨달았습니다. 불의 지혜가 진리를 찾고 과학과 기술을 발전시키는 지혜라는 건 아마 아실 겁니다. 그런데 그것은 인간의 오만함과 같은 부작용을 낳습니다. 물의 지혜는 그 부작용을 해소할 수 있는 지혜입니다. 그러한 지혜는 주로 동양에서 발달했지요. 음… 하지만 동양에서 발달한 물의 지혜에도 문제점이 많습니다. 그래서 가장 좋은 것은 불의 지혜와 물의 지혜의 장점만을 결합하는 겁니다. 그런데 직감적으로는 이것이 가능할 것 같지만 아직은 안개 속에 있습니다. 일단 지금 내가 아는 한에서 말하자면, 불의 지혜의 부작용은 주로 자신을 너무 믿는 데에서 비롯합니다. 자신의 생각에 너무 자신만만해하는 것이지요. 서양철학에서는 개인의 생각을 중요하게 여기는 주관주의가 발달했습니다. 서양의 주관주의적 경향은 불의 지혜를 키웠습니다. 하지만 인간은 그것만으로는 부족합니다. 그 부족한 부분을 채워 주고, 불의 지혜의 부작용을 치유하는 것이 당신이 찾고 있는 물의 지혜겠지요. 그렇지 않습니까?"

저는 맞다고 하면서 그러한 물의 지혜를 인간에게 줄 수 있는 방법을 아느냐고 물었어요. 하지만 소크라테스는 아직은 생각이 나지 않는다고 말하더군요. 대신 소크라테스는 생전에 자신이 가르친 물의 지혜에 대해 말해 주겠다고 했어요. 사실 그것도 물어보려던 참이었답니다.

"사람들은 내가 불의 지혜만 가르친 걸로 알고 있어서 불의 지혜의 선구자인 줄로만 알지요. 그런데 일단 나는 주관주의를 가르친 적이 없습니다. 오히려 주관주의를 가르친 쪽은 나와 대립했던 소피스트들입니다. 고르기아스, 프로타고라스, 트라시마코스 같은 소피스트는 각자의 주관이 모두 옳을 수 있고 객관적 비교 기준 같은 건 없다고 주장했죠. 그리고 그들은 무조건 이기는 법만 가르쳤습니다. 나는 이 주장을 비판했으니 오히려 주관주의를 비판한 게 되겠지요. 나는 객관주의를 선호했습니다. 그런데 아이러니하게도 서양인이 가진 주관적 성향이 불의 지혜를 발달시키는 데 큰 역할을 했더군요. 그 원리는 이제 대강 이해가 되지만 참 신기한 일입니다. 서양인에게는 운이 좋게도 그런 에토스(성향, 습성)가 있었다니 말입니다. 그런데 내가 아직도 이해가 안되는 부분은 왜 서양인이 그걸 가지게 되었는가 하는 점입니다. 혹시 이에 대해서 프로메테우스 님께 들은 게 없습니까?"

저는 프로메테우스 님이 들려준 이야기를 해 줬어요. 프로메테우스 님이 그리스인이 잠잘 때 '자신의 관점에 집중하는 게 좋다'라고 속삭였다는 이야기 말이죠. 그리고 그러한 에토스는 로마를 거쳐 유럽으로 퍼졌다고 말해 줬어요. 이 말을 들은 소크라테스는 감탄하면서 드디어 커다란 궁금증이 해소되었다고 기뻐했어요.

그리고 소크라테스는 자신이 겪었던 일들을 이야기해 줬어요. 자신이 소피스트들과 어떤 이야기를 나눴고, 무엇을 주장했으며, 어떤 혐의로 기소를 당해 사형에 처하게 되었는지의 과정을 들려주었답니다. 덕분에 플라톤의 기록을 통해서 이미 아는 이야기 외에 좀 더 구체적인 사실과 새로운 이야기도 들을 수 있었죠. 그의 말을 듣고 나니 소크라테스가 물의 지혜를 가르쳤다는 게 이해가 되었어요. 그럼 이제부터 그 내용을 설명할게요.

◆━━━━━◆

'소크라테스' 하면 대부분 사람이 '너 자신을 알라'라는 격언을 떠올리죠. 그런데 이 말은 소크라테스가 한 말이 아니라 아폴론 신전의 기둥에 쓰여 있던 격언이었어요. 그러니까 당시 그리스인 가슴 속에는 이미 새겨져 있던 말이었죠. 그런데 왜 이 격언이 소크라테스 사상의 핵심처럼 알려진 걸까요? 제가 만난 소크라테스는 이것부터가 불만이었어요. 그는 자신의 철학은 그것보다는 오히려 그 옆 기둥에 쓰여 있던 '지나치지 말라(Meden Agan)'는 격언에 더 가깝다고 말했어요. 'Meden Agan'이라는 말은 '중용'과 비슷해요. 너무 욕심부리지 말고, 너무 자신만만해하지 말라는 의미예요.

소크라테스의 철학이 '너 자신을 알라(Gnothi Sauton)'라고 알려진 데에도 이유가 있긴 해요. 이는 다음의 일화와 관련이 깊어요. 소크라테스는 사람들과 철학적인 대화를 즐겼는데, 대개 그 궁극적인 목표는 '아는 게 없다는 것, 즉 지혜롭지 못하다는 걸 스스로 깨닫게 해 주는 것'이었어요. 혹시 이 목표가 오만해 보이나요? 마치 상대방보다 자신이 잘났다는 걸 증명하는 것처럼 들리나요? 결코 그렇지 않아요. 소크라테스는 스스로 '나는 아는 게 없고 지혜롭지 않다'라고 생각한 사람이었어요. 이러한 생각은 당시에 위세를 부리던 소피스트들과 극명하게 대비되는 점이자 소크라테스의 훌륭한 점이었어요.

이러한 일화로 인해 '너 자신을 알라'라는 격언은 소크라테스의 사상을 함축하는 것으로 알려졌어요. 사실 '너 자신을 알라'라는 격언 자체의 해석도 상당히 난해하답니다. 어떻게 보면 '겸손하라'라는 말 같기도 하죠. 그런데 다른 기둥에 쓰여 있던 '지나치지 말라 (Meden Agan)'라는 말보다 '너 자신을 알라'가 유명해진 건 이 격언이 서양철학의 주류인 불의 지혜와 주관주의에 좀 더 가깝기 때문일 거예요. 즉, 거기에는 '자신에게 주목하라'라는 뜻이 담겨 있는 거죠.

그런데 소크라테스 식의 대화가 생겨나게 된 데에는 한 계기가 있었어요. 꽤 재미있는 이야기인데 참고로 이 일화는 플라톤의 기록(『소크라테스의 변명』)에 담겨 있어요. 그리고 일반적으로 역사적 사실로 여겨져요.

아테네에서 약간 떨어진 델포이라는 지역에는 아폴론 신을 모시는 신전이 있었어요. 신전 중앙에는 유황 가스가 나오는 구멍이 있는데, 고민을 의뢰하는 사람이 있을 경우 여자 사제가 그 유황 가스를 마시고 환각 상태가 되어 이상한 말을 하면 해석 전문 사제가 그것을 해독해요. 이것을 신탁이라고 하는데 델포이의 신탁은 매우 유명해서, 역사를 바꾼 여러 신탁도 여기서 나왔어요. 의뢰자의 질문에 신탁은 주로 미래 예언과 같은 답을 해 주죠. 아폴론 신은 가장 지혜로운 신이라서 가장 올바른 답을 해 주는 걸로 유명했어요.

어느 날, 소크라테스의 친구 카이레폰이 소크라테스보다 지혜로운 자가 있는지를 신전에 물어봤어요. 그랬더니 소크라테스보다 지혜로운 자는 아무도 없다는 신탁이 내려졌어요. 이 소문은 널리 퍼졌죠. 소크라테스는 그 이야기를 듣고 정말 이상하다고 생각했어

델포이의 아폴론신전과 아폴론 조각상

요. 그는 자신이 아는 게 없고 지혜롭지 않다고 생각하고 있었거든
요. 그래서 그는 당시에 지혜롭다고 소문난 사람들을 찾아다니기
시작해요. 자신보다 지혜로운 자가 있는지 알고 싶었거든요. 소크
라테스는 상대방이 정말로 알고서 말하는 것인지를 알아내기 위해
꼬치꼬치 캐묻는 대화법을 택했어요. 그런데 이러한 대화를 해 나
갈수록 그들은 단지 아는 척만 했을 뿐 진정으로 아는 것이 아니라
는 사실을 알게 되었어요. 결국 소크라테스는 다음과 같은 결론을
내렸어요. '아, 저 사람들은 아는 게 없으면서도 아는 게 없다는 그
사실을 모르지만, 나는 아는 게 없다는 사실을 안다는 점에서 더
낫구나.' 이런 결론을 내리고 나서 '자신이 아는 게 없다는 사실을

안다는 것'이 지혜롭다는 걸 깨달았죠. 신탁의 의미가 바로 그것이라는 걸 깨달았던 거예요.

그런데 상대방이 아는 게 없다는 걸 캐내는 대화법은 자칫 상대방을 깎아내리는 오만한 태도처럼 보이고, 상대방의 기분을 상하게 할 수 있어요. 결국 소크라테스는 이러한 대화법 때문에 억울하게 기소가 돼요. 죄목은 신을 믿지 않고 미신을 퍼뜨리며, 청년들을 타락시킨다는 거였어요. 소크라테스 아폴론의 신탁을 올바르게 해석하고자 노력했을 뿐이기에 매우 억울했어요. 그는 법정에서 그렇게 항변했지만, 배심원들은 그의 말에 귀 기울이지 않았어요. 결국 그는 사형 판결을 받죠. 당시에는 사형 판결을 받고도 집행 전에 죄수가 도망가는 경우가 종종 있었어요. 소크라테스도 도망칠 기회가 있었어요. 하지만 그는 보다 큰 가치를 지키기 위해서 그러지 않았을 뿐만 아니라 친한 사람들의 만류에도 불구하고 사약을 마셨죠. 그가 생전에 사후세계를 믿었기 때문에 그런 선택을 했는지도 모르지만요.

소크라테스의 대화법은 '산파술'이라고 알려져 있어요. 이것은 자기 안에 숨어 있는 진리를 끄집어내어 스스로 깨닫도록 옆에서 도와준다는 뜻이에요. 그런데 그 '진리'란 어떠한 것일까요? 자연의 법칙이나 기술과 같은 명시적이고 '작은 단위'의 진리일까요? 아마도 아니겠죠. 그런 많은 지식이 자기 안에 이미 담겨 있다고 보기는 어려울 거예요. 가끔 수학이나 논리에 관한 앎을 도출해 내는 경우가 있지만, 대개 소크라테스가 궁극적으로 끄집어내려고 한 것은 '나는 아는 것이 없다'라는 진리였어요. 이 진리를 '무지(無知)의 지(知)'라고 해요.

———————◆———————

'무지의 지'는 소크라테스의 핵심 사상 중 하나예요. 그것은 소크라테스가 평소에 가장 중요하게 여겼던 삶의 지표이기도 하죠. 그런데 '무지의 지'에 대한 해석은 상당히 난해해요. 그는 과연 무엇을 가르치려고 했던 것일까요? 그는 '무지'를 어떻게 보았던 것일까요? '무지'란 좋은 것일까요, 나쁜 것일까요? 나쁘다고 생각하기 쉽지만 문제가 그렇게 간단하지만은 않아요.

인간은 누구나 아는 부분과 모르는 부분이 있어요. 불의 지혜는 자신의 주관에 집중하고 외부의 것과 구분하게 함으로써 아는 것과 모르는 것을 확실하게 구분하죠. 다시 말해 아는 것에 대해서는 '확신'을 가지게 하고, 모르는 것에 대해서는 '확실하게' 모른다고 가정하게 해요. 그리고 자신(인간)이 현재 모르는 것이 많더라도 노력하면 나중에는 최대한 많이 알 수 있을 것이라고 가정하게 하죠. 그러면 '자신이 모른다는 것을 깨달으라(무지의 지)'는 소크라테스의 가르침은 과연 이러한 경향을 지지하는 것일까요? 과연 이 가르침이 아는 것과 모르는 것에 대해 확신을 가지라는 이야기일까요? 그리고 현재는 모를지라도 미래에는 알게 된다는 지성의 '낙관론'을 포함하는 것일까요?

'무지의 지'에 대해 제가 나름대로 정리한 첫 번째 해석은 '자신이 현재 안다고 믿는 것도 확신하지 말고, 자신의 앎에 항상 겸손하며, 인간 지성의 힘에 대해서도 낙관하지 말라'는 거예요. 이건 물의 지혜에 적절한 해석이죠. 두 번째 해석은 불의 지혜에 적절한 것으로 '자신이 아는 것과 모르는 것을 먼저 확실히 구분한 뒤, 모르는 부분은 확실히 모른다고 하고, 아는 부분에 대해서는 확신을 가지라. 그리고 현재 모르는 것도 나중에 알 수 있다는 희망을 가지라'는 거예요. 과연 둘 중에 어느 해석이 더 적절할까요?

철학과 인문학에서 '해석'을 할 때에는 시대적인 필요성에 따라 강조하는 면이 다를 수도 있어요. 불의 지혜를 숭상한 서양의 많은 학자들은 이것을 불의 지혜에 적합하게 해석했어요. 소크라테스가 불의 지혜의 원류임을 가정하고 그에 맞게 해석한 거죠. 그래서 '무지의 지'를 '모르는 것과 아는 것을 확실히 구분하라'는 뜻으로 받아들였어요. 그리고 소크라테스의 깨달음(무지)은 당시에 학문이 발전하지 않아서 실제로 사람들에게 과학적 지식이 적었기 때문이라고 보았어요. 그들은 지성이 계발되면 그 '무지'는 사라질 수 있다고 본 거죠. 즉, 그들은 지성에 대한 궁극적인 '낙관론'을 믿었고 그 믿음이 소크라테스에게로 투영된 거예요.

불의 지혜에 적합한 이러한 해석은 이후 점차 서양 사회로 퍼지게 되었어요. 니체는『비극의 탄생』에서 소크라테스를 '이성적 낙관주의자'라고 칭하고, 지식욕의 화신처럼 보았어요. 그를 이성주의(불의 지혜)의 선구자로 본 거죠.

소크라테스는 자신이 무지하다는 것을 깨달음으로써 가장 현명한 사람이 되었어요. 그리고 자신이 무지하다고 믿는 것이 현명하다고 가르쳤어요. 어떻게 생각하세요? 자신에 대한 믿음이나 지성에 대한 낙관론보다는 오히려 '자신을 너무 믿지 말라' 또는 '인간의 지성을 너무 믿지 말라'는 뜻을 담고 있는 것 같지 않나요? 이렇게 자신을 믿지 않는 지혜는 물의 지혜라고 볼 수 있죠.

불의 지혜에서는 '무지'를 절대적으로 나쁜 것으로 여기고 없애야 할 것이라고 봐요. 정말 그럴까요? 어쩌면 무지함 그 자체가 쓸모 있고 지혜로운 것은 아닐까요? 인간이 '결코' 알 수 없는 그 무언가가 있다고 해 보세요. 그렇다면 아무리 과학이 극도로 발전한 시대라고 하더라도 모름을 인정하는 게 올바르고 지혜로운 거라고 할 수 있어요. 즉, 지성에도 한계가 있다면 그것을 인정하는 것이 좋다는 거예요. 왜냐하면 실제로 알 수 없다면 모른다고 생각해야 올바른 것이기 때문이죠. 그래서 소크라테스의 '나는 아는 것이 적다'라는 철학은 어쩌면 인간의 영원한 진리이자 지혜인지도 몰라요. 당시 시대적으로 과학과 학문이 발전하지 않아서, 즉 지식의 양이 적어서 그런 말을 한 게 아니라는 것이죠.

이런 해석을 말하면, 불의 지혜의 편에 선 사람들이 상당히 불편하게 생각할지도 몰라요. 왜냐하면 그들, 특히 극단적인 사람은 인간의 앎에 대한 무한한 가능성을 믿는 사람들이거든요. 하지만 소크라테스가 인간 지성의 힘을 낙관한 것으로 보이는 기록은 눈에 띄지 않아요. 그보다는 인간 지성의 오류를 깨닫고 겸손하라는 가르침이 더 많죠. 그것에 대한 결정적인 증거는 소크라테스가 법정에서 진술한 변론이에요. 그는 변론에서 신탁의 뜻은 '결국 신만이 지혜롭고, 인간은 너무나 보잘것없는 존재이다', '인간의 지혜는 거의 가치가 없다'일 것이라고 진술했어요. 그는 이 말을 더 좋은 판결을 받기 위해 임기응변으로 한 것일까요? 아니면 종교적 신념에 따라 한 발언일 뿐일까요? 만약 그의 말이 진심에서 우러나온 것이라면 그의 생각은 불의 지혜에 역행하는 거예요. 따라서 그의 변론은 불의 지혜의 관점에서는 아무 의미와 가치가 없는 말처럼 여겨져요. 그래서 '모르는 것이 지혜롭다'는 물의 지혜에 해당하는 해석은 무가치하게 취급되고, 이제까지 언급도 되지 않았죠.

불의 지혜의 편에 선 어떤 사람은 이러한 해석이 소크라테스가 제시한 또 다른 가르침과 어긋난다고 생각할지 몰라요. '덕이란 앎이다'라는 가르침 말이에요. 하지만 덕과 앎이 같다고 해서 인간이 모든 것을 다 알 수 있다는 걸 함의하지는 않죠. 특히 소크라테스가 말한 '앎'이란 지식의 습득을 말하는 것이 아니라 '지혜'를 말해요. 그 지혜란 삶의 좋은 철학이나 기술과 같은 것으로서, 불의 지혜뿐만 아니라 물의 지혜도 포함하는 것이죠. 즉, 자신이 알 수 없는 것이 있다면 그것을 인정하고 겸손한 마음을 갖는 것이 진정한 앎일 수 있어요. 소크라테스는 저에게 이렇게 말했어요.

"나는 그 신탁을 전해 듣고 처음에는 황당했습니다. 나는 내가 아는 게 적고 그다지 지혜롭지도 않다고 생각하는데, 어떻게 내가 세상에서 가장 지혜로운 사람이라고 하는 걸까요? 그래서 나는 지혜롭다고 이름난 사람을 찾아다녔습니다. 몇 명과 대화를 해 보고 나니 그들도 그다지 지혜롭지 않다는 생각이 들었죠. 그때 어렴풋이 이런 생각이 들었습니다. 인간의 지혜는 보잘것없고 신만이 지혜롭다, 나는 그것을 알기 때문에 지혜롭다고 한 게 아닐까? 그 후로 나는 스스로 지혜롭다고 생각하는 사람들에게 그들이 정말로 지혜로운 건 아니라는 사실을 깨닫게 해 줬습니다. 지혜에 대한 자만과 오만을 없애는 것이 신의 뜻이라고 생각했기 때문입니다. 내가 의도한 것은 그것뿐이었습니다. 나는 저승에 와서 어렵게 아폴론 님을 만날 수 있었습니다. 나는 신탁의 의미가 무엇인지 물었습니다. 그랬더니 역시나 내 해석이 맞더군요. 아폴론 님은 내가 인간의 한계와 스스로의 한계를 알고 오만하지 않았기 때문에 지혜로운 자가 되었다고 말했습니다. 그런데 서양의 후손들은 내가 생각한 무지에 새로운 해석을 만들어서 붙이더군요. 나는 무지를 완전히 나쁘다고 보지 않았고, 인간의 지성에 대해 그리 낙관하지도 않았습니다. 하지만 몇몇 사람은 나를 지성에 대한 낙관주의자처럼 여깁니다. 하지만 그건 불의 지혜에 맞추어 편향적으로 해석했기 때문입니다. 그러한 해석은 내가 가르친 물의 지혜를 완전히 매장해 버리는 것이죠. 나는 인간이 자신의 무지함을 인식할 때 지혜롭다고 가르쳤습니다. 이 말에는 다른 해석이 필요 없습니다. 말 그대로 받아들이면 됩니다. 이는 그 당시에 과학적인 지식이 적었기 때문에 한 말이 아닙니다. 이것은 아무리 똑똑한 사람이라도 가져야 할 지혜이자 인간에게는 영원한 진리입니다."

진실을 밝히는 물의 지혜를 찾아서

'무지의 지'에 물의 지혜가 담겨 있다는 설명을 듣고, 이런 의문이 떠올랐어요. 그렇다면 무지를 좋은 것으로 봐야 하는 걸까요? 그런 생각은 부작용을 낳을 것 같았죠. 이를 물어봤더니 소크라테스는 이렇게 대답했어요.

"그 말은 오해를 낳기 쉽겠군요. 정확히 말하면 '자신이 모른다는 것을 아는 것'이 좋습니다. 그것도 뭔가를 '아는 것'이니까 지혜이지요. 인간이 모른다는 건 두 차원으로 생각할 수 있을 겁니다. 개인 스스로가 자신이 모른다고 생각하는 것과 인간 전체가 모른다는 것. 아마도 전자에 대해서는 대다수 사람이 동의할 것 같습니다. 인간 전체의 지식을 개인이 모두 안다는 건 불가능한 일이니까요. 하지만 저는 개인뿐만 아니라 인간 전체에 대해서도 무지의 지가 적용된다고 봅니다. 사람은 누구나 자신만의 관점이라는 한계가 있습니다. 그렇기 때문에 아무리 대단한 사람이라도 '부족하다'는 생각을 늘 가지고 겸손해야 합니다. '부족하다'는 말은 더 알기 위한 동기 부여의 역할도 하지만, 결코 완벽할 수 없는 인간의 한계를 뜻하기도 합니다. 만약 인류의 지적 능력에 한계가 없다면, 헤겔의 생각처럼 어쩌면 개인의 정신은 무한히 발전해서 최종적으로 모든 것을 아는 경지에 이를 수도 있겠죠. 하지만 인간(인류)의 능력에는 한계가 있습니다. 때문에 아는 것은 '영원히 부족하고', 개인의 주관은 아무리 발전하더라도 아는 것이 적을 수밖에 없습니다. 그러므로 그것을 인지하고 인정하는 것이 보다 올바른 지혜입니다. 그래야만 더욱 잘 살 수 있고 행복해질 수 있습니다."

그러면 소크라테스는 인간이 얼마나 알 수 있고, 또 어떤 부분을 알 수 없는지 그 한계 구간을 알고 있는 것일까요? 제가 물어보자 소크라테스가 대답했어요.

"음… 생전에 나는 다만 스스로를 무지하다고 생각했고, 인간의 지적 능력에 대해서도 겸손하게 생각했었지요. 당연히 당시에는 인간이 아는 게 얼마나 늘어날지 알지 못했죠. 제 예상보다 인간은 현재 아는 게 굉장히 많아졌습니다. 하지만 여전히 모르는 것이 많고, 영원히 알지 못할 부분도 있습니다. 그러므로 인간은 오만해서는 안 됩니다. 오만함은 인간에게 오히려 해를 끼칠 것입니다. 과학과 기술에 대한 무한한 긍정은 오히려 인간을 오류에 빠뜨리고 파괴할 수 있습니다. 과학과 인간 지성의 한계점에 관해 나도 이제는 어렴풋이 알고 있기는 하지만, 나보다는 고대 중국의 사상가였던 노자가 더 잘 알고 있습니다. 저승에 있는 노자를 만나서 그가 가르친 물의 지혜를 들어 볼 필요가 있을 겁니다. 동양의 사상가들은 서양과 달리 주로 물의 지혜를 가르쳤습니다. 공자와 석가도 만나 보면 좋겠지만, 한 사람을 꼽자면 노자가 가장 큰 도움이 될 겁니다.”

소크라테스의 가르침에 물의 지혜가 담겨 있다는 점은 이해되었지만, 저는 단지 그것만을 듣기 위해 온 것이 아니었어요. 프로메테우스 님은 저를 소크라테스에게 보내면서 불의 지혜의 부작용을 치유할 수 있는 물의 지혜를 인간에게 잘 설명할 수 있을 정도로 알아오라고 하셨어요. 소크라테스는 그러한 지혜를 갖고 있으니 그것을 설명할 수 있을 거라고 하셨죠. 제가 소크라테스에게 이런 사정을 이야기했더니 그가 말했어요.

“지금 사람들이 이해할 수 있도록 물의 지혜를 설명해야겠군요. 과거의 방식이 아니라 현재의 방식으로 말이지요…. 그런데 지혜란 단지 지식이 아니라 습관과도 같은 것이므로 그것의 매뉴얼을 만드는 건 쉽지 않은 일입니다. 더구나 물의 지혜라면…. 알다시피 나는 이제 인간에게 새로운 가르침을 줄 수 없는 입장이다 보니 그동안 그걸 만들 생각을 하지 못했습니다. 그런데 프로메테우스 님이 이번에 또다시 인간에게 도움을 주고자 한다니 저도 물론 돕고 싶습니다. 그런데 당장은 답이 떠오르지 않네요. 생각할 시간이 필요합니다. 이 답을 얻기 위해서는 나의 지식만이 아니라 인류가 현재까지 얻은 지식을 모두 살펴보아야 할 것 같습니다. 그래서 내가 그것을 살펴보고 생각을 정리할 동안에 당신은 노자를 만나서 물의 지혜에 대해 들어 보는 건 어떻겠습니까? 그 후에 다시 만나도록 하지요.”

저는 소크라테스와 다음에 만날 약속을 하고, 노자를 찾아가서 대화를 나눴어요. 그 이야기는 다음 장에서 자세히 할게요. 노자와의 대화를 하면서 인간의 오만함이 어떤 문제를 일으키는지를 알게 되었고, 물의 지혜가 지닌 장점에 대해 많은 것을 알게 되었어요. 하지만 불의 지혜가 지닌 부작용을 치유할 구체적이고 실천적인 방안을 얻지는 못했죠.

◆────────◆

약속된 시간이 되어 저는 다시 소크라테스와 만났어요. 제가 좋은 생각이 떠올랐는지 물어보자 소크라테스가 미소를 지으며 말했어요.

“나는 근본부터 다시 생각해 봤습니다. 나는 생전에 지혜로운 것이 행복한 상태라고 생각했습니다. 그것은 진실을 아는 것이 행복하다는 말이죠. 즉, 올바른 것을 올바르다고 알고, 틀린 것을 틀리다고 알고, 무지한 상태를 무지하다고 아는 것이 지혜로운 것이고, 행복한 것이라고 말입니다. 적어도 나는 그렇게 생각했습니다. 그런데 신탁을 통해 알게 된 나의 '무지의 지'가 과연 내가 생각했던 행복과 같은 것인지가 우선적인 문제였습니다. 신탁에 따르면, '인간은 무지하다'는 것을 아는 게 지혜로운 것인데, 그러면 그 지혜를 얻으면 행복해질까요? 인간이 무지하다는 건 제가 아는 한 진실입니다. 아폴론 님은 내가 진실을 알기 때문에 지혜롭다고 말한 것입니다. 그 후 두 가지 가능성이 떠올랐습니다. 인간이 진실을 아는 것은 행복을 수반한다는 것, 또 하나는 인간이 진실을 아는 것이 지혜롭긴 하지만 행복하지 않을 수 있다는 것. 그런데 프로메테우스 님이 물의 지혜를 알리고 싶어 한다는 말을 듣고, 한쪽으로 기울기 시작했습니다. 프로메테우스 님은 인간을 사랑하기 때문에 인간이 행복해지길 원할 겁니다. 그래서 물의 지혜를 주려고 하는 것이겠지요. 따라서 역시나 인간이 진실을 아는 것은 행복해지는 것과 같다는 저의 믿음은 옳았습니다."

저는 이 말을 듣고 인간의 행복이 어떠한 것인지 조금은 알 것 같았죠. 아마도 인간은 진실을 알면 행복해지나 봐요. 적어도 프로메테우스 님은 진실과 무관한 가상적인 행복이 아닌 진실을 알게 함으로써 행복을 느끼게 해 주려고 했던 것 같아요. 그런데 왜 인간은 진실을 알면 행복해질까요? 진실을 알면 행복해지는 호르몬이 분비되기라도 하는 걸까요? 소위 지적인 만족감 때문일까요? 저는 이걸 물어봤고 소크라테스가 대답했어요.

"물론 지적인 만족감이란 것도 있죠. 하지만 진실이 주는 장점은 그것을 알면 그것을 활용해서 보다 잘 살 수 있기 때문에 행복해진다고 보는 쪽이 맞을 겁니다. 그건 불의 지혜로 인간이 잘살게 되는 이치와 마찬가지입니다. 인간은 불의 지혜를 통해서 진실과 진리를 찾고 과학과 기술을 개발해서 삶이 풍족해졌습니다. 그리고 상당히 행복해졌죠. 하지만 지금 인간은 그 부작용으로 신음하고 있습니다. 예기치 못한 고통이 커져 정신적인 혼란에 시달리고 있죠. 그래서 사람들은 그것을 해소하려고 여러 가지 대안을 찾고 있습니다. 기분이 좋아지는 환각제를 찾기도 하지요. 그것이 진정한 행복일까요? 생각해 보니 그러한 현대인의 고통도 결국 진실을 알지 못하기 때문에 찾아온 고통입니다. 물론 진실만 알면 곧바로 행복한 삶을 살게 된다는 것이 아니라 진실을 잘 찾는 '지혜'가 행복의 원천이라는 겁니다. 불의 지혜는 특정 분야의 진실을 잘 찾게 해 줍니다. 하지만 불의 지혜만으로는 부족합니다. 불의 지혜에는 자신의 관점에 집중하게 하는 일방향적인 특징이 있기 때문입니다. 이럴 경우에는 자신의 관점 너머에 있는 진실을 찾을 수 없습니다. 인간의 관점은 한계가 있어 아무리 천재라고 해도 자신의 관점 안에서 모든 진실을 알 수는 없습니다. 항상 바깥에도 진실이 존재합니다. 만약 그것을 무시하면 자신의 관점만이 옳다고 여기고, 그건 거짓을 진실이라고 믿는 오류를 낳습니다. 물의 지혜는 자신이 지닌 관점의 틀을 깨뜨리고, 그 너머에 있는 진실을 더 잘 찾을 수 있게 도와주는 지혜입니다. 인간이 그러한 지혜를 가지면 세상에 더 잘 적응할 수 있고 더 잘 살 수 있습니다. 결국 불의 지혜나 물의 지혜나 인간이 세상에 더 잘 적응하고 더 잘 살게 만드는 지혜인 것입니다. 둘 중 한쪽만 가지면 거짓을 진실이라고 믿게 됩니다. 두 지혜를 균형 있게 가져야 진실을 잘 찾게 되고, 가장 좋은 상태가 됩니다."

불의 지혜와 물의 지혜를 균형 있게 가진다는 말이 무슨 뜻이냐고 물었더니 소크라테스는 이렇게 말했어요.

"음… 그건 머릿속으로 그려 보기는 어렵겠군요. 도식적으로 그리기보다는 두 지혜의 장점만을 받아들이는 거라고 생각하세요. 불의 지혜와 물의 지혜는 따로 떨어뜨려 놓으면 각기 거짓을 낳는 부작용이 생기지만 서로 보완하면 각각의 부작용을 치유할 수 있습니다. 그래서 그 둘을 함께 가지는 것이 가장 좋지요. 균형을 맞추기 위해서 불의 지혜를 감소시킬 필요는 없습니다. 우리의 궁극적인 목적은 어떻게 하면 인간이 최대한 진실을 잘 찾게 만들 수 있는가 하는 것입니다. 물의 지혜를 받아들인다고 해서 특정 분야의 진리를 잘 찾는 불의 지혜를 축소해야 하는 것은 아닙니다. 다만 그 부작용이 어떻게 해서 일어나는지 그 원인을 찾아 제거하면 됩니다. 그것이 물의 지혜라고 볼 수 있습니다…. 불의 지혜는 자신의 관점에 집착하도록 만드는 부작용을 안고 있습니다. 반면에 물의 지혜는 자신의 관점을 억압하고 탄압하는 부작용을 안고 있지요. 불의 지혜와 물의 지혜의 조합은 그 부작용을 서로 상쇄합니다. 이것이 바로 진실을 가장 잘 찾을 수 있는 균형 있는 지혜입니다."

소크라테스에 따르면, 자신의 관점에 주목하는 불의 지혜와 자신의 관점을 깨는 물의 지혜를 모두 갖춘 지혜가 가장 거짓이 적고 진실을 잘 찾을 수 있다는 거예요. 그런데 제가 이제까지 물의 지혜의 부작용에 대해서는 많이 이야기하지 않았죠? 그건 간단한 이치예요. 자신을 믿지 못하고 타인의 말이나 기존에 널리 퍼진 생각을 믿어 버리는 태도는 헛소문이나 미신을 쉽게 믿게 만들어요. 이러면 과학이 발전할 수 없어요. 동양의 근대화가 늦은 이유가 그것 때문이에요. 다른 사람과 같은 생각이라는 편안함은 잠시일 뿐 결국 진실을 모르는 데 대한 대가를 치르죠.

반면에 불의 지혜를 위해 장려되는 주관주의는 또 다른 부작용을 낳아요. 그 주된 원리는 자신의 생각을 너무 믿게 되고, 그것은 '갇힌 사고'로 이어진다는 점이에요. 그건 타인들에게서 고립된, 혼자만의 생각에 빠지는 형태로 나타나요. 그런 사람은 항상 자신의 관점에서만 판단을 하므로 잘못된 생각에서 좀처럼 벗어나지 못해요. 그래서 그런 사람의 모습은 외부에서 바라보면 한심해 보이지만 스스로는 깨닫지 못하죠.

주관에 빠진 어떤 사람이 이런 생각을 했어요. '비 오는 날 큰 공원 둘레를 100바퀴 돌아 보자. 이건 아무도 생각 못한 일이 아닌가? 그리고 굉장한 노력이 드는 일이지. 따라서 이걸 하게 되면 아마도 많은 사람이 나를 칭찬하고 우대해 줄 거야.' 그는 비를 맞으며 한적한 공원을 걷거나 뛰어서 100바퀴를 돌았어요. 매우 힘이 들었죠. 하지만 그의 기대와는 달리 별다른 칭찬이나 좋은 대접을 받지 못했어요. 그는 큰 실망을 했고, 다른 사람이 잘못된 거라는 생각을 했어요. 이게 너무 극단적인 사례 같다고요? 정도의 차이만 있을 뿐 주관에 빠진 사람들의 모습은 이와 크게 다르지 않아요. 그들은 편향된 생각을 계속 발전시켜서 자신만의 논리를 만들고 어떤 기대를 하게 돼요. 그 기대는 이 사례와 같은 헛된 기대이죠. 그래서 주관에 빠진 사람들은 실패를 많이 겪고 불행해져요. 진실을 모르기 때문이에요.

욕구가 만드는 함정을 피하는 법

불의 지혜는 장점이 많지만, 자신의 관점에 빠지고 그것에 집착하는 부작용이 생겨요. 이제부터 그 부작용을 어떻게 하면 해소할 수 있을지가 문제죠. 그러기 위해서는 그 부작용이 생기는 원리를 알아야 해요. 소크라테스는 그 원리에 대해 이렇게 말했어요.

"불의 지혜를 추구했을 때 생기는 부작용은 자신을 너무 믿게 되다는 점입니다. 거기에는 좋은 점도 있지만, 나쁜 점도 있지요. 나쁜 점은 어디에서 비롯할까요? 인간의 심리를 분석해 본 결과,

그건 개인의 '욕구'를 너무 믿고 긍정하는 데에서 비롯합니다. 개인은 의식적이든 무의식적이든 항상 어떤 욕구를 가집니다. 그런데 욕구는 특히나 주관적인 것입니다. 그것은 어떤 방향으로든 편향되어 있지요. 문제는 공정해야 할 사고 과정까지 편향되어 버린다는 겁니다. 자신의 주관을 긍정하면, 자신의 욕구도 긍정하게 될 것입니다. 주관에는 자신의 욕구도 포함되니까요. 그런데 욕구를 너무 긍정하다 보면 그로 인해 자신이 편향된 사고를 하는지도 눈치채지 못하고, 거기서 벗어나지도 못하게 됩니다. 결국 그는 자신의 욕구에 따라 세상을 편향되게 바라보고 편향되게 해석할 것입니다. 그러면 그는 진실을 잘 찾지도, 알지도 못하게 될 겁니다."

소크라테스의 말처럼 인간의 욕구는 주관적이고 편향되어 있어요. 여기서 말하는 욕구란, 의식적이든 무의식적이든 어떤 방향을 지향하는 것을 의미해요. 그래서 그것은 편향되어 있죠. 그런데 그것이 어떻게 주관적으로, 즉 사람마다 다르게 편향성을 띨 수 있느냐고요? 그 이유는 욕구가 한 사람이 처한 상태에 의해 결정되는 것이기 때문이에요. 어떤 시점에 한 사람이 처한 상태는 고유한 것이에요. 그 사람의 기억, 몸 상태, 감정 등등은 제각각이죠. 욕구는 그러한 고유한 상태에 의해서 나타나게 돼요. 그것은 무의식적일 수도 있고 의식적일 수도 있죠. 쉬운 예로 기름진 음식을 너무 많이 먹으면 과일이나 채소를 먹고 싶다는 욕구가 생기잖아요. 그렇게 욕구는 당시 신체와 경험, 기억 등의 상태로 인해 결정되고, 상태가 다르기 때문에 사람들의 욕구도 각각 달라지는 거죠.

그런데 소크라테스가 문제를 삼는 부분은 '진실이 필요한 사고 과정'에 욕구가 개입되는 부분이었어요. 인간은 다른 사람에게 거짓말을 할 수는 있어도 자신에게는 진실하다고 생각할 거예요. 그리고 인간은 항상 진실을 알고 싶어 하죠. 인간은 진실을 알 때 올바른 생각을 할 수 있고, 성공적인 삶을 살 수 있어요. 그런데 그렇게 진실해야 할 '사고 과정'과 '인지 과정'에 욕구가 개입하는 것이 문제예요. 편향성을 가진 주관적 욕구가 사고 과정과 인지 과정에 개입하면서 편향된 생각과 인지를 하게 돼요. 그것은 주로 무의식적인 욕구로 인한 것이기 때문에 무의식적으로 개입돼요. 그리고 그것은 흔히 고통과 불행을 일으키죠.

예를 들면 어떤 제품을 사용해 보고 가진 경험과 느낌은 사실 자신만의 것인데, 모든 사람이 자신과 똑같을 거라고 믿는 경우는 흔하게 일어나는 일이죠. 그리고 자신이 겪은 어떤 인물의 한쪽 측면만 보고 그 사람의 전부를 판단하고 굳게 믿는 일도 흔해요. 곤충 마니아가 자신의 생각에 지나치게 빠지면, 자신이 곤충을 보고 느끼는 아름다움이 마치 진리인 것처럼 생각하게 돼요. 어떤 애니메이션 마니아는 다른 사람이 그 애니메이션을 봤을 때도 자기처럼 즐거움을 느낄 거라고 생각해요. 시계 마니아는 손목시계로 사람을 평가하기도 해요. 하지만 그것은 오류인 경우가 많죠. 그러한 오류를 강하게 고수하면 진실을 찾기가 어려워지고, 삶에서도 실패할 확률이 커지고 불행해질 거예요. 이렇게 주관적 욕구는 편향된 사고를 일으키는데, 주관주의는 자신의 욕구를 긍정하는 방향으로 나아가므로 이러한 성향을 강화해요.

◆────────◆

그런데 불의 지혜로 이 문제를 해결할 수는 없을까요? 즉, 많이 공부하고 많이 경험하고 최대한 이성적으로 사고하면 주관적 욕구가 만들어 내는 오류를 해결할 수 있지 않을까요? 제가 이렇게 질문하자 소크라테스가 대답했어요.

"좋은 질문이군요. 넓게 보면 공부와 앎으로 해결할 가능성도 있죠. 하하, 그러니까 당신이 책을 만들 마음을 먹은 게 아니겠습니까? 다만 물의 지혜가 아닌 불의 지혜에 따르는 식으로는 이 문제를 해결할 수 없습니다. 불의 지혜의 특징이 무엇입니까? 불의 지혜를 가지려면 주관을 중요하게 여겨야 합니다. 즉, 자신의 관점 안에 들어온 것, 자신이 확실히 경험한 것을 그 밖의 것보다 더 옳다고 여겨야 합니다. 이성적인 사고는 자신의 기억과 관점 안에서 이루어져야 합니다. 그래서 불의 지혜와 주관주의는 자신의 관점을 소중히 여기고, 그것을 진실이라고 믿도록 만듭니다. 하지만 그러고 나면 어떻게 될까요? 일단 자신의 관점 안에 어떤 것이 떠오르면 그것을 순순히 받아들일 수밖에 없습니다. 즉, 관점 안에 주어진 것을 받아들일 수밖에 없는 구조입니다. 그것이 욕구가 만든 편향된 것이어서 고치고자 해도 그 구조를 바꿀 수 없습니다. 그것을 변경하려면 관점 밖으로 나아가야 합니다. 무의식적 욕구는 관점 밖에서 작동하기 때문입니다. 그래서 불의 지혜만으로는 이 문제를 해결할 수 없습니다.”

그런데 저는 그의 말에서 이해가 안 가는 몇몇 부분이 있었죠. 먼저, 불의 지혜는 정말로 자신의 관점이 진실이라고 여기는 것일까요? 그 반례를 생각해 봤어요. 자신의 환각으로 유령을 목격했을 때, 그것을 믿는 게 불의 지혜에 가까울까요? 아니면 유령은 없다고 하는 과학지식을 믿는 게 불의 지혜에 가까울까요? 이 질문에 소크라테스가 대답했어요.

“현재의 과학은 불의 지혜의 역사적인 산물이죠. 그런데 불의 지혜가 자신의 경험과 무관하게 타인의 말을 맹목적으로 믿으라고 가르칩니까? 그건 불의 지혜가 아닙니다. 그 예를 좀 더 정확히 표현해 보죠. 어떤 사람이 잠결에 환각과 비슷한 상태에서 귀신을 딱 한 번 보았다면, 자신의 경험과 지식을 바탕으로 대개는 그것이 환각이라는 것을 깨달을 수 있을 것입니다. 그런데 그가 환각과 같은 상태가 아니라 맨 정신에서 여러 번 목격을 하고, 여러 가지 관찰 도구와 실험 도구를 사용해 확실한 검증을 했음에도 이상한 그것이 계속 관찰이 되었다고 해 봅시다. 그래서 수많은 경험을 통해 결국 그 이상한 것의 존재를 믿을 수밖에 없다면, 그것을 부정하는 '소위 과학이라 불리는 것'을 믿는 게 더 나을까요? 아니면 자신의 엄밀한 관찰과 실험 결과를 믿는 게 더 나을까요? 불의 지혜에서는 자신의 엄밀한 관찰과 실험을 믿는 게 더 낫다고 여깁니다. 지금의 과학은 그렇게 해서 발전한 것이고, 지금도 그런 식으로 해서 발전하고 있습니다. 현재 널리 퍼진 과학지식은 결과적으로 객관적이기 때문에 의심 없이 믿어도 큰 문제가 발생하지 않지만, 그것이 개인적 경험을 믿지 말라는 의미는 결코 아닙니다. 불의 지혜에서는 개인과 주관이 중요합니다."

또 다른 의문점은 이것이었어요. 욕구는 정말로 관점 밖에 존재하는 걸까요? 왜 꼭 자신의 관점 밖으로 나아가야만 그 욕구를 제어할 수 있는 것일까요? 이러한 질문에 소크라테스는 기다렸다는 듯 말하기 시작했어요.

"왜냐하면 불의 지혜에 따르면 모든 판단의 근거를 자신의 관점 안에서 찾아야 하기 때문입니다. 그런데 자신의 욕구를 제어할 근거를 자신의 관점 안에서 제대로 찾을 수 있을까요? 그 관점의 내용을 만든 원인(주체)이 바로 자신의 욕구인데 말입니다. 그래서 자신의 관점 안에서만 근거를 찾으라는 불의 지혜는 욕구를 잘 통제할 수 없습니다. 거기에서는 통제할 근거를 찾을 수 없으니까요. 주관에 따라 자신의 욕구를 긍정하게 되고, 자신의 관점 안에서 떠오른 생각과 경험을 모두 받아들일 수밖에 없는 것입니다. 그러한 사고는 결국 외부로 나아가지 못하고 '닫혀 있게' 되고, 외부의 힘에 적절히 대응하지 못하게 됩니다. 불의 지혜를 엄격하게 적용하고 받아들이면 이런 문제가 발생합니다. 물의 지혜 성향, 즉 자신의 관점을 깨뜨리는 성향이 부족한 사람은 이런 문제를 겪습니다. 그들은 자신의 욕구를 그저 받아들이고 그것을 통제할 능력을 상실하기 때문에 갇힌 사고에서 좀처럼 벗어날 수 없습니다…. 참고로 쇼펜하우어의 이야기를 들려 드리죠. 쇼펜하우어는 왜 염세주의자가 되었을까요? 만약 삶 전체가 결국 자신의 관점일 뿐이라는 '서구식 세계관'을 가지면, 인간은 아무리 해도 욕구의 노예에서 벗어날 수 없다는 결론이 내려져 삶은 암울해집니다. 쇼펜하우어는 이성과 불의 지혜를 통해서는 그것을 극복할 수 없다는 것을 깨달았습니다. 결국 그가 찾은 대안은 불교에서 가르치는 '비움', 즉, 욕구의 소멸이었습니다(제3장을 참조)."

불의 지혜는 닫힌 시스템을 만들고, 그것을 깨는 일은 쉬운 일이 아닌 것 같아 보였어요. 물의 지혜는 그 시스템을 깨뜨리고 밖으로 나아가는 지혜이죠. 그런데 자신의 주관을 소중히 여기는 사람들은 그것을 두려워할 거예요. 그것이 스스로를 부정한다고 생각할 것이고, 알 수 없는 외부의 것을 받아들이도록 하는 것처럼 느껴져서 비이성적이라고 생각할 수 있어요. 하지만 그들은 주관의 욕구가 스스로에게 나쁜 결과를 많이 생성한다는 사실을 알아야 해요.

◆────────◆

저는 소크라테스에게 이 문제의 해결책을 물어봤어요. 불의 지혜만으로는 깨뜨릴 수 없는 관점의 틀을 깨뜨릴 수 있는 물의 지혜란 대체 무엇이냐고 말이죠. 소크라테스가 대답했어요.

"아폴론 님은 아마도 내가 불의 지혜와 물의 지혜를 균형 있게 가졌기 때문에 가장 지혜로운 자라고 말했을 겁니다. 그런데 당시에 내가 가졌던 물의 지혜는 말로 설명하기가 어려운 개념입니다. 당시에는 다만 '나는 아는 것이 없고 지혜롭지 않다'는 생각을 지니고 있었을 뿐이었죠. 그래서 나 자신을 그다지 믿지 않았습니다. 하지만 '자신을 믿지 말라'는 가르침이 해결책이 될 수 있을까요? 그것을 현대인에게 그대로 적용하기에는 무리가 있을 겁니다. 그것은 자신을 믿음으로써 얻어지는 불의 지혜의 장점을 줄어들게 만들 테니까요. 지금 프로메테우스 님이 원하는 물의 지혜는 그런 것이 아닐 겁니다. 불의 지혜의 부작용만 골라서 제거하는 물의 지혜가 필요합니다. 따라서 우리는 불의 지혜 중에서 어떤 부분이 좋은 점이고, 어떤 부분이 나쁜 점인지를 가려내야 합니다."

소크라테스는 잠시 숨을 고른 뒤 다시 말하기 시작했어요.

　"불의 지혜는 자신을 믿는 지혜라고 할 수 있고, 물의 지혜는
자신을 믿지 않는 지혜라고 할 수 있습니다. 이것을 어떻게 하
면 모순 없이 합칠 수 있을까요? 의외로 답은 어렵지 않게 나올
것 같습니다. 자신의 관점 안에서 믿으면 좋은 것이 있고, 믿으면
좋지 않은 것이 있습니다. 자신의 관점 안에서 진실을 찾음으로
써 불의 지혜가 발달하지만, 자신의 관점이 모두 진실(올바른 것)
은 아닙니다. 그럼 어떤 부분이 진실일까요? '욕구의 영향을 가급
적 적게 받는 부분'이 진실에 가깝습니다. 욕구의 영향을 많이 받
는 부분은 진실과 거리가 멀지요. 주관이 오해와 오판을 불러일
으키는 건 자신의 주관적 욕구 때문입니다. 주관적 욕구는 편향
된 생각과 독단을 만들죠. 하지만 자신이 지닌 관점 모두에 주관
적 욕구가 개입된다고 볼 필요는 없습니다. 어찌 보면 경험 자체
가 전부 어떤 욕구 때문이라고 볼 수도 있겠지만, 적어도 '주관적
이고 개인적인' 욕구가 많이 개입된 부분과 그것이 거의 개입되지
않은 부분은 존재하니까요. 그것이 '표상'과 '지각'이라는 부분입
니다. 간단히 구분하자면 전자는 마음속에 떠오르는 것이고, 후
자는 눈에 보이는 것입니다[주 : 그 밖의 감각도 포함한다]. 그런데
염세주의자인 쇼펜하우어는 주관의 경험이 '표상'으로 이루어져
있다고 생각했지요(제3장과 『의지와 표상으로서의 세계』를 참조). 그
것은 주관적 욕구가 많이 개입된 경험입니다. 하지만 개인의 경험

안에는 그런 것만 있는 것이 아닙니다. 주관적 욕구가 적게 개입되는 '지각'의 경험도 있습니다. 이마누엘 칸트는 그러한 지각이 어떻게 해서 객관적이고 공통적인 성질을 갖는지를 설명했습니다(제3장과 『순수이성비판』을 참조). 그러한 개인적인 지각을 믿을 때, 과학의 발전은 가능해지고 불의 지혜도 발전합니다(제3장을 참조). 우리가 알아야 할 점은 '지각'과 '표상'이 모두 경험의 일종이기는 하지만, 엄연히 다르다는 점입니다. 현대에 이르러 인지과학이 발달하면서 사람들은 그 구분을 잘 할 수 있게 되었습니다[주 : 이에 대해 자세한 설명은 에필로그에서 설명한다]. 지각이 외부의 대상을 직접 받아들이는 수동적인 역할이 강하다면, 표상은 자기 안에서 구성적으로 만들어 낸 경험입니다. 그래서 표상은 주관적 욕구의 영향을 많이 받습니다. 반면에 지각 내용에는 주관적 욕구가 거의 개입되어 있지 않을 것입니다. 만약에 조금 개입되어 있다고 할지라도 표상에 비하면 현저히 적을 것입니다. 결론적으로 인간이 자신의 관점 안에서 어떤 것을 믿어야 한다면 지각을 믿어야 한다고 말할 수 있습니다. 표상은 믿을 만한 것이 못 됩니다. 욕구가 강하게 개입되어 편향성을 갖기 때문입니다."

소크라테스는 관점 안의 경험을 두 종류로 구분했어요. 그리고 한 종류는 믿을 만하므로 긍정하고, 다른 한 종류는 믿지 말라고 말했죠. 그건 '지각'과 '표상'이라고 말할 수 있어요. 그걸 좀 더 설명해 볼게요. 경험에는 두 종류가 있는데, '외부에서 받아들이는 경험'

과 '내부에서 만드는 경험'이죠. 전자는 믿을 만하고, 후자는 믿을 만하지 않아요. 외부에서 받아들이는 경험은 자신의 주관적 욕구가 (거의) 포함되지 않은 것이고, 내부에서 만드는 경험은 자신의 주관적 욕구가 많이 개입돼요. 그것을 '표상'이라고 하죠. 제1장에서 관점의 두 가지 종류에 대해 말한 적이 있는데, 그 두 가지가 이제 다시 등장했어요. 물론 그 두 가지는 모두 '자신만이 가지는 관점'이에요. 지각은 자신의 물리적 위치의 고유성으로 인해 자신만의 경험이 되고(1인칭 관점의 시각 구도를 생각해 보세요), 표상은 자신의 기억과 감성, 성격 등을 바탕으로 자신만의 경험이 돼요.

'표상'이 여러분에게 어려운 개념으로 느껴질 수 있어서 덧붙여 설명해 볼게요. 표상은 '마음속에 떠오르는 것들'이라고 보면 돼요. 제1장에서도 말했듯이 표상은 자신이 가진 기억에서 불려나와 떠오르는 거예요. 그런데 각자의 기억과 그것을 불러내는 방식이 개인적이고 주관적이죠. 예를 들어 '나비'의 구체적인 모습을 마음속에 떠올려 보세요. 무언가 떠올랐다면, 그것이 표상이에요. 나비 애호가나 곤충 수집가들은 매우 다양한 나비가 떠오를 것이고, 기분도 좋아질 거예요. 반면에 평범한 사람은 몇 종류의 나비밖에 떠오르지 않고, 과거에 징그러운 모양의 나비를 보고 놀란 기억이 있는 사람이라면 기분도 나빠질 거예요. 패션디자이너는 옷에 프린트된 나비 문양이나 나비 모양 장신구가 연이어서 (거의 자동적으로) 떠오르기도 하겠죠. 그런데 자신이 떠올린 표상이 진리나 진실이라고 말할 수 있을까요? 그것을 너무 믿으면 주관에 빠지고, 자기 외부의 진실을 찾기 어려워져요. 소통도 어려워지죠. 자신의 표상을 강하게 믿으면 독단을 형성하기 쉬워요. 즉, 혼자만의 잘못된 생각에 빠지게 되죠.

저와 소크라테스는 개인적 관점 중에 믿을 만한 관점과 믿지 말아야 할 관점에 이름을 붙이기로 했어요. 믿을 만한 관점은 지각과 같아서 외부와 관련성이 커요. 그리고 물리적인 위치와 시간으로 인해서 자신만의 것이 되죠. 우리는 상의 끝에 그것을 '앵글(angle)적 관점'이라고 부르기로 했어요. 물리적 각도(angle)가 만드는 관점이라는 의미이죠. 앵글적 관점은 진실에 가깝기 때문에 믿어도 좋아요. 믿지 말아야 할 관점은 표상과 같은 것인데, 자신의 주관적 감성과 욕구가 깊이 개입하고 마음속에 떠오르는 것이에요. 그건 '도그마(dogma)적 관점'으로 부르기로 했어요. 그것은 편향으로 인한 독단(도그마)을 낳아요. 때문에 그것에 갇혀서는 안 되고, 깨뜨리고 밖으로 나아가야 하죠.

그런데 한 가지 의문이 생겼어요. 표상을 믿지 않는다면 대체 생각은 어떻게 해야 하는 걸까요? 생각은 표상으로 이루어지는 게 아닌가요? 이에 소크라테스가 대답했어요.

"물론 표상을 만들지 않을 수는 없습니다. 인간은 항상 생각을 해야 하고, 그것은 표상을 떠올리는 것이지요. 상상할 때뿐 아니라 인간이 말을 해독하고 글을 읽을 때에도 항상 표상이 떠오릅니다. 따라서 표상을 떠올리지 않으면 정상적인 삶을 살 수 없습니다. 그러면 어떻게 해야 할까요? 자신에게 떠오른 표상만이 정답이라고 생각하지 말고, 항상 '새로운' 표상이 가능하다는 열린 마음을 가져야 합니다. 물의 지혜는 관점을 깨는 '태도의 전환'과 같습니다. 자신의 표상이 도그마적 관점의 산물이라는 것을 깨닫고, 그것의 진실성과 진리성에 부정적인 태도를 가지는 것이 좋습니다. 그러면 자기 안에서 관점에 얽매이지 않은 새로운 표상이 더 많이 떠오를 수 있을 것입니다. 음… 하지만 결국 어느 지점에서는 자신의 생각을 믿지 않을 수 없을 것입니다. 다만 그것에 대해서도 항상 의심하고 열려 있어야 할 겁니다."

판도라의 상자의 비밀 : 욕구의 재조명

소크라테스는 자신의 관점 중에서 믿어야 할 부분은 지각(앵글적 관점)이고, 믿지 말아야 할 부분은 표상(도그마적 관점)이라고 했어요. 그것이 우리의 결론인 것 같다고 말씀하셨죠. 그러면 이제까지 인간은 왜 이걸 모르고 있었고, 학자들도 이런 가르침을 주지 않았던 걸까요? 이에 대해 소크라테스는 아마도 인지과학이 최근에 와서야 발전했기 때문일 거라고 했어요. 과거에는 지각과 표상을 잘 구별하지 않았다는 거예요. 지각이든 표상이든 그것은 모두 경험적인 기억 내용과 같아서 철학에서는 이제까지 별 차이가 없다고 생각한 거죠. 하지만 그 둘은 구분해야 해요. 지각은 외부의 것을 수동적으로 받아들이는 특성이 강하고, 표상은 개인이 만들어 내는 특성이 강해요. 한 사람의 경험에는 그 두 가지 종류가 있는데, 전자는 긍정적으로 받아들이고, 후자는 부정적으로 받아들이는 게 좋죠.

그리고 소크라테스는 불교 이야기를 들려줬어요. 불교의 핵심적인 가르침은 욕구를 최대한 버려야 한다는 것인데, 그 이유는 주관적 욕구가 '집착'을 만들어 내고, 집착은 불의 지혜의 부작용과 같은 오류와 혼동, 번뇌를 낳기 때문이에요. 석가모니는 그 고통이 정말로 크다는 것을 인식했고, 그것을 없애는 것이 정말로 중요한 일이라고 생각했던 거예요. 이번에 소크라테스는 그 해결책으로 주관적 욕구가 깊게 개입하는 표상을 믿어서는 안 된다고 한 거예요. 항상 다른 가능성에 열린 태도를 가져야 한다고 말이에요.

◆――――◆

소크라테스는 이제 준비한 이야기가 다 떨어진 것 같아 보였어요. 그런데 문제가 생겼어요. 사실 제가 소크라테스를 만나러 가기 전에 프로메테우스 님께 받은 게 있거든요. 밀봉된 세 개의 봉투였는데, 각각에는 순서가 표시되어 있었어요. 프로메테우스 님은 소크라테스와 대화를 하면서 난관에 봉착할 때마다 순서대로 봉투를 열어 보라고 하셨죠. 다만 제우스 님께 이 봉투를 들키지 않게 조심하라고 하셨어요. 할 이야기도 거의 끝난 것 같은데, 이 봉투는 어떻게 해야 할까요? 혹시 지금이 난관에 부딪힌 상황일까요? 저는 소크라테스에게 봉투에 대한 이야기를 꺼냈어요. 그러자 소크라테스는 놀라면서, 분명히 거기에는 깊은 뜻이 있을 거라고 했어요. 그는 잠시 생각하더니, 이렇게 말했어요.

"문제가 해결되었다고 생각했지만…, 사실 약간 찜찜한 구석이 남아 있습니다. 인간에게 이렇게만 알려 주면 정말로 끝난 것인지, 이런 방안이 이제까지 나오지 않은 이유가 단지 인지과학이 발달하지 못했다는 이유뿐인지… 어쩌면 이런 주장을 받아들이기 어렵게 만드는 어떤 저항 같은 것이 있는지도 모릅니다. 제가 떠올린 현재의 난관은 이렇습니다. 지금 이대로 이야기를 끝내면 그다지 효과적이지 않을지도 모릅니다. 왜냐하면 욕구는 억제하기가 매우 어렵기 때문입니다. 석가모니나 다른 위인도 욕구를 억제하라는 가르침을 많이 주었지만, 개인의 주관적 욕구는 좀처럼 제어되지 않고 자유주의 시대인 현대에 이르러서는 오히려 더 커진 것 같기도 하지요. 물론 나는 욕구를 없애라는 말이 아니라 표상을 믿지 말라는 말을 한 거지만, 이렇게만 알려 주면 개인의 욕구를 억압하라는 말처럼 들릴 수도 있을 겁니다. 그리고 개인의 주관적 욕구가 마치 항상 나쁜 것처럼 들리기도 하고요. 그렇다면 과연 이것을 사람들이 쉽게 받아들일까요? 솔직히 나는 주관적 욕구가 항상 나쁘다고는 생각하지 않습니다. 그래서 주관적 욕구를 모두 버리라고 가르친 석가모니와는 생각이 다릅니다. 음… 혹시 이 봉투에 인간의 욕구와 관련된 어떤 비밀이 담겨 있는 게 아닐까요?"

소크라테스가 봉투를 열어 보자고 해서 저는 첫 번째 봉투를 열었어요. 그런데 안에는 고작 다음과 같은 한 줄의 문장만이 적혀 있었어요.

"판도라의 상자는 인간이 자신의 욕구를 혼동하도록 만들었다."

이를 본 소크라테스는 나지막한 감탄사를 내뱉고는 의미를 해석하려고 애썼어요. 잠시 후 그는 판도라의 상자에 불의 지혜에 관한 부작용이 들어 있었는지를 제게 물었어요. 저는 그렇다고 했죠. 그러니까 이건 제우스 님이 판도라의 상자에 넣어 놓은 부작용에 관한 원리를 알려 주는 것이었어요. 아마도 프로메테우스 님이 제우스 님 몰래 그걸 알아낸 것 같았어요.

◆————◆

소크라테스는 종이에 뭔가를 쓰면서 계속 생각을 하고 있었죠. 그러는 동안 표정이 다양하게 바뀌었어요. 한참 뒤에 갑자기 소크라테스가 '유레카!' 하고 외치더니 이렇게 말했어요.

"전율이 이는군요…. 기억을 더듬어 보니, 이 말은 내가 생전에 오랫동안 고민했던 문제도 해결할 수 있는 열쇠입니다. 흐음…."

저는 그게 뭔지 물어봤고, 소크라테스가 대답했어요.

"나는 생전에 인간의 '즐거움(쾌락)'에 대해 두 가지 입장을 남겼습니다. 『프로타고라스』라는 책을 보면 나는 즐거움이 훌륭함, 즉 '덕'의 특징이라고 말했는데, 『고르기아스』에서는 즐거움은 좋지 않고 악하다는 식으로 말했죠. 그래서 이 문제는 후대의 학자들도 매우 해석하기 어려워하는 부분입니다. 하긴 제 나름의 지조를 가지고 그 두 가지 말을 하기는 했지만, 사실 제 자신도 당시에 완벽하게 깨닫지는 못했죠. 그런데 이런 생각은 플라톤과 아리스토텔레스에게도 이어집니다. '즐거움은 어떤 점에서는 좋기도 하지만 좋지 않기도 하다, 왜냐하면 어떤 즐거움은 인간이 추구하는 목적인 행복과 같은 것이어서 좋고 선하지만, 어떤 즐거움은 악하고 부덕한 것이기 때문이다…' 이에 대해 몇몇 학자는 좋고 선한 즐거움이란 지적이고 고상한 즐거움이고, 나쁜 즐거움이란 순간적이고 즉각적인 쾌락이나 육체적인 쾌락과 같은 것이라고 해석하기도 하지요. 그 해석도 일리가 있기는 하지만 명쾌하지는 못합니다. 즉각적이고 육체적인 쾌락은 항상 나쁜가? 그러면 그러한 쾌락은 왜 존재하는가? 이런 의문이 들죠. 사실 이것은 한마디로 말하자면, '행복'과 '올바름'이 일치하는가 하는 문제일 텐데 행복은 즐거움과 유사하고, 올바름은 선함과 유사하지요. 많은 종교에서는 이 두 가지가 다르다고 말합니다. 개인은 고통을 참아 가면서 올바름(선함)을 추구해야 한다고 가르치지요. 그러면 사후에 행복해진다고 말입니다. 만약 나의 가르침이 행복과 올바름이 다르다는 식으로 해석되면, 그것은 종교에 가까워집니다. 하지만 나는 행복과 올바름이 일치할 것이라는 직관을 가지고 있었습니다. 즉, 인간은 궁극적으로 행복을 추구하면 가장 올바른 상태가 될 수 있다고 생각했습니다. 그런데 어떤 행복을 추구해야 할까요? 어떤 직관은 가졌지만 그것을 말로 완벽하게 설명할 수는 없었는데 이 말을 들으니 문제가 해결될 것 같습니다. 말하자면 인간에게는 '진짜 욕구'와 '가짜 욕구'가 있는데, 판도라의 상자로 인해서 인간은 그것을 혼동하고 있는 것이지요. 인간은 종종 가짜 욕구를 자신의 욕구라고 생각하는 경향이 있는 겁니다. 그런데 인간은 진짜 욕구에 따랐을 때 행복하면서도 올바른 상태, 즉 '훌륭한' 상태가 될 수 있습니다. 다만 여기서 말하는 올바름이란 종교적인 선함이라기보다는 진리와 진실의 차원일 것입니다."

저는 그 진짜 욕구와 가짜 욕구가 무엇인지 궁금했어요. 이를 물어보자 소크라테스가 대답했어요.

"좋은 것, 훌륭한 것이란 결국 행복과 연결됩니다. 진짜 욕구란 그것이 달성되었을 때 진정한 행복을 얻는 것을 말하고, 가짜 욕구는 달성되더라도 진정한 행복을 얻지 못하거나 오히려 불행에 빠지는 욕구를 말합니다. 그리고 그 두 가지 욕구는 인간의 내면에서 경쟁 상태에 있습니다. 아, 차라리 그 가짜 욕구를 다른 말로 부르는 게 좋겠군요. 그것은 진정한 욕구가 아니므로 '욕구 같은 어떤 것'이라고 부르는 게 낫겠습니다. 진정한 욕구라면, 그것이 달성되었을 때 자신에게 도움이 되고 행복을 주어야 할 것입니다. 그리고 그 욕구의 주인이 자신이어야 할 것입니다. 즉, 자신이 진정으로 바라는 것이어야 할 겁니다. 하지만 만약 그 욕구의 주인이 자신이 아니고, 그것을 달성하더라도 행복하지 않다면 그것은 욕구라고 부를 수도 없답니다. 그것은 욕구라고 착각한 '욕구 같은 어떤 것'에 불과하지요. 그런데 그것이 실제로 흔하게 일어난다는 겁니다. 그 예를 들어 보지요."

소크라테스는 잠시 생각하더니, 다시 말하기 시작했어요.

"사람은 매우 다양한 욕구를 지니는데, 그것은 무의식 속에서 흔히 충돌합니다. 예를 들어 어떤 한 사람의 내면에서는 비만이 되기 싫어서 밥을 더 먹지 말아야 하는가, 아니면 식욕 때문에 더 먹어야 하는가 하는 욕구가 충돌할 수 있습니다. 그 사람은 그 두 가지 욕구를 모두 지닐 수 있습니다. 그런데 인간의 의식은 한 번에 하나의 욕구만 의식합니다. 그리고 그 순간 다른 욕구는 무시됩니다. 그렇다면 인간은 정말로 자신의 욕구, 진짜 욕구를 잘 의식하는 걸까요? 실상은 판도라의 상자 때문에 그렇지 못합니다. 그러면 이제 인간이 어떻게 하면 자신의 진짜 욕구와 가짜 욕구, 즉 욕구 같은 어떤 것을 구분할 수 있을지를 설명해야겠군요."

저는 이 대목에서 가짜 욕구란 맛있는 음식을 먹거나 담배를 피우는 것처럼 즉각적인 쾌락을 말하는 것인지를 물어봤어요. 그러자 소크라테스가 대답했어요.

"나는 즉각적인 쾌락이라고 해서 모두 나쁘다고 말하려는 게 아닙니다. 그것이 나쁘다고 하는 절대적인 기준이 세워지지 않습니다. 내가 생각하는 절대적인 기준이라 함은 개인의 궁극적인 행복입니다. 그렇기 때문에 올바름과 행복이 일치할 수 있는 것이지요. 물론 시대와 상황에 따라서 올바름의 구체성은 다양하지만, 나는 그것이 행복으로 이어져야 한다고 생각합니다. 특히 개인이 현생에서 행복한 것이 가장 좋지요. 그러면 진짜 욕구와 욕구 같은 어떤 것이 무엇인지 좀 더 들여다봅시다. 욕구 같은 어떤 것은 그것을 이룬다고 할지라도 실망스러운 결과를 낳고 뒤돌아보면 후회스러운 것으로 정의할 수 있습니다. 그리고 그것은 우리의 논의에서 '고통을 낳는 주관적 욕구'라고 할 수 있습니다. 그것이 사실은 진짜 욕구가 아니었던 겁니다. 자신이 자신에게 속는 것이지요…."

◆————————◆

소크라테스는 메모를 바라보면서 잠시 생각한 뒤, 다시 말하기 시작했어요.

"이전에 우리가 왜 주관적 욕구가 인간에게 고통을 낳는다고 했는지를 다시 살펴봅시다. 그것은 편향된 표상을 머릿속에 떠올리게 해서 오류에 빠지게 만들기 때문입니다. 나는 이제 주관적 욕구라고 해서 모두 나쁘다고 말하지 않겠습니다. 그중에는 진짜 좋은 욕구도 있습니다. 문제를 일으키는 부분은, 편향된 표상을 만들어 의식으로 보내는 바로 그 부분입니다. 여기서 주목할 점은, 그 과정이 '무의식적으로' 일어난다는 것입니다. 사실 내가 이 설명을 할 수 있는 것도 현대에 발전한 인지과학을 들여다보았기 때문입니다. 마음속에 표상이 떠오른다는 것은 그것을 의식한다는 것인데, '왜' 그 표상이 의식의 영역에 떠오르게 되었는지가 문제입니다. 그것을 편향적인 무의식이 결정하는 것입니다. 그런데 그 편향적인 무의식도 일종의 욕구처럼 느낀 것입니다. 우리는 이제까지 그것을 '주관적 욕구'라고 불렀지요. 그것은 아마도 그 무의식이 자신의 '감성'과 관련이 있기 때문일 겁니다. 하지만 그것은 진정한 욕구도 아니고 자신이 진정으로 바라는 것도 아닙니다. 그것의 주체는 심지어 '자신'도 아니지요. '진짜 자신'이 바라는 것이 '진짜 욕구'입니다. 그것은 즉각적이고 쾌락적인 욕구라고 해도 괜찮습니다. 다만 자신이 결정을 하고 그에 대한 책임을 지면 됩니다. 예를 들어 즉각적으로 배가 고프고 술을 마시고 싶은 욕구를 자신의 의식이 허락하고 그에 따라 행동한다면 그것은 진짜 자신이 결정한 것으로 볼 수 있습니다. 하지만 머릿속에서 표상을 결정하는 무의식, 즉 '욕구 같은 어떤 것'은 진짜 자신의 결정이 아닙니다. 왜냐하면 그것은 의식이 아닌 무의식의 영역에서 함부로 결정해 버리기 때문입니다. 즉, 표상은 진짜 자신이 바라는 것이 아니고, 표상을 만드는 욕구 같은 어떤 것은 진짜 욕구가 아닙니다. 현대 인지과학은 그 원리를 대강 밝혀냈는데, 예를 들면 이런 것입니다. 무의식은 굉장히 게으르기 때문에 '쉽게 떠오르는 것'을 떠올립니다. 예를 들어 과거 기억에서 빈도가 높은 것이거나 인상이 깊게 남아서 그것이 '쉽게', '자동적으로' 떠오르는 것입니다. 인간의 마음에는 계획되지 않고 의도되지 않은 생각이 많이 떠오릅니다. 어떤 단어를 듣고 그 의미로 떠오르는 생각도 사실은 자신이 정확히 통제한 것이 아니지요. 그 표상들은 무의식에 따른 편향성을 지닙니다. 그것은 스스로를 괴롭히기도 하고, 의도와 다른 것을 경험하게 만들기도 합니다. 외상 후 스트레스장애(PTSD) 환자들을 보십시오. 그들은 자신이 원하지 않는데도 습관적으로 좋지 않은 기억이 계속 떠오르고, 그로 인해 계속 고통을 겪습니다. 이것이 그가 바라는 것입니까? 아닙니다. 그처럼 표상이 떠오르게 만드는 건 대개 자신의 욕구와 무관한 무의식의 작용입니다. 그런데 인간은 그것이 '자신의 감성'의 일부라는 이유만으로 자신의 욕구와 혼동했던 것입니다. 그리고 자신이 무의식적으로 떠올린 생각을 '내가 떠올린 것'이라고 생각하고 긍정하고 믿었던 것입니다. 자신의 욕구를 긍정하면, 그것도 쉽게 긍정하게 될 것입니다. 하지만 진정한 욕구는 나에게 도움이 되고 이익을 주기 위한 것입니다. 표상을 만드는 욕구 같은 어떤 것은 나에게 이익을 주려는 고려가 전혀 없습니다. 다만 무의식적, 습관적으로 편향성만 만들어 낼 뿐이지요. 그것은 실제 삶에서 매우 많은 오류와 오판을 일으킵니다."

소크라테스의 말처럼 주관에 빠지면 자신이 떠올린 표상을 긍정적으로 받아들이게 돼요. 자신의 '감성'이 '욕구'와 다를 바 없다고 쉽게 믿고, 자신을 오류와 편향성으로 이끄는 무의식의 작용도 자신의 욕구라고 쉽게 혼동하죠. 하지만 그것은 욕구의 산물이 아니었어요. 그것은 자신의 '의지'가 아닌 단지 무의식 자체의 작용이었을 뿐이죠. 따라서 가짜 욕구예요. 참고로 이 작용은 개인마다 다른 방식이라기보다는 대개 선천적이고 원시적인 기제랍니다[주 : 예를 들어 표상을 떠올릴 때 노력이 적게 드는 방식으로 작동하는 것. 이것을 심리학 용어로 '휴리스틱(heuristic)'이라고 한다]. 그런데 쇼펜하우어가 그것을 '의지'라고 생각했던 게 문제였던 거죠. 그 무의식적 감성은 그 사람의 고유한 기억과 몸 상태에 따라 만들어지므로 얼핏 주관적 욕구처럼 생각할 수도 있어요. 하지만 그건 그가 진정으로 바란 것이 아니므로 진정한 욕구가 아니에요. 그건 주체적 의지와 무관한 감성의 '폭거'일 뿐이죠. 이렇게 표상이 자신이 진정으로 원하는 것이 아니라는(무관하다는) 점을 깨달을 때에야 비로소 표상에 빠지지 않을 수 있고, 편향된 생각에서 벗어나 열린 마음을 가질 수 있을 거예요.

저는 한 가지 궁금증이 생겼어요. 그러한 무의식의 작용이라는 것이 정말로 나쁘기만 한 걸까요? 왠지 도움이 되는 측면도 있을 것 같았죠. 이 질문에 소크라테스가 대답했어요.

"좋은 질문입니다. 학계에는 표상의 오류와 비합리성에 주목하는 학자도 있고[주 : 심리학에서 휴리스틱과 편향의 부정적 영향에 관한 연구를 말한다], 무의식의 긍정적인 역할에 주목하는 학자도 있습니다. 그 예는 쉽게 찾아볼 수 있습니다. 운동을 할 때 무의식적으로 좋은 플레이가 나오기도 하고, 의사결정에서 직관적 판단이 좋은 성과를 내는 경우도 있습니다. 그런데 그 경우는 특정한 환경에서 무의식이 잘 준비되어 있을 경우입니다. 그건 심리학에서 인간의 적응을 위해 계발된 무의식이라는 뜻에서 '적응무의식'이라고 하는데, 그것이 좋은 성과를 내는 경우는 그것이 적절하게 '도구'로 쓰일 때입니다. 그러므로 '욕구 같은 어떤 것'은 '도구'의 역할을 해야 합니다. 즉, 자신이 목표를 설정한 다음, 무의식에 도구의 역할을 부여했을 때라야 쓸모가 있습니다. 그런데 도구에 휘둘릴 때 문제가 발생합니다. 도구의 노예로 전락해서는 안 됩니다. 그걸 깨닫고 비판할 수 있다면, 도구의 노예에서 벗어날 수 있을 겁니다. 그런데 쇼펜하우어와 데이비드 흄(David Hume, 1711~1776)[주 : 영국 경험론의 대표적인 철학자 중 한 명이다] 등 많은 철학자는 '인간은 감성의 노예'라는 성급한 비관론을 펼쳤습니다. 그건 아마도 판도라의 상자로 인해 무의식적 감성을 욕구와 혼동했기 때문일 것입니다. 이제 그 혼동에서 벗어날 때입니다…. 이제, 표상을 만드는 무의식적 감성이 왜 자신의 욕구가 아닌지 이해했을 겁니다. 나의 결론은, 자신의 욕구를 억누르라는 말이 아니라 단지 마음속 표상을 믿지 말라는 것입니다. 그리고 그 목표는 진리와 진실을 더 잘 찾는 사고를 갖기 위함입니다. 다만 현대에는 자신(개인)의 욕구가 가장 중요하다는 생각이 널리 퍼졌습니다(제3장 현대 부분을 참조). 그래서 사람들은 심지어 진리나 진실보다도 자신의 욕구가 더 우선한다고 생각할지 모릅니다. 그렇다면 만약 표상을 만드는 무의식이 자신의 욕구라면 표상도 긍정하고 믿어야 하겠지요. 하지만 그 무의식은 자신의 욕구가 아니었습니다."

주관을 깨는 것을 방해하는 로고스

첫 번째 봉투 안에 쓰인 글귀를 해석하고 나니, 이제 문제가 전부 해결된 것 같아 보였어요. 그런데 봉투는 아직 두 개가 더 남아 있었죠. 아무리 생각해도 어떤 난관이 남아 있는지 떠오르지 않자 소크라테스는 두 번째 봉투를 열어 보라고 했어요. 봉투 안에는 다음의 글귀가 쓰여 있었어요.

"판도라의 상자는 로고스로 인해 나만의 것을 혼동하도록 만들었다."

소크라테스는 이걸 보고는 다시 생각에 잠겼어요. 이 말은 로고스(언어, 논리)의 특징 때문에 '나만의 것'이라는 뜻을 혼동하게 된다는 말 같았어요. 그런데 이게 어떤 문제를 일으킨다는 것일까요? 저는 인간이 사용하는 말의 특징에 대해 그다지 잘 알지 못하니 짐작이 잘 가지 않았어요. 잠시 후 소크라테스가 짧은 탄성을 내더니 말했어요.

"자신의 관점은 주관적이고 나만의 것이지요. 이 힌트는 '주관적' 또는 '나만의 것'과 관련해서 인간의 언어와 논리가 일으킬 수 있는 혼동을 알려 주고 있습니다. 알고 보면 '나만의 것'에는 또 다른 의미가 담겨 있었던 것입니다… 인간의 언어적 논리는 A = A 입니다. 그래서 '나만의 것은 나만의 것과 같다'라는 공식이 성립하고, 그에 따라 '나만의 것'에 담긴 다른 의미를 서로 혼동해 버리는 것입니다. 음… 의외로 여기에는 심오한 의미가 담겨 있는 것 같습니다."

그의 말은, 자신의 관점은 나만의 것이기도 하지만 나만의 것이 아니기도 하다는 뜻이었어요. 그런데 그것을 전부 '오직 나만의 것'이라고 착각한다는 거죠. 여러분은 그게 무엇인 것 같으세요? 그것은 바로 앵글적 관점, 즉 지각의 영역이 아닐까요? 지각적 경험은 나만의 경험이기도 하지만, 객관성을 띠기 때문에 믿을 수 있는 것이죠. 제가 이 말을 하자 소크라테스가 말했어요.

"옳은 해석일 것입니다. 특히 지각되는 부분에서 그러한 점이 발생합니다. 관점은 지각이든 표상이든 간에 개인의 고유한 것이 죠. 그 말은 '나 혼자만이 가진다'는 의미입니다. 하지만 지각이 과연 나 혼자만이 가지는 것일까요? 그렇지 않습니다. 지각된 것을 남도 가질 수 있다고 생각해야 합니다. 그러므로 '나만의 것이지만 나만의 것이 아니기도' 하지요. 논리적으로는 이상하게 들릴 테지만, 이것은 사실입니다. 이 사실을 머릿속으로 이해하기가 꽤 어렵기 때문에 칸트 같은 천재가 등장해서야 겨우 이러한 원리를 설명할 수 있었습니다(제3장과 『순수이성비판』을 참조). 이 혼동에서 비롯할 수 있는 문제는, 일단 앵글적 관점을 잘 믿지 않게 될 수 있다는 점입니다. 그것을 '오직 나만의 것'이라고 생각해서 객관성이 없다고 생각하는 것이지요. 이 문제는 칸트의 설명으로 이미 해결되었지요. 지각은 나만의 것이라도 객관적인 부분이 있으니 믿어도 좋습니다. 그런데 지금 우리의 논의는 이 문제가 아닐 겁니다. 이 글의 내용이 주관의 부작용과 어떻게 연관되는지를 살펴봅시다."

소크라테스가 잠시 숨을 고른 뒤 다시 말했어요.

"앞에서 우리는 표상이 내부적으로 만들어지는 것인데, '욕구 같은 어떤 것'으로 인해 만들어진다는 걸 살펴보았지요. 그런데 그것은 단지 일종의 감성일 뿐 진정한 주관적 욕구는 아니었습니다. 그 감성이란 자신의 의지에 따른 것이 아닌 무의식적인 것이었죠. 그리고 지각은 외부에서 받아들이는 것에 가깝다고 했습니다. 그런데 '나의 관점은 나만의 것이다'라는 말의 의미를 깊이 받아들여서 그러한 경험 내용이 '오직 나만의 것'이라고 생각했다고 해 봅시다. 그러면 표상과 지각의 내용이 모두 나의 고유한 특성과 깊은 관련이 있다는 생각이 들 것입니다. 그것이 문제를 일으킵니다. 그렇게 되면 자신의 경험에 필요 이상의 가치를 부여하고, 거기에 집착할 것입니다. 왜냐하면 경험에 '고유한 자신이 이미 담겨 있다'고 생각하고, 자신의 경험 내용을 '내가 만든 것'이라고 생각할 것이기 때문입니다. 그런 사람은 자신의 관점을 과도하게 소중하게 여길 것입니다. 마치 자신의 관점과 자신의 정체성이 동일한 것처럼 느끼겠지요. 즉, '자기애'가 자신의 관점을 보호하는 것이지요. 그래서 관점을 깰 생각을 하지 못하고 자신의 관점 안에 안주합니다. 또한 이 혼동은 자신의 경험과 자신을 일치시킴으로써 관념론에 빠지게 만들고, 급기야는 유아론(唯我論)에 빠지도록 만들 것입니다. 주관적 관념론에 따르면 자신의 경험 내용은 모두 자신이 만든 것입니다. 더 나아가 유아론은 자신 이외의 것은 없다고 여깁니다. 이것은 물론 잘못된 생각이고 불행을 낳습니다. 그는 자신의 관점 너머에 또 다른 세상, 보다 진실한 세상이 있다는 것을 모르기 때문입니다. 극단적인 관념론과 유아론은 주관주의가 만들어내기 쉬운 비극입니다…. 이상하게 들릴 수 있지만, 로고스에 따르면 사실 자신의 관점이 아무리 나만의 것이라고 하더라도 그것이 진짜로 나만의 것은 아닙니다. 이러한 로고스가 일으키는 혼동은 자신의 관점과 자신의 고유성, 정체성을 일치시키는 오류를 일으키고, 자신의 관점을 소중하게 여기도록 해서 잘 깨뜨리지 못하게 만드는 작용을 할 것입니다. 그리고 관념론에 쉽게 빠지게 만들어서 관점 너머에 대해 생각하지 못하게 만들 것입니다."

◆――――――◆

이제 마지막 봉투가 남았어요. 소크라테스와 저는 이것도 그냥 열어 봐야겠다고 생각했어요. 그 안에는 다음과 같이 쓰여 있었어요.

"판도라의 상자는 로고스로 인해 변화, 파괴를 혼동하도록 만들었다."

이것은 어떠한 의미를 담고 있을까요? 소크라테스가 말했어요.

"인간이 '변화'와 '파괴'를 혼동한다는 말일까요? 그렇게 보이지는 않습니다. 두 단어의 뜻은 명확하게 구분되니까요. 이 말은 '변화'와 '파괴'가 각각 혼동을 일으킨다는 의미일 것입니다. 그리고 그것이 아마도 연관되어 있겠지요. 그러면 먼저 '변화'에 어떤 혼동을 일으키는 요소가 있는지를 알아봅시다."

소크라테스는 잠시 생각을 한 뒤 말했어요.

"이는 아마도 지금 우리의 논의 주제인 '관점'과 관련이 있을 테고, 여기서 '변화'는 '관점의 변화'와 관련이 있을 것입니다. '파괴'도 그 연장선상에 있을 테고요. 먼저, '변화'에 대해 살펴봅시다. 인간이 자신의 관점에서 벗어나는 것은 관점을 '변화시킨다'고 볼 수 있습니다. 기존의 관점에서 벗어나더라도 자신의 관점이 사라지는 것은 아니므로 관점이 변화되는 것이지요. 그런데 '변화' 혹은 '바뀐다', '달라진다'의 의미는 무엇일까요? 인간은 이것을 떠올릴 때 특정한 변화의 양상을 쉽게 떠올립니다. 그것은 기존의 것이 일정한 방향으로 점진적으로 변화하는 것, 즉 '자라나는 것'과 같은 변화입니다. 예를 들어 식물이나 동물이 생장하고 허물을 벗고, 계절이 바뀌는 것은 대개 점진적으로 일어납니다. 과거의 것이 한순간에 해체되고 새로운 것이 등장하지 않습니다. 이처럼 인간은 '변화'를 떠올릴 때 '자라나는' 식의 변화를 흔히 떠올립니다. 하지만 '변화'에는 또 다른 종류의 달라짐이 있습니다. 그것은 '파괴적 변화'입니다. 파괴적 변화는 기존의 것을 파괴하고 새로운 것이 등장하는 변화입니다. 그러면 관점에 있어 변화의 올바른 모습은 무엇일까요? 그것은 '자라나는 변화'가 아니라 '파괴적 변화'입니다. 관점이라는 것은 어떤 관습화된 틀과 같은 것입니다. 만약 '변화'를 파괴적 변화가 아닌 자라나는 변화로 생각하면, 그러한 틀을 깨기보다는 틀에 안주하면서 경험 내용만 계속 바꿀 것입니다. 그것은 기존의 틀이 자라나는 것이지요. 그리고 그것이 관점의 변화라고 착각할 것입니다. 사실 그것은 관점의 변화가 아닙니다. 관점을 '깨야만' 변화가 일어납니다. 하지만 인간은 '깨뜨리는 변화'를 잘 떠올리지 못합니다. 그래서 관점을 바꾸려고 하지만 진정한 변화, 즉 깨는 것에는 미치지 못합니다."

소크라테스는 잠시 숨을 고른 뒤 다시 말했어요.

"그러면 관점을 '깨는 게' 중요하다는 걸 알아챈 사람들은 그것을 쉽게 이룰 수 있을까요? 거기에도 어려움이 발생합니다. 이 글귀가 지적하는 '파괴'가 일으키는 혼동 때문이지요. 파괴와 깨뜨림은 인간이 선뜻 행하기 어려운 일입니다. 그 이유는 이 단어에 '못쓰게 만듦'이라는 의미가 담겨 있기 때문입니다. 인간이 느끼기에 파괴는 기존의 것을 못 쓰게 만드는 것과 같아 보입니다. 파괴의 전형적인 예는 유리창을 깨듯이 어떤 물건을 부수는 것입니다. 그러면 그 이전의 물건은 사라지고, 이후로는 결코 원래의 상태로 돌아갈 수 없는 '상실'이 일어납니다. 그래서 파괴를 하면 기존의 것이 상실된다는 압박감을 느끼고, 결국 '파괴적 변화' 대신에 '자라나는 변화'를 택합니다. 하지만 이 역시 로고스로 인한 오해와 혼동입니다. 관점을 깨는 것에 그러한 영원한 상실은 일어나지 않습니다. '관점을 깬다'는 말은 무엇을 의미할까요? 그것을 정확히 표현하면 관점을 만드는 '틀'을 깬다는 것입니다. 그리고 더 정확히 표현하면 관점의 활동을 제한하는 '제약'이나 '한계'를 깬다는 것입니다. 관점을 바꾼다는 것이 어떤 '틀'을 깬다는 것을 알아챌 수 있다고 하더라도, 막상 그것을 깬다고 생각하면 두려워질 것입니다. 자기 정신의 중요한 부분을 상실하는 것처럼 느껴질 테니까요. 하지만 관점을 깬다는 말의 올바른 의미를 알아야 합니다. 그건 편향된 사고와 고정관념에서 벗어남을 의미합니다. 그래서 하나의 대상을 다양한 관점에서 바라볼 수 있고, 열린 마음을 가지고, 새로운 생각이 떠오를 수 있게 되는 것을 의미합니다. 즉, 깨야 하는 관점의 틀이란 현실과 맞지 않고 도움도 되지 않는 '갇힌 사고방식'을 말합니다. 그러한 사고방식을 파괴한다고 해서 기억이 파괴되는 것도 아니고 사고의 소중한 장치가 손상되는 것도 아닙니다. 그리고 불의 지혜를 감퇴하는 것도 아닙니다. 다만 사고를 가두는 '제약'을 깨는 것입니다. 그것을 깬다고 해서 어떠한 기능의 상실도 일어나지 않습니다. 그런데 '파괴'에 어떤 기능의 상실이라는 의미가 담겨 있기 때문에 이런 오해가 생겨납니다. 상실되는 기능을 굳이 말하자면, 그것은 자신을 옭아매고 가두는 기능에 불과합니다. 그것을 파괴해야 합니다."

로고스 '변화(바꿈)'와 '파괴(깨뜨림)'의 뜻을 생각할 때 인간이 느끼는 경향으로 인해서 관점을 바꾸거나 깨뜨리는 데에 오해와 거부감이 들 수 있어요. 로고스로 인한 부작용에 빠지지 않는 방법은 언어에 집착하지 않으면 돼요. 언어, 즉 로고스는 인간이 편의를 위해 임의로 만든 것에 불과하니 그것이 세상의 참모습에 우선할 수는 없어요.

이제 소크라테스와의 모든 대화가 종료되었어요. 저는 그의 이야기를 책에 잘 쓰겠다고 말하고, 작별인사를 했어요.

5장

물의 지혜 2 :
오만과 이기심을 줄이다

모든 것이 가능하다는(인간이 전능하다는)
전체주의의 신앙은 이제까지 모든 것이 파괴될 수
있다는 것만을 증명한 것처럼 보인다. 불가능한
것을 가능하게 만들 때, 그것은 절대악이 된다.

– 한나 아렌트(『전체주의의 기원』중에서)

노자와 공자의 지혜

소크라테스와의 첫 번째 만남을 마칠 때쯤 소크라테스는 저에게 동양의 사상가들을 만나 보라고 권했어요. 노자, 공자, 석가 세 사람 중 특히 노자(老子)를 만나면 좋을 거라고 했답니다. 저는 그 이유를 잘 몰랐지만, 어쨌든 노자를 만나 보기로 했어요. 그가 셋 중에서 물의 지혜에 대해 가장 잘 알고 있는 게 아닐까 하고 추측만 했답니다. 프로메테우스 님은 나의 추측이 맞다고 하시면서 저와 노자를 만나도록 해 주셨어요.

놀랍게도 노자, 공자, 석가는 동시대에 살았어요. 그리고 소크라테스는 노자가 이승을 떠날 때쯤 태어났죠. 중국[주 : 여러 나라가 경쟁하던 춘추전국 시대였다]에 살던 노자와 공자는 서로에 대해 알고

노자

교류도 있었지만, 나머지 위인들은 나라 간에 거리가 너무 멀어 생전에 서로의 존재를 모르고 지냈어요.

노자는 희고 긴 수염을 펄럭이며 호탕한 웃음으로 저를 반겨 주었어요. 그리고 이렇게 말했어요.

"프로메테우스 님께 대강의 이야기는 들었습니다. 이번에는 인간에게 물의 지혜를 주고 싶다면서요? 하하, 나의 사상을 '물의 지혜'라고 표현했더군요. 굉장히 마음에 드는 말입니다. 나의 사상은 물처럼 유연한 철학이니까요. 실제로 나는 사람들에게 물처럼 살라고 가르치기도 했습니다. 나는 상선약수(上善若水)라는 말을 했지요(『도덕경』제8장). 이 말은 '지극히 선하고 좋은 것은 물과 같다'라는 뜻입니다. 그런데 안타깝게도 지금 많은 사람이 나의 가르침을 잘 따르지 않는 것 같아 보이는군요. 허허허, 그건 나의 탓도 있지요. 나는 글을 친절하게 써 놓지 않아서 사람들이 이해하기가 어려웠을 겁니다. 하지만 그럴 만한 이유도 있었지요. 나는 언어를 별로 신뢰하지 않았고, 그것으로는 나의 지혜를 정확하게 전달하기가 어렵다고 생각했습니다. 그런데 지금 생각해 보면, 당시에는 학문이 발달하지 못했고 밝혀진 지식이 많지 않아 그것을 제대로 설명할 자료가 부족하기도 했던 것 같습니다. 하지만 지금은 훨씬 구체적으로 설명할 수 있을 것 같습니다. 예를 들어 이제는 과학 지식 같은 걸 동원할 수 있게 되었지요. 허허, 나는 사실 과학에 관심이 매우 많습니다. 나는 저승에 와서도 인간이 발전시켜 온 과학을 유심히 지켜보았습니다. 내가 과학에 관심이 많다는 게 좀 안 어울려 보이나요? 허허…."

저는 과학과 거리가 멀어 보이는 노자가 어떻게 과학을 좋아하게 되었는지 낯설게 느껴졌어요. 그리고 물의 지혜와 과학이 대체 어떠한 관련이 있는지도 이해가 되지 않았죠. 이걸 물어보자 노자가 말했어요.

"허허, 물론 과학은 주로 서양에서 발달시켰고, 불의 지혜의 산물입니다. 그런데 과학은 단지 자연에 관한 진실을 알려 주는 것일 뿐 불의 지혜하고만 관련이 있는 건 아닙니다. 물의 지혜도 사람들에게 좋은 지혜이고, 그것은 진실과 진리를 찾는 지혜입니다. 그러므로 과학과도 통할 수 있지요. 동양철학 중에서도 특히 나의 사상은 '자연'과 '만물'에 관한 진리를 담고 있습니다. 다만 안타깝게도 물의 지혜는 치밀하고 선명하게 따져 나가는 방식이 아니라 직관에 의존했기 때문에 과학을 잘 발전시키지 못했지요. 그런데 동양이나 서양이나 경험적 방식을 사용한 건 마찬가지입니다. 인간은 경험을 통해 진리를 찾기 마련이지요. 특히 나는 자연에 대한 호기심이 많아 자연을 관찰하고 그 원리를 알아내려고 애썼습니다. 구체적으로 들어가면 서양과 동양이 약간 다른 면이 있겠지만, 나는 자연을 관찰해서 그 궁극적인 원리를 찾아냈습니다. 하하, 지금 생각해 보면 '너무 앞서간' 것이었지요. 오랫동안 사람들은 그것이 비과학적이라고 생각했습니다. 하지만 지금 과학을 보면, 오히려 맞는 이야기라는 것이 드러나고 있습니다. 그 이야기는 차차 하기로 하지요."

저는 노자가 물의 지혜를 가르쳤다고 들었는데, 과연 물의 지혜가 뭔지 알고 싶다고 물어봤어요. 그러고는 소크라테스와 첫 번째 만남에서 나눴던 대화, 즉 소크라테스가 물의 지혜를 가르쳤다는 이야기를 들려줬어요. 그 말을 들은 노자는 감탄을 하더니 이렇게 말했어요.

"소크라테스는 정말로 가장 지혜로운 사람이라는 말을 들을 만하군요. 나는 물의 지혜에 많이 치우쳤지만, 그는 사람들에게 불의 지혜의 토대를 주었을 뿐만 아니라 물의 지혜까지 가르쳐 주었군요. 다만 서양에서는 그 후로 불의 지혜만 집중적으로 발달했지요. 소크라테스의 '나는 무지하다'라는 가르침은 동양철학의 전반적인 흐름과 유사하지만, 특히 나의 사상과 매우 밀접한 관련이 있어 보입니다. 하하, 사실 나도 그와 같은 말을 한 적이 있습니다. 『도덕경』을 보면 '모른다는 것을 아는 것이 가장 훌륭하다'라고 쓰여 있지요(『도덕경』 제71장). 소크라테스도 그와 비슷한 생각을 했던 것 같습니다. 그런데 아직 당신은 물의 지혜가 무엇인지 잘 모르고 있고, 그걸 찾아 헤매고 있군요. 소크라테스도 더 생각해 보겠다고 하고 나에게 보낸 것이고요…. 그러면 내가 알고 있는 물의 지혜에 대해 설명 드리겠습니다. 그런데 당신이 알고 싶은 건 특히 현대인이 안고 있는 문제를 치유하는 물의 지혜이지요? 그럼 그 목적에 맞도록 어떻게 이야기를 풀어 나갈지 잠시 생각을 해 보지요."

노자는 묵묵히 생각을 하더니, 잠시 후 다시 말하기 시작했어요.

"소크라테스의 그 가르침과 나의 가르침의 공통점은, 인간이 스스로의 능력을 과신하지 말고, 오만하지 말라는 점일 것입니다. 불의 지혜가 낳는 나쁜 점은 인간이 오만해진다는 점입니다.

사람이 불의 지혜를 가져서 과학과 기술을 개발하고, 풍족한 생활을 누리게 되면, 자신의 능력이 엄청난 것처럼 느끼고, 더 나아가 심지어 인간의 능력에는 한계가 없고, 인간의 지성으로 모든걸 다 알 수 있다고 생각하게 될 것입니다. 이는 내가 가장 경계하는 생각 중 하나입니다. 인간은 자연의 일부이고, 자연의 지배를받습니다. 인간의 힘은 자연에 비해 매우 보잘것없습니다. 그런데인간의 욕심은 오만이 되어, 독선과 오판을 만들지요. 인간은 자연의 섭리와 이치를 깨닫고, 그에 따라서 살 필요가 있습니다. 그러한 인간이 따라야 할 자연의 이치를 동양에서는 '도(道)'라고부르지요. 들어 보셨나요?"

그런데 저는 의문이 생겼어요. 욕심을 버리고 자연의 이치에 따

공자(좌)와 맹자(우)

라 살라는 말은 개인의 욕구 추구와 행복 추구를 무시하는 게 아닐까요? 그러니까 개인주의와 상반되는 생각이라는 거죠. 동양철학이 개인주의적이지 않다는 것은 이미 알고 있었지만, 이런 논리라면 개인의 행복을 가장 중요시하는 현대인이 잘 납득하지 못할 것 같다고 노자에게 말했어요. 그러자 그가 말했어요.

"내가 개인주의에 반대하느냐고요? 하하, 그렇지 않습니다. 당신은 아직 나의 사상에 대해 잘 알지 못하는 것 같군요. 이제부터 차근차근 설명해 드리겠습니다. 그리고 공자와 석가의 사상에 대해서도 틈틈이 곁들여서 이야기해 드리죠. 그들을 따로 만나 볼 필요는 없을 것입니다. 나와 공자의 커다란 차이는, 일단 나는 폭넓은 자연에 주목했고 공자는 인간 사회에 주목했다는 점입니다. 또한 나는 인간 공동체뿐만 아니라 개인의 행복을 중요하게 여겼고, 공자는 개인보다 인간 공동체의 안녕을 우선시했다는 겁니다. 그래서 심지어 가끔 내가 이기주의를 주장한다는 비판을 받기도 했습니다. 하지만 나는 이기주의를 주장한 게 아니라 단지 개인의 자유와 행복을 중요하게 보았을 뿐입니다. 이러한 철학은 좋은 세상과 사회를 만드는 철학으로도 확장할 수 있지요. 그런데 공자는 인간 사회의 문제를 해결하기 위해서 개인의 자유를 제한해야 한다고 주장했습니다. 그 차이는 어디에서 비롯했을까요…. 내가 인간까지 포함한 '자연의 이치'에 집중했다면, 공자는 '인간의 본성'에 집중한 측면이 있습니다. 공자는 인간의 본성이 타인을 사랑하고, 나라에 충성하고, 부모에 효도하고, 예의를 갖추는 것을 포함한다고 생각했습니다. 그래서 그는 인간이 마땅히 해야 할 도리를 명시적으로 만들기를 좋아했습니다. 그래서 예(禮)를 중시하고, 법도를 중시하고, 나라를 다스리는 정치철학도 만들었죠. 그 후에 공자의 사상(유학)에서 개인의 자유를 억압하는 성격은 순자가 강조하고(성악설), 인간의 본성에 대한 긍정은 맹자가 강조합니다(성선설). 맹자는 인·의·예·지(仁·義·禮·智)라는 네 가지 덕성이 인간의 본성 안에 있다고 말했지요. 참고로 유학의 핵심은 인간의 본성에 있기 때문에 맹자가 좀 더 주류에 가깝습니다. 유학은 '도'라는 것을 명시적으로 규정했고, 인간이 그것을 따라야 한다고 주장합니다. 유학에 따르면 도는 인간의 본성으로서 가지고 태어나는 것인데, 잊어버리기 때문에 사회적인 혼란과 해악이 일어난다고 합니다. 유학은 그것을 명시적으로 알려 주고 따라야 한다고 가르쳤습니다. 여기서 '명시적'이라는 점이 나의 사상과 다른 특징입니다."

노자는 잠시 숨을 고른 뒤, 다시 말하기 시작했어요.

"그와 달리 나는 자연의 이치라는 건 명시적으로 표현하거나 규정할 수 없다고 생각했습니다. 인간의 본성도 자연의 이치에 속할 것이고, 말로 표현할 수 없는 '도'는 모든 것에 들어 있습니다. 그러므로 인간의 본성이라고 해서 함부로 말하거나 규정해서

는 안 될 것입니다. 내가 보기에 공자도 오만합니다. 그러한 오만
은 결국 화를 부르지요. 역사적으로 보지 않았습니까? 유교가 지
배하던 나라가 한때는 평화롭고 잘살았지만, 결국 쓸데없는 형식
적 예절이 늘어 가면서 각종 폐단이 발생한 걸 말입니다. 유교는
기득권층의 이권을 보호하는 용도로 사용되고, 창조성을 억압
했습니다. 결국 사회 전반적으로 불행이 커졌지요. 그게 다 오만
의 결과입니다. 도를 어떻게 인간이 함부로 규정할 수 있다는 말
입니까? 그건 심지어 말할 수조차, 떠올릴 수조차 없는 것입니다.
그렇기 때문에 도는 '무(無)'이지요. 인간의 입장에서 그것은 '없
는 것'으로 봐야 하는 것입니다."

저는 아직 그의 말을 잘 이해할 수 없었어요. '무'에 대한 말을 가
장 이해하지 못했는데, 제 느낌상 그것이 노자의 가장 핵심적인 가
르침 같았죠. 그런데 그에 대해 캐묻기 전에 먼저 묻고 싶은 것이 있
었어요. 유학이 예절과 공동체를 중시한 점이 노자의 사상과 차이
점이라면, 노자는 사회적인 규칙이나 규범이 필요하지 않다고 생각
했던 것일까요? 그러면 부작용이 생겨날 것 같았죠. 이에 대해 노
자는 이렇게 대답했어요.

"나는 사회적 규범이 전혀 필요하지 않다고 말한 게 아닙니다.
다만 어떠한 것이든 절대적으로 옳은 것은 없다고 말한 것입니
다. 마치 물처럼 유연하게 대처하고 변할 수 있는 것입니다. 하하,

그러고 보니 그 때문에 나의 사상보다 유학이 동양에서 훨씬 많이 숭상되었을 것입니다. 정치가들은 명시적인 규범을 원했고, 나의 사상은 마치 윤리 도덕과 무관한 것처럼 해석되었으니까요. 나는 다만 사람들 각자가 어떻게 하면 더 잘 살 수 있을지에 주목했을 뿐입니다. 그게 비도덕적인 건 아닙니다. 학자들은 종종 나의 철학을 '주관주의'에 가깝다고 해석하기도 하는데, 이건 서양식 주관주의와는 다르다는 점을 알아야 합니다. 서양의 주관주의는 외부의 자연을 경시하는 유아론(唯我論)적이고 이기적인 주관주의이지만, 나는 주관이 자연에 종속된다고 봅니다. 주관은 자연에 따라야 하는 것입니다. 그리고 그에 맞지 않는 욕구는 버려야 합니다. 나는 개개인이 자연의 이치를 따름으로써 오히려 잘 살 수 있고, 모든 사람이 그렇게 된다면 도덕이 그와 다를 바 없다고 생각했습니다. 그러면 사회는 어떠한 모습을 띠어야 할까요? 사회적으로는 권위주의와 법칙을 풀고 자유롭고 유연해질 필요가 있습니다. 그렇다고 해서 법이나 규범이 전혀 필요하지 않은 것은 아닙니다."

동양적 사고와 무위자연(無爲自然)

노자는 '절대적으로 옳은 것이 없다'는 말을 했는데, 그 말은 마치 소크라테스가 비판했던 소피스트의 주장과 비슷하게 들렸어요. 당시에 소피스트는 주관적이고 상대적인 철학을 주장했거든요. 그러면 노자는 소크라테스와 대립적인 철학을 주장한 걸까요? 이를 물어봤더니 노자가 말했어요.

"거기에는 차이가 있습니다. 서양적 사고와 동양적 사고에 따른 차이이지요. 방금 '자연'이라는 말을 했는데 그것은 무엇을 의미할까요? 서양인은 어떤 것을 떠올릴 때 객체(object)로 생각합니다. 즉, 어떤 타자적인 대상이라고 생각하고, '자연'도 자신과 분리된 타자적인 것을 떠올립니다. 그건 아마도 서양인이 1인칭 관점 위주로 생각하기 때문일 것입니다. 그 안에서는 나와 타자가 분명히 구분되지요. 그리고 사물이 각각 독립성을 갖습니다. 그리고 객체는 정(靜)적인 것입니다. 소피스트가 '절대적인 건 없다'고 생각한 건, 사람마다 어떤 정적이고 타자적인 개념을 다르게 가지고 있고 그것 간에 비교 기준이 없다는 뜻입니다. 반면에 동양인은 자연을 어떤 객체라고 생각하기보다는 '관계'나 '변화'로 생각합니다. 왜 그럴까요? 모든 것은 따로따로 존재하는 것이 아니라 서로 영향을 주면서 연결되어 있다고 생각하기 때문입니다. 즉, 객체 각각의 독립적인 구분보다는 사물의 시공간적인 연결고리가 주목을 받습니다. 이는 아마도 주관을 중요하게 여기지 않고 사회관계를 중요하게 생각하는 태도나 그러한 교육이 원인으로 작용하지 않았나 하는 생각이 드는군요. 그러니까 내가 말한 절대적으로 옳은 것이 없다는 말은 어떤 객체 차원이 아니라 관계와 변화의 차원입니다."

노자의 말처럼 서양인과 동양인의 사고와 인식에는 차이가 있어요. 서양인이 가진 사고방식은 대상을 각각 독립적으로 생각하는 것이고, 동양인이 가진 사고방식은 대상이 주변과의 '관계'를 포함하고 있는 것이지요. 다만 이러한 사고방식은 문화의 산물이고, 후천적인 것이라고 해요. 그래서 그가 속한 환경과 교육에 의해 가지게 된 것이죠[주 : 동서양 사고방식의 차이와 후천적 영향에 대한 실증적인 증거는 심리학자 니스벳(R. Nisbett)의 『생각의 지도(*The Geography of Thought*)』를 참조].

저는 동양인과 서양인의 인식 능력에 어느 정도의 차이가 있는지가 궁금해졌어요. 저는 프로메테우스 님이 그리스인에게 살짝 자신의 1인칭 관점에 집중하라고 속삭였다는 말을 그에게 들려줬고, 과연 동양인과 서양인은 세상을 얼마나 다르게 보는지를 그에게 물어봤어요. 그러자 노자가 말했어요.

"허허, 그런 비밀이 있었군요. 그런데 동양인이라고 해서 1인칭 관점을 의식하지 못한다거나 1인칭 관점에 집중하지 않을까요? 그렇지 않습니다. 동양인도 물론 1인칭 관점으로 지각하고, 종종 1인칭 관점에 집중합니다. 하지만 프로메테우스 님의 그 속삭임을 전달받지 못했기 때문에, 동양에서는 1인칭 관점과 주관으로 인해 생기는 부작용이 더 크게 부각되었지요. 그래서 그 장점을 찾기보다는 단점을 극복하려는 철학이 발달한 것입니다. 아마 물의 지혜가 그래서 발달한 것 같습니다. 그리고 그런 분위기가 동양인의 인식적 특징에 영향을 끼쳤고, 사회적 소통을 위해서라도 개인은 그러한 인식적 특징을 공유하고 배울 필요가 있었던 것이지요. 그런데 그런 인식적 특징을 가지고 있다고 해서 동양인이 불의 지혜의 부작용을 쉽게 극복할 수 있는 건 아닙니다. 지금 동양인도 겪고 있는 불의 지혜의 부작용은 그동안 미처 겪지 못했던 새로운 불의 물결입니다. 그들도 주관에 빠지면 똑같이 고통을 받습니다. 어쩌면 서양으로부터 갑자기 들어온 주관주의의 물결은 그들에게 더욱 적응하기 어려운 것일지 모릅니다. 그래서 지금 동양인도 많은 혼란과 고통을 겪고 있는 것으로 보입니다. 이는 물질적 풍요만으로 해결할 수 없는 문제이지요.”

◆━━━━━◆

이제 가장 이해하기 어려웠던 것을 질문할 때가 되었어요. 도가 ‘무(無)’와 같다는 말은 대체 무슨 뜻일까요? 그 ‘없음’을 어떻게 받아들여야 할까요? 노자가 말했어요.

“앞에서 말했듯이, 나는 자연의 ‘관계’와 ‘변화’를 주목한 것입니다. 이는 바로 자연이 변화하는 이치를 말합니다. 나는 자연을 관찰하고 직관적으로 어떤 결론을 내렸습니다. 그것은 자연이 변화하는 이치가 근본적으로 ‘무’라는 것입니다. 물론 그것은 인간의 관점에서 내린 결론인지도 모르겠습니다…. 인간은 어떤 공통적인 관점을 가지고 있고, 거기에는 한계가 있습니다. 그리고 자연의 변화는 인간의 인식의 한계에서 벗어나 있습니다. 인간이 그것을 알 수 있다고 생각해서는 안 됩니다. 그런데 유학에서는 어떤 특권층이 그것을 알 수 있다고 생각했고, 그것으로 사회를 조직하려고 했습니다. 소위 '천명(天命)'이라는 것이지요. 그런데 누가 천명을 알 수 있을까요? 공자는 50세에 천명을 알았다고 하는데, 그건 오만이 아닐까요? 내가 보는 천명은 '무'일 뿐입니다. 인간은 천명을 명시적으로 알 수 없고, 그것은 말로 표현할 수 없습니다. 굳이 말하자면 '무'라고 할 수 있는 것이지요. 즉, 천명이란 '무'를 따르는 것이 '유'를 따르는 것보다 더 낫다는 것입니다. 따라서 인간이 따라야 할 도는 '무위(無爲)'하는 것입니다. 무위란 인위적으로 뭔가를 만들려고 하지 말라는 뜻이지요. 그럴 때 자연의 이치에 따라 더 행복해질 수 있습니다. 나도 소크라테스 못지않게 앎을 좋아하고, 아는 것이 좋다고 생각하는 사람입니다. 그런데 앎의 최고봉은, '무'와 '무위'를 깨닫는 것입니다."

저는 또다시 의문점이 생겼어요. 무를 너무 강조하다 보면 지식을 부정하게 되는 게 아닐까요? 그러면 좋은 지식을 탐구하려는 마음이 없어지지 않을까요? 그리고 인위적인 게 정말 나쁜 걸까요? 서양에서는 인간의 힘을 믿고 인위성을 키워서 자연을 지배하고 세계를 지배하게 되었잖아요. 이 질문에 노자가 대답했어요.

"동양의 사상가들도 공부와 앎을 매우 중요하게 여겼지요. 공자는 '배우고 익히면 즐겁지 아니한가', '아침에 도를 깨우치면 저녁에 죽어도 좋다'라는 가르침을 남기기도 했어요. 나 또한 앎을 중요하게 여겼지요. 만약에 과학 지식 같은 좋은 지식이 알려져 있었다면 우리도 그 지식을 공부하는 걸 좋아했을 것입니다. 하지만 우리는 과학을 발전시키지 못했습니다. 동양의 지혜는 물의 지혜에 치우쳤기 때문에 세부적이고 많은 양의 지식을 얻는 데에는 불리합니다. 솔직히 말하면, 이제 내가 좀 더 큰 그림에서 보니 동양철학의 단점이 보이더군요. 인정할 건 인정해야겠지요. 동양의 사상은 주관에서 벗어나는 방향을 택했습니다. 공자는 주로 도덕과 사회의 안정을 위해 그것을 가르쳤고, 나는 개인의 자유와 행복을 위해 그것을 가르쳤습니다. 석가도 나와 비슷한 점이 많지요. 석가는 고통에서 벗어나 해탈하는 방법을 찾았는데, 그 핵심적인 방법은 '공(空)'을 깨닫고 행하는 것입니다. '공'은 '비어 있다', '공허하다'는 뜻으로 나의 '무'와 매우 유사합니다. 그 깨달음은 지식이나 말로 올바르게 전해질 수 있는 것이 아니고, 참선과 같은 개인적인 수행이 중요합니다. 불교의 큰 분파인 선종(禪宗)에서는 특히 그 과정에 집중하지요. 석가는 인간이 인지하는 모든 것을 '색(色)'이라고 했는데, 그것은 욕구와도 관련됩니다. 그래서 그것은 집착을 낳습니다. 그런데 색은 공과 같습니다. 즉, '색즉시공 공즉시색'입니다. 이렇게 색을 '없는 것', 즉 '공'이라고 깨달으면 집착이 사라질 수 있습니다. 하지만 그렇게 되면 자신이 겪는 현실을 무시하게 됩니다. 당신도 알다시피 자신이 겪는 현실에 집중할 때 많은 지식을 찾을 수 있고, 과학도 발전할 수 있습니다…. 그리고 또 하나의 단점은, 인간의 힘을 과소평가했다는 점입니다. 인간의 지성이 현대 과학기술과 같은 엄청난 일을 해낼 수 있을지를 우리는 예상하지 못했던 것이지요. 만약에 그럴 힘이 있는 줄 알았다면 과학기술을 위해 지성에 더 많은 투자를 했겠지만, 동양에서는 그걸 모른 채 도덕이나 사회적 안정, 해탈에 집중했습니다. 그러한 철학은 개인의 힘을 줄이는 것이고, 더 나아가 인간의 힘을 제약하는 것이었지요."

노자는 잠시 말을 멈추었고, 다시 이야기를 시작했어요.

"나의 철학에서 가장 잘 알려진 격언은 '무위자연(無爲自然)'이겠지요. 이에 대해 설명해 보겠습니다. 그 뜻은 한마디로 자연의 순리에 따라 사는 것이 좋다는 뜻입니다. 다만 여기서 쓰인 '무'라는 말을 언어로 자세하게 설명해 놓지 않았기 때문에 다양한 해석이 있습니다. 많은 사람은 여기서의 '무위'를 자연을 그대로 놔두는 것이라고 해석하기도 합니다. 그리고 또 어떤 사람은 도시를 떠나 야생에 가깝게 살라는 말로 해석하기도 하고, 심지어 어떤 사람은 자신의 이익을 위해 현실에 최대한 적응하는 '기회주의'와 같은 것으로 해석하기도 하지요. 그 해석들은 모두 문제가 있습니다. 그리고 만약 '위(爲)', 즉 '인위적임'을 '인간의 힘'으로 해석한다면 나의 사상은 큰 단점을 안게 됩니다. 그동안 나의 무위사상은 인간의 힘을 줄이라는 식으로 쉽게 해석되어 인간의 힘을 과소평가하고 억제하는 데 일조한 게 사실입니다. 이런 점이 있다는 건 유감입니다. 나의 철학은 인간의 오만함을 줄이는 역할을 하는데, 그것은 자칫 인간의 힘을 너무 과소평가하게 만들 수도 있지요. 하지만 이건 변명 같기도 하지만 나의 무위사상은 과학기술의 발전이나 자연에 대한 인간의 지배를 부정하는 해석이 아닙니다. 왜냐하면 '무위자연'이란 자연스럽지 않은 것을 인위적으로 만들지 말라는 의미이기 때문입니다. 자연스러운 것은 무엇입니까? 자연을 '정적인 객체'로 보면 인간의 손길이 닿지 않은 자연 그 상태이겠지만, 내가 생각하는 자연이란 자연의 변화와 그 이치(순리)입니다. 만약 자연의 이치를 활용할 수 있다면, 그것을 활용하는 것은 자연스러운 것입니다. 그래서 무위는 다만 자연의 이치가 아닌 것을 인위적으로 만들지 말라는 뜻이 됩니다. 과학과 문명의 발전도 자연스러울 수 있습니다. 다만 내가 비판한 것은 자연의 이치(순리)마저 거스르려는 인간의 오만함입니다."

현대 과학과 인간의 무지

노자는 자연의 순리를 따르는 것이 무위자연이라고 했는데, 이는 과학과도 조화될 수 있다고 했어요. 그런데 어떻게 그렇게 될 수 있는 걸까요? 과학과 '무'는 어떠한 관계가 있는 것일까요? 노자가 말했어요.

"앞에서 말했듯이 내가 과학을 알아본 결과, '무'에 대해 더 설명을 잘 할 수 있을 것 같습니다. 하하, 내가 과학을 안다고 해서 너무 놀라지 않기를 바랍니다. 내 관심사의 연장선상이니까요. 나는 생전에 자연의 이치를 관찰해서 그 이치(도)가 '무'와 같다고 말했습니다. 이건 자연의 궁극적인 이치이고, 이는 과학적 탐구와도 연관이 있습니다. '무'와 과학은 자연의 이치라는 점에서 일치됩니다. 나는 자연의 변화와 관계에 주목했고, 과학도 자연의 변화와 관계를 탐구합니다. 과학은 자연의 변화의 양상을 인간이 알 수 있도록 표현한 것이라고 할 수 있습니다. 물리학의 법칙이 그 예이죠. 그리고 과학을 통해서 인간은 자연에서 보이지 않는 영역과 미래를 예측합니다. 그렇다면 인간은 정말로 과학을 통해 그 모든 것을 알 수 있을까요? 나는 '결코 알 수 없다'고 생각했습니다. 인간이 알 수 있는 자연의 이치란 '없는 것'처럼 보입니다. 그렇기 때문에 '무'입니다."

저는 잘 이해가 되지 않았어요. 자연의 이치가 없다니요? 그러면 과학의 발전 과정에서 이룩한 많은 성과는 다 뭘까요? 물리학 법칙은 다 뭘까요? 이 질문에 노자는 대답했어요.

"과학이 발전하면서 점차 그 이치가 드러났습니다. 그럼 과거부터 살펴보지요. 근대 초기에 과학 혁명이 일어나면서 인간의 오만함은 엄청나게 커졌습니다. 데카르트와 뉴턴은 세상이 기계적으로 작동하고 있다고 생각했고, 많은 학자가 과학과 물리학이 발전하면 마침내 그 원리를 다 밝혀낼 수 있을 것이라고 생각했지요. 뉴턴의 물리학은 그 증거처럼 보였죠. 그런데 현대로 넘어오면서 자연에 대한 기계론적 세계관이 바뀌기 시작합니다. 인간이 모든 것을 알 수 있다는 희망이 꺾이기 시작합니다. 처음에 그 조짐은 아인슈타인의 상대성이론에서부터 시작됩니다. 상대성이론은 '모든 물체의 속도는 빛의 속도를 넘을 수 없다'는 걸 전제로 합니다. 그런데 왜 그걸 전제로 해야 할까요? 그건 어쩌면 인간의 한계를 의미하는 건지도 모릅니다. 상대성이론으로 뉴턴의 법칙과 같은 기존의 물리 법칙에 오류가 있다는 것이 밝혀집니다. 기존의 물리학은 시간과 공간이 모든 사람에게 공통적이고 절대적이라는 걸 전제로 합니다. 하지만 알고 봤더니 사람의 관점마다 달랐습니다. 그에 따라 뉴턴의 법칙 $F=ma$(힘은 질량과 가속도의 곱과 같다)가 정확히 올바르기 위해서는 '일관된 속도를 가진 한 사람의 관점 안'을 가정해야 합니다. 그런데 현실은 그와 다르죠. 그러면 그 법칙은 왜 현실에서 맞는 것처럼 보일까요? 대개 물체의 속도는 빛의 속도에 비해서 너무나 느리고, 인간 각자의 속도도 차이가 크지 않기 때문입니다. 게다가 아무리 '일관된 속도를 가진 한 사람의 관점'이라고 하더라도 그 공식이 항상 옳은 것은 아닙니다. 물체의 속도가 빛의 속도에 가깝게 커지면 F가 증가하는 게 아니라 오히려 줄어듭니다. 왜냐하면 a는 가속도인데, 무엇이든 빛의 속도 이상이 될 수 없으므로 가속도가 0에 가까워지기

알베르트 아인슈타인(좌)과 닐스 보어(우)

때문입니다. 그런데 아인슈타인은 절대적 세계관을 상대론으로 바꾼 업적이 있기는 하지만, 여전히 기계론적 세계관을 가지고 있었습니다. 그는 자신의 상대성이론과 $E=mc^2$ 같은 지식을 부가하고, 과학이 발전하면 세계의 모든 변화를 설명하는 '최종 공식'을 얻을 수 있을 것이라고 생각했어요. 그 말은 인간이 자연의 변화를 모두 알 수 있고, 모두 예측할 수 있다는 말입니다. 그 가정은 자연이 마치 자동판매기처럼 입력 값을 넣으면 그 결과가 기계적으로 나오는 식으로 작동한다는 것입니다. 인간이 그 자동판매기의 원리를 알고 있다면 한 치의 오차도 없이 결과 값을 예측할 수 있겠지요. 당시 많은 사람은 인간이 그러한 최종 공식을 갖지 못한 건 '아직 과학이 발전하지 못해서'라고 생각했습니다. 그리고 그 '앎'을 가지는 게 언제일지는 모르지만 가능할 것이라고 생각했지요. 하지만 '양자물리학'이 나오면서 그 기대가 산산이 부서졌습니다. 양자물리학(양자역학)은 현대 과학의 핵심이자 과학의 가장 큰 혁명적 변화였습니다. 그리고 그것은 '무'에 대한 과학적인 설명을 하는 데 좋은 근거가 됩니다."

◆━━━━━━━◆

노자는 잠시 생각을 한 뒤 다시 말하기 시작했어요.

"과학의 목적은 무엇입니까? 자연이 작동하는 원리를 찾기 위함입니다. 그 원리는 미래를 예측할 수 있는 원리입니다. 어떠어떠한 조건을 알 때, 미래에 자연이 어떻게 바뀔지를 아는 것이 바로 과학의 목표이지요. 그것은 '법칙'이 됩니다. 과학은 법칙을 찾는 것이지요. 하지만 나는 자연의 변화가 근본적으로 '무법칙적'이라고 생각합니다. 그건 근대 과학의 기계론적 세계관과 결정론과는 배치되는 생각이지요. 그런데 과학이 발전하면서 점점 작은 영역까지 들어가 본 결과, 매우 작은 양자의 영역에서는 '이해할 수 없는' 현상이 발생합니다. 음… 여기서 양자물리학에 대한 자세한 설명은 생략하겠습니다. 간단하게 말하면, 양자의 세계에서는 미래를 결코 정확하게 알 수 없습니다. 인간이 알 수 있는 것은 '확률'뿐입니다. 예를 들어 결과가 A가 될 확률이 70퍼센트이고, B가 될 확률이 30퍼센트이다, 이러한 것만 알 수 있습니다. 이 말은 결과를 정확히 알 수는 없다는 말이지요. 그래서 원인을 알더라도 결과를 모르고, 결과를 알더라도 원인을 알 수 없는 일이 발생합니다. 예를 들어 결과(측정) 값이 A가 나왔다, 그러면 A가 나오게 된 원인은 무엇인가? 거기에는 알 수 없는 부분이 있습니다. 아무리 확률에 따른다고 해도 그 과정에서 결국 알 수 없는 '무작위성'이 개입하지요. 몇몇 학자는 이러한 현상에 대해 어쩌면 과학이 더 발전하면 그 무작위성이 제거될지 모른다고 생각했지요. 하지만 엄밀한 과학적 연구 결과는, 그 생각이 틀리고 자연에는 진정한 무작위성이 존재한다는 것이었습니다. 과학이 드디어 인간 지성의 한계점과 '무'의 이치를 발견한 것입니다. 양자물리학의 기틀을 만든 덴마크의 닐스 보어(Niels Bohr)는 양자의 세계가 동양사상과 유사하다는 것을 깨달았습니다. 그는 우리가 이해하기는 어렵지만, 자연의 진리를 그대로 받아들여야 한다고 말했지요. 그로인해 양자물리학의 주류(정통, orthodox)인 '코펜하겐 해석'이 만들어졌습니다. 보어의 업적은 아인슈타인에 못지않습니다. 어쩌면 더 뛰어날 수도 있어요. 양자물리학과 관련된 둘 간의 논쟁에서 결국 보어가 이긴 걸로 판명나기도 했지요. 다만 그의 생각이 '서양적 사고방식'과 맞지 않는다는 이유에서인지 몰라도 대중적으로는 아인슈타인에 비해서 훨씬 덜 알려졌지요… 양자물리학의 성과에는 다음과 같은 시사점이 있습니다. 자연의 매우 작은 부분을 살펴봤더니 원인으로 작용하는 '무작위성', 즉 결코 알 수 없는 작용이 있었고 '무가 유를 발생시킨다'는 것을 깨닫게 되었다는 점입니다. 이 것이 어떠한 혁명적 변화였느냐면, 이전까지 사람들은 모든 사건에

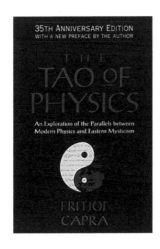

프리초프 카프라의 『현대물리학과 동양사상』
현대에 일부 과학자는 현대과학과 동양사상의
유사점에 주목했고, 이 책은 그 흐름을 잘
보여 준다. 다만 몇몇 과학자는 이러한 관심이
신비주의로 흐를 수 있다며 경계하기도 한다.

는 완전한 원인이 있고, 그 원인은 인간이 모두 알 수 있을 것이라고 생각했습니다. 즉, 모든 원인은 '유'라고 생각했지요. 하지만 인간이 결코 알 수 없는 '무'가 원인으로 작용했던 것입니다. 그로 인해 미래는 예측할 수 없는 것이 됩니다. 이는 인간이 '결코' 예측할 수 없는 것입니다. 과학이 발전하면 알 수 있는 것이 아닙니다."

그런데 저는 한 가지 의문이 생겼어요. 그렇다고 하더라도 양자의 세계는 극도로 작은 것이기 때문에 극히 한정된 영역에서 일어나는 일에 불과하지 않을까요? 제가 이런 질문을 하자 노자가 대답했어요.

"그 질문이 나올 줄 알았습니다. 절대적인 예측 불가능성, 즉 '무'의 작용이 단지 굉장히 작은 양자 영역에서만 적용될 뿐일까요? 다만 아직도 거시적인 영역은 한 치의 오차도 없이 기계적으로 작동할 거라고 믿는 사람이 많이 있습니다. 하지만 거시적 영역에 '무'의 개입이 전혀 없다는 증거는 하나도 없습니다. 음… 여기에서 생물학을 이야기하고 싶지만 그것은 잠시 뒤에 하도록 하고, 자연에 대한 '예측 불가능성'에 대해 이야기해 보지요. 인간이 많은 물리 법칙을 알고 적용할 수 있다고 하지만, 정말로 미래를 잘 예측하고 있습니까? 왜 인간은 아직도 날씨를 제대로 예측하지 못할까요? 왜 인간은 주식시장이나 역사의 미래를 잘 예측하지 못할까요? 과학이 극도로 발전하면 그것도 완벽하게 예측할 수 있을까요? 미래는 정해져 있고, 알 수도 있는 것일까요? 만약 어딘가 조그만 부분이라도 '무'가 개입되면 커다란 부분도 예측할 수 없게 바뀝니다. 현대의 과학자들은 세상이 생각보다 훨씬 복잡하다는 걸 깨달았습니다. 세상에는 예측할 수 없는 것투성이입니다. '무'가 없다고 하는 기계론적·결정론적 세계관에 따르면, 그 모든 것도 결국 인간이 전부 알 수 있고 통제할 수 있다고 생각할 것입니다. 하지만 원인으로 작용하는 '무'를 발견했다면, 비록 그것이 작은 영역이라고 해도 얼마든지 큰 결과의 원인으로 개입할 수 있습니다. 왜냐하면 큰 영역과 작은 영역은 완전히 닫혀 있는 두 개의 물리계가 아니라 서로 영향을 주고받기 때문입니다. 따라서 큰 영역의 변화도 인간이 '결코' 완벽히 예측할 수 없다는 것을 받아들일 수 있습니다. 과연 무엇을 믿어야 할까요? 커다란 영역에서 예측하기 어려운 변화를 접하기는 하지만, 여전히 그것도 인간이 다 알 수 있다고 믿어야 할까요? 아니면 그 원인에 '무' 또는 '무지'의 영역이 개입한다는 걸 믿어야 할까요? 이 세상은 복잡계(complex system)입니다. 복잡계는 그 변화를 예측하기 어렵고, 어쩌면 예측이 불가능한 계를 말합니다. 현대에 와서 복잡계에 대한 관심이 증가했는데, 그 시초가 된 계기가 있습니다. 로렌츠(Edward Lorenz)는 수학식에서 조그만 변화를 줬더니 예측하기 어려운 커다란 변화가 일어나는 것을 관찰했습니다. 그것이 바로 '나비효과'이지요. '북경의 나비 한 마리의 날갯짓이 미국에서 폭풍을 일으킨다'는 비유로 잘 알려져 있지요. 즉, '매우 조그만 원인이 커다란 결과로 증폭된다'는 것입니다. 로렌츠의 업적과 나비효과는 무엇을 의미할까요? '세상은 생각보다 더 복잡하고 예측하기 어렵다'는 것을 의미합니다. 그런데 어떤 이는 복잡계의 의미를 거꾸로 이해해서 '복잡한 세상은 생각보다 단순하다'고 주장하는 사람도 있습니다. 그건 불의 지혜에 취해서 복잡계에 관심을 가지는 과학의 시도만으로 모든 문제를 해결할 수 있을 것이라는 주관적 희망에 불과합니다. 나비효과와 카오스는 불의 지혜로서는 나쁜 소식입니다. 그건 거시적 세계의 예측 불가능성을 뒷받침하는 사례이지요. 물론 불의 지혜로 복잡한 세상의 단순한 원리를 알아내려는 시도는 계속할 수 있겠지요. 하지만 한계가 있을 겁니다…. 근대 초기에 과학혁명이 일어나자 서양인은 인간이 전지자(全知者)가 될 수도 있겠다는 생각을 했습니다. 하지만 현대 과학은 그것이 불가능함을 증명했습니다. 인간이 세상을 다 알 수 있고, 예측할 수 있고, 통제할 수 있다고 착각해서는 안 됩니다. 그러한 생각은 오만에 불과합니다."

생명과 창조

인간은 불의 지혜가 발달할수록 모든 걸 알 수 있다는 오만이 커졌어요. 불의 지혜는 더 많은 지식을 만들어 주는 지혜이고, 특히 '인과율'과 같은 과학 지식을 찾게 해 주죠. 그것으로 인간은 미래를 예측할 수 있다는 자신감을 얻었어요. 신들은 인간이 불의 지혜를 갖게 되면 그러한 오만이 생길 것을 우려했어요. 하지만 미래는 아폴론 님과 프로메테우스 님만이 알 수 있어요. 음… 제우스 님이 알 수 있는지는 잘 모르겠지만요. 인간은 오만을 줄여야 해요.

저는 '무'로 인해 인간의 오만이 줄어들 수 있다는 점은 좋은 점이라고 생각했어요. 인간은 항상 어떤 진리를 만들려고 하고, 그걸 커다란 세상으로 확장하려고 하죠. 그것이 독단을 낳고 법칙을 낳고 폭력을 낳아요. 매우 오래전부터 인간은 어떤 진리를 만들고, 그것에 위배되는 것을 가혹하게 처벌해 왔죠. 진리가 '무'라는 것을 깨달으면 그러한 폭력과 억압이 줄어들 것 같았어요. 제가 이런 말을 하자 노자가 말했어요.

"허허, 이제 점점 저의 사상이 이해가 되나 보군요. 그런데 '무'에 대한 본격적인 이야기는 이제부터 시작입니다. 이제부터는 '무'

가 인간에게 어떠한 도움을 주는지를 이야기해 볼 차례입니다. 앞에서 '무'는 '예측 불가능성', '무법칙성'과 같은 것이라고 해서 과학이나 불의 지혜 입장에서 볼 때는 나쁜 것처럼 느껴질 수도 있을 것입니다. 하지만 '무'는 인간에게 좋은 것입니다. 물론 그 자체로 좋다기보다는 그것에 적응하고 잘 활용했을 때 좋은 것이지요. 이제는 '생명'에 관한 이야기를 해 보겠습니다."

저는 노자의 말에 호기심이 커졌죠. 노자는 무슨 말을 더 할지 생각을 하는 듯 보였어요. 잠시 후 그가 입을 열었어요.

"나는 '유무상생(有無相生)'이라는 말을 좋아합니다. 이 말에 도의 핵심 원리가 담겨 있고, 인간이 더 잘 살게 되는 원리도 담겨 있지요. 그런데 이 말도 해석하기가 쉽지는 않을 것입니다. 이것은 일단 '유와 무가 서로를 살게 한다'는 말이지요. 여기서 '생', 즉 '살게 한다'는 말의 의미는 무엇일까요? 유와 무는 세상의 모든 존재에 관련된 말이니, 기본적으로 여기서의 '생'은 '존재하게 한다'라고 해석될 것입니다. 그래서 '유와 무가 서로를 존재하게 만든다' 정도로 해석할 수 있지요. 『도덕경』 제2장에서 이 말을 썼을 때는 '상보성(相補性, 서로 돕고 부족한 부분을 채움)'을 강조한 것이지만[주 : 제2장의 맥락에 의해 종종 상대주의의 의미로 해석되기도 한다], 나는 생전에 일관되게 '유'뿐만 아니라 '무'가 존재를 만들고 존재의 유익함을 만드는 원인으로 작용한다고 생각했습니다. 유

상보성 원리를 그림으로 표현한 태극도
음(−)과 양(+)은 단독으로 존재할 수 있는 것이
아니라 서로를 보완하고 원인적인 관계에 있다.
닐스 보어는 동양의 상보성과 태극도의 영향을 받아
양자물리학에서 상보성 원리를 주장하고, 이것이
양자물리학의 주류(orthodox)인 코펜하겐 해석이
된다. 즉, 입자와 파동의 관계, 하이젠베르크의
불확정성 원리는 상보성을 통해 이해된다.

무상생도 그 의미를 내포합니다. 그런데 무가 유의 원인으로 작
용한다는 것을 나는 직관적으로 알 뿐이어서 자세히 설명하기
는 어려웠습니다. 그런데 나중에 이 부분이 주로 '생명'과 관련되
어 있고, 그렇게 보는 것이 낫다고 생각하게 되었습니다. 왜냐하
면 우리가 경험하는 많은 사물은 '무'가 아니라 규칙적으로 변화
하는 것처럼 보이기 때문입니다. 혹시 당신도 그러한 의문이 들지
않았습니까? 세상에서 많은 것이 마치 기계적으로 움직이는 것
처럼 보입니다. 근대 과학은 많은 기계적인 원리를 알아내었고 그
것은 유용했습니다. 그런데 기계적인 법칙은 그 자체로 '유'일 뿐
입니다. 그리고 그러한 법칙이 있다는 것만으로도 모든 '유'가 '무'
에서 만들어졌다는 말은 신뢰도가 떨어질 수 있습니다. 그리고
나의 사상의 장점도 줄어들겠지요."

저도 사실 그 점을 지적하고 싶었어요. 양자역학에서 무작위성이
일어난다고 하더라도, 더 나아가서 눈에 보이는 것들의 미래를 완벽

하게 예측하기 어렵다고 할지라도, 여전히 많은 것이 어떤 물리법칙을 따르고, 기계적으로 작동하고 있어요. 그러면 대체 '무'를 어떻게 받아들이고 이용해야 한다는 것일까요? 노자는 말을 이어 갔어요.

"다시 '유무상생'의 문제를 봅시다. 여기서 '생(生)'이라는 말을 아까는 단지 '존재하게 한다'라고 해석했지만, '생'에는 '살아 있게 만든다'라는 뜻도 있습니다. 사실 그 뜻이 더 강하지요. 살아 있다는 것은 무생물처럼 단지 존재하기만 한다는 의미보다는 '생물처럼' 살아 있다는 뜻이 강합니다. 자연에는 물론 많은 무생물이 포함되어 있지요. 그리고 무생물은 많은 경우에 법칙적으로 변화합니다. 생명이 없는 것은 대체로 법칙적인 반면에 살아 있는 것은 법칙적이지 않습니다. 무생물에 무법칙성이 적용되면 그것은 살아 있는 것으로 변합니다. 그리고 살아 있는 것에서 무법칙성을 제거하면 그것은 무생물이 됩니다. 그것이 죽음입니다. 그러므로 '유무상생'은 생명을 만드는 원리 그리고 생명력으로 보았을 때, 더 잘 해석될 것입니다. 도는 모든 자연의 이치이지만, 특히 무생물이 생명력을 얻어 생물로 바뀌는 현상의 이치입니다. 되돌아보면 나는 생전에 무생물보다는 생물에 더 관심이 많았던 것 같습니다. 그런데 유무상생의 이치가 무생물까지 포함한다고 해도 말이 안 되는 건 아닙니다. 무생물의 변화도 단지 법칙을 따르는 변화만 있는 게 아닙니다. 모든 변화가 있기 전에 '생성(生成, 새롭게 나타남)'이 먼저 있었던 것입니다. 이를 합쳐서 자연은 '생성변화'한다고 말합니다. 지구와 우주도 '생성'이 먼저 있었지요. 그리고 태풍과 같은 무생물도 새롭게 생성됩니다. 다만 우리는 생명에 더욱 관심을 가져야 합니다. 인간이 더 잘 살고 행복해지는 원리는 생명 현상과 관련이 크기 때문입니다. 자연은 인간의 사정과는 무관하게 '무'를 내포하지만, 그것은 특히 인간의 좋은 삶을 위해서 꼭 필요한 것입니다. '무'는 '생명력'을 만듭니다."

노자는 생명에 있어 무법칙성이 매우 중요하다고 말했는데, 저는 그에 대한 설명이 더 듣고 싶었어요. 설명해 달라고 말하자, 노자는 대답을 이어 나갔어요.

"물론 생명에도 법칙적인 면이 있습니다. 유전도 일어나고, 병의 발병과 치료에도 상당히 법칙적인 면이 있지요. 하지만 생물은 무생물과 다른 점이 있습니다. 앞에서 예측하기 어려운 복잡계에 대한 이야기를 했는데, 복잡계는 특히 생명 활동에서 많이 관찰됩니다. 아마 다양한 과학 분야 중에서도 특히 생물학자들이 자연의 '복잡함'을 더욱 실감하고 있을 것입니다. 진화와 세포의 발생, 뇌의 작동에서도 복잡함이 일어납니다. 인간은 진화의 최종 결과물입니다. 이것도 인간 위주의 사고일지는 모르겠으나, 인간이 수많은 생물 중에서 가장 위대한 능력을 가지고 있다는 건 사실일 겁니다. 그렇게 위대한 능력을 가진 인간은 생물이 진화에 진화를 거듭해서 마침내 최종적으로 생겨난 생물입니다. 진화의 원리는 '새로운 것의 출현'입니다. 그런데 새로운 것이 출현하는 현상이 쉽게 이해되는 것일까요? 과학적으로는 매우 이해하기 어려운 현상입니다. 왜냐하면 여기서 말하는 새로운 것이란 예측 불가능하게 나타남을 뜻하기 때문입니다. 생명의 진화 현상을 점점 미시적으로 파고들어 가 보면, 거기에는 '퀀텀점프'처럼 갑자기 새로운 것이 등장하는 과정이 있습니다. 그것은 새로운 개체가 탄생하면서 마치 '돌연변이'처럼 나타납니다. '돌연변이'라고 해서 너무 괴상한 것을 생각할 필요는 없습니다. 수컷과 암컷의 유전자가 결합하면서 예상치 못했던, 전에는 존재하지 않았던 새로운 개체가 나타나는 것도 돌연변이의 일종이니까요. 생물이 무성생식(성의 구분이 없이 자기 복제를 하는 것)에서 유성생식(남녀의 성이 나뉘는 것)으로 진화한 이유도 후손의 다양성이 커지는 장점 때문입니다. 생물이 다양해졌을 때, 환경의 변화에 잘 적응한 생물이 살아남고, 생물은 점차 환경에 잘 적응할 수 있는 뛰어난 능력을 갖습니다. 그런데 이러한 진화의 원리를 잘못 해석하여 '힘센 자가 약한 자를 제거한다'라고 하는 잘못된 사상으로 변질되기도 했습니다. 이러한 잘못된 해석이 20세기 초 인간의 거대한 악행의 큰 원인으로 작용했습니다. 하지만 그것은 오만의 산물에 불과합니다. 그러한 악행은 오히려 다양성을 줄이고 진화의 원리에 역행하는 것입니다. 진화의 원동력은 '다양성'

에 있습니다. 그러면 다양성은 어떻게 해서 탄생하는 것일까요? 미시적인 부분에서 보면, 수정으로 인해 DNA가 만들어지거나 DNA가 복제되는 과정에서 '예상치 못한' 새로운 DNA가 만들어질 수 있습니다. 많은 학자가 새로운 DNA가 발생하는 미시적 과정에서 양자역학의 무작위성이 개입한다고 생각합니다. 그렇다면 그것은 '무'에서 '유'가 만들어지는 것입니다. 즉, 다양성의 탄생은 '무'로 인해 만들어집니다. 만약에 기계적이고 예측 가능한 '유'만 있다면, 다양성은 일어나지 않거나 적어도 훨씬 줄어들 것입니다. '무', 다시 말해 '예측 불가능성', '무작위성'은 다양성을 만드는 원인입니다. 이것이 새로운 것, 즉 '창조'를 만드는 과정입니다. 창조란 '무'에서 '유'가 탄생하는 과정이고, '무법칙성'으로 인해 예상치 못한 것이 나타나는 과정입니다. 이는 단지 기계적인 변화의 과정이 아닙니다. 즉, 내가 말한 유무상생은 이러한 '창조'를 의미합니다…. 프랑스의 현대 철학자 베르그송(Henri Bergson, 1859~1941)은 생물의 진화가 창조의 과정이며, 이는 이성을 통해 파악할 수 없는 신비로운 현상이라고 생각했습니다. 그의 『창조적 진화』는 철학서이기는 하지만 생물학이나 물리학 책처럼 보이기도 합니다. 그 책에서 그는 동물 중에서 가장 기계적으로 행동하지 않는 인간은 '창조'라고 하는 진화의 원리이자 목적의 최종 결과물이며, '창조'와 '자유'가 바로 생명의 근원적인 힘이자 목적이라고 보았습니다. 그 책을 읽었을 때, 나의 생각과 굉장히 많이 닮아서 놀랐습니다. 다만 베르그송은 그 근원적

앙리 베르그송과 그의 저서 『창조적 진화』

힘을 과학적, 이성적으로 파악할 수 없다고 주장함으로써 신비
주의라는 의심을 받기도 하지요. 그런데 그러한 것은 실제로 존
재하며, 과학적으로도 간접적으로 파악할 수 있습니다. 그러한
창조의 근원이 '무'입니다."

'무'는 그 무법칙성으로 인해 다양성을 만들고, 이것은 진화의 원
동력이었어요. 그런데 인간은 단지 진화를 위해서 사는 건 아니잖
아요. 인간이 자신의 삶에서 '무'의 힘을 활용해서 더 잘 살 수 있을
까요? 제가 이렇게 물어보자 노자는 기다렸다는 듯이 말했어요.

"내가 말하는 '도'는 자연과 생명의 이치이면서 생명을 보다 생명답게 만드는 힘입니다. 그리고 인간이 '도'를 따르면 보다 잘 살게 되고, 행복해지고, 건강해집니다. 그것이 자연의 이치입니다. 그런데 인간은 흔히 그 이치를 잊어버리고 맙니다. 아마도 그러한 도가 잘 감지되지 않는 '무'이기 때문일 것입니다. 음… 당신에게 질문을 하나 하겠습니다. 인간은 지구에 존재하는 생물 중에서 가장 뛰어난 머리를 가지고 있습니다. 그러면 인간 머리의 좋은 능력은 대체 어디에서 비롯한 것일까요?"

저는 질문의 의도가 짐작되지 않아 조금 망설였지만, 그것은 불의 지혜가 아닐까 하는 생각이 들었어요. 프로메테우스 님이 준 불의 지혜로 인해서 인간은 다른 동물을 지배했으니까요. 제가 인간의 좋은 머리는 불의 지혜에서 비롯한 것이 아니냐고 말하자 노자가 말했어요.

"불의 지혜라… 하하, 그런데 불의 지혜는 그리스어 '로고스'와 같은 것 아닌가요? 그러니까 이성적인 지혜를 말하고, 그 지혜는 언어와 논리를 사용하고, 자연의 법칙을 찾는 능력을 말하겠지요. 그런가요?"

저는 그렇다고 말했죠. 그러자 노자가 말했어요.

"물론 불의 지혜가 발달하면 인간에게 유익한 점이 있습니다. 하지만 그것만으로는 상당히 부족합니다. 많은 사람이 '머리가 좋다'는 것을 떠올릴 때 당신처럼 이성적인 지혜를 주로 떠올립니다. 하지만 정말로 좋은 지혜나 좋은 머리는 그것만 가지고는 되지 않습니다. 왜냐하면 그것만으로는 '창조'를 이룰 수 없기 때문입니다. '창조'를 위해서는 '무'를 활용해야 합니다. 그런데 '무'는 잘 감지되지 않기 때문에 사람들이 잘 인식하지 못할 뿐이지요. 그럼 이성적인 머리의 한계에 대해서 말씀 드리겠습니다. 이성적인 머리는 기계적입니다. 그걸로 수학문제를 잘 풀고, 논리적일 수는 있을 겁니다. 하지만 최상의 이성을 지녔다고 해서 과연 가장 잘 살게 되고 가장 행복해질까요? 심지어 가장 '합리적'이 될 수 있을까요? 그렇지 않습니다. '합리적'이라는 말을 자연스럽게 해석해 봅시다. 그것을 결과론적으로 해석해서 더 잘 사는 방법, 더 좋은 결과를 얻게 만드는 방식이라고 해 봅시다. 과연 이성적인 방식만으로 더 잘 살게 되고 더 좋은 결과를 얻을까요? 그렇지 않습니다. 왜냐하면 그것은 창조적이라기보다는 기계적이기 때문입니다. 이성적 방식으로 논리적인 사고를 할 수 있고 정해진 문제 해결을 할 수 있으므로 그것도 물론 인간이 잘 사는 데 많은 도움이 될 것입니다. 하지만 진정으로 좋은 머리가 되기에는 상당히 부족합니다. 그 방식만으로는 새로운 생각을 창조할 수 없기 때문입니다. 또한 기계적 사고는 새로운 생각을 받아들이는 '유연성'을 떨어뜨려서 사고를 갇히게 만들고, 독단을 일으켜 실제로 잘못된 판단을 하게 만들기도 합니다. 이성적 능력만 발달하고 '창조성'과 '유연한 사고'가 부족한 사람은 겉으로 보기에도 머리가 좋아 보이지 않습니다. 그 극단적 사례가 '자폐증'입니다. 자폐적인 사람들의 특징은 생각과 행동이 기계적이라는 것입니다. '기계적'이라는 말은 반복적이고 단순하며 예측 가능하다는 뜻이지요. 자폐적인 사람은 이성적인 머리에 문제가 없거나 종종 뛰어난 능력을 보이기는 하지만, 기계적이고 반복적인 사고를 하므로 진정한 창조를 하지 못합니다. 심할 경우에는 정상적인 생활도 어려워집니다…. 생명의 힘과 '무'는 기계적인 것과 반대입니다. 그래서 무생물은 가장 기계적이고, 생물 중에서도 하등동물은 기계적인 면이 강하다고 할 수 있습니다. 생물은 진화할수록 '무'를 더 잘 활용합니다. 그리고 점차 스스로 창조할 수 있는 힘을 갖습니다. 인간의 가장 뛰어난 점은 바로 '무'를 활용할 수 있다는 점입니다."

번영과 행복의 비밀

노자는 '무'를 활용하는 물의 지혜가 인간을 더 잘 살게 만든다고 말했어요. 그런데 저는 한 가지 의문이 생겼어요. 불의 지혜를 발달시킨 서양이 현재 세계를 지배하고 있고, 경제적으로도 잘살고 있지 않나요? 그렇다면 결국 성공을 위해서는 불의 지혜가 더 중요한 게 아닐까요? 어쩌면 노자는 물질적 성공보다는 마음의 평온과 정신적 행복에 국한해서 말하는 것이 아닐까요? 이렇게 질문하자 노자가 말했어요.

　"허허, 좋은 질문입니다. 그런데 제가 말하는 '잘 사는 것'에는 정신적 행복만 이야기하는 게 아닙니다. 물질적 성공도 포함되는 것입니다. 이 말에 놀랄지도 모르겠군요. 하지만 분명히 그렇습니다. 현대에 세계를 지배하고 있는 세력은 어디입니까? 가장 잘사는 세력은 어디입니까? 단지 서양 전부가 아닙니다. 정확히 말하면 그중에서도 미국이고, 또 그 모태인 영국입니다. 그들은 단지 불의 지혜만 계발하지 않았습니다. 사실 그들은 물의 지혜, 즉 '무'의 힘을 잘 활용했던 것입니다. 서양 내에서도 불의 지혜뿐만 아니라 물의 지혜를 가장 잘 활용했기 때문에 가장 잘살게 되었던 것입니다…"

　노자는 계속 설명을 해 나갔고, 저는 미국과 영국이 다른 유럽 국가들과 조금 다른 면이 있었다는 걸 알게 되었어요. 서양은 불의 지혜를 계속 발달시켰지만, 20세기에는 큰 위기에 처한 적이 있었어요. 그 위기에서 서양 문명을 구한 것도 사실상 영국과 미국이었지요. 그 후로 특히 미국은 엄청난 경제적 번영을 이루고, 세계를 지배하게 되죠. 그 힘은 단지 불의 지혜가 아니었어요.

　영국과 미국은 다른 유럽 국가에 비해 특이하게도 전통적으로 실용적인 경향이 강했어요(제3장을 참조). 다시 말하면 그들에게는 '결과주의'적인 성향이 있었다는 거죠. 영국에서 발달한 공리주의

[주 : 결과적으로 최대 다수의 최대 행복을 추구하는 윤리 사상]는 결과론적이고, 미국의 경우도 실용주의 철학이 특히 발달했죠. 그런데 이런 성향은 철저하게 이성적인 불의 지혜와는 상당히 달라요. 유럽 대륙 쪽은 논리적 과정을 중시하는 불의 지혜에 집착하는 성향이 있었지만, 전통적으로 영국은 그것에 집착하지 않고 실용성을 추구했어요. 그래서 유럽 대륙에서는 '합리성'을 주로 '이성적 과정'으로 본다면, 영국과 미국에서는 '합리성'을 '결과적 이득'으로 보는 경향이 있었어요.

현재 미국의 번영 이전에 세계 최고의 국가는 영국이었어요. 영국은 가장 많은 식민지를 거느리고 18세기 중엽에는 세계 최초로 '산업혁명'을 일으킨 국가가 되었죠. 증기기관의 발명으로 인한 산업혁명은 영국의 번영에 결정적인 역할을 했답니다. 그런데 왜 하필 영국이었을까요? 이에 대해서 학계에는 여러 가지 설이 있어요. 영국 지방에 증기기관의 연료인 석탄이 많았다든가, 제도나 정세가 유리했다든가 하는 설인데, 저는 다른 점을 지적할 거예요. 중요한 이유 중 하나는 당시 영국인의 실용주의와 결과주의 덕분이었어요. 그러한 에토스(습성) 또는 사회 분위기로 인해서 방적기나 증기기관차와 같은 '발명'이 쉽게 일어났던 거죠.

발명은 과학과 이성적 사고에 집중한다고 해서 이룰 수 있는 것이 아니에요. 실제로 과거의 발명가들은 대개 과학자가 아니었어요 [주 : 제임스 와트(James Watt), 조지 스티븐슨(George Stephenson), 토머스 에디슨(Thomas Edison)은 생산직 기술자이거나 사업가였다. 참고로 에디슨

(좌로부터 시계방향)
영국의 스티븐슨이 발명한 증기기관차 ↑
미국의 발명가 에디슨 ╱
영국의 뮤지션 비틀스 →

은 유령의 존재를 굳게 믿었고, 유령을 탐지하는 장치를 발명했다고 주장하기도 했다]. 발명이 잘 일어날 수 있는 조건은 실용주의, 결과주의, 창의성 같은 것들이에요. 그런데 이러한 조건이 불의 지혜일까요? 실용주의, 결과주의, 창의성은 비이성적인 것에 가까워요. 그것들은 과정을 이성적으로 따라가는 것이 아니라 퀀텀점프처럼 새로운 결과를 만들어 내고, 기존의 것을 초월하는 무언가를 찾는 것이에요. 이 조건들은 차라리 물의 지혜에 가깝죠. 영국과 미국은 불의 지혜에 집착하지 않음으로써 좀 더 유연하고 창조적일 수 있었어요. 그리고 그 덕분에 많은 발명이 일어나고, 많은 신상품이 나오고, 대중문화(pop)도 발달했죠. 그래서 영국과 미국은 선진화한 엄청난 부국이 되었어요.

그리고 또 다른 요인으로, 영국과 미국이 믿었던 개신교(프로테스탄트), 특히 청교도에서 가르친 금욕주의와 근면함, 소명의식도 경제 성장과 번영에 큰 역할을 했어요. 이는 사회학자 막스 베버(『프로테스탄트 윤리와 자본주의 정신』)가 설명한 것이죠. 이러한 금욕적이고 신비적(종교적)인 지혜는 물의 지혜예요. 그러니까 미국과 영국의 번영에는 사실 물의 지혜의 역할이 매우 컸어요. 하지만 그들은 그걸 잘 알지 못하고 있는 것 같아요. 아마도 물의 지혜가 잘 인지되지 않는 특징이 있기 때문이겠죠. 이에 대해 노자는 이렇게 말했어요.

"실용주의와 결과주의는 과정에 신경 쓰지 않고 좋은 결과만 나오면 되기 때문에 그 원리를 아는 데에는 시간이 많이 걸립니다. 원인도 모른 채 결과만 추구한다는 점에서 그들은 지성적이지 않다는 비판을 받는 데다 기반도 부실해져 허무감을 느끼게 되지요. 사람들은 그들의 성공 원인이 불의 지혜에 있었다고 쉽게 생각할 수 있습니다. 하지만 그렇지 않습니다. 그들이 새로운 것을 많이 창조해 낼 수 있었던 원리를 근본적으로 들여다보면 형식에 얽매이지 않는 '무'를 활용했기 때문입니다. 창조를 일으키는 '무'는 법칙을 파괴하고 자유를 만듭니다. 그러한 자유 속에서 다양성이 일어나고 새로운 것이 나타납니다. 다양성과 자유를 보장하는 사회는 번성할 것입니다. 반면에 자유롭지 못하고 예법만 강조하고 획일화된 사회는 퇴보하고 망할 것입니다. 이것은 자연의 이치입니다. 음… 나의 사상이 사회철학으로는 적합하지 않다고 말하는 사람이 많습니다. 그래서 역사적으로 대개 유학이 정치사상으로 채택되었지요. 하지만 나의 사상도 사회철학이 될 수 있습니다. 그래서 내가 생전에 유학에 그렇게 비판적이었던 것입니다."

저는 자유로운 사회가 번성한다는 말은 이해했어요. 미국은 자유를 가장 중요하게 여기는 나라이고, 대체로 자유로운 국가일수록 더 잘살고 있으니까요. 하지만 또다시 의문이 생겼죠. 사회적인 법규를 없애면 혼란이 일어나지 않을까요? 사회에 악이 더 증가하지 않을까요? 그래서 유학이 나온 거잖아요. 과연 사회 법규를 어떻게 보아야 할까요? 이 질문에 노자가 대답했어요.

"나올 법한 질문이군요. 이에 대해 '법칙'과 '법규'를 구분할 수 있다는 대답을 할 수 있습니다. 이제부터 그 구분을 엄밀하게 해봅시다. 나의 비판의 화살은 주로 '법칙'을 향합니다. '법칙'은 모든 것을 동일하게 만드는 것을 말합니다. 변화가 없고, 획일적이고, 반복적입니다. 하지만 '법규'는 그와 같지 않습니다. 그것은 나쁜 행동에 대한 형벌로 작용합니다. 법규는 법칙에 비해 훨씬 자유의 폭이 넓습니다. 어떤 극단적인 행동만 규제할 수도 있고, 사람들이 자발적으로 참여해서 바꿀 수도 있고, 시대와 환경에 따라 변할 수도 있습니다. 어떤 법규는 법칙의 등장을 막는 역할도 합니다. 예를 들어 타인의 자유를 제한하거나 침해하지 못하게 하는 법규를 만들 수 있습니다. 그러므로 과도한 규제가 아니라면 법규는 꼭 나쁘다고 볼 수 없습니다. 그리고 '혼돈(chaos)'이 악을 낳는다는 생각도 편견입니다. 나의 후계자 중에 장자(莊子)라는 유명한 사람이 있습니다. 그는 특히 자유를 칭송했던 사상가였습니다. 그는 고정관념을 뒤집기 좋아했고, 기존의 생각을 비웃었고, '혼돈'을 좋은 것으로 보았습니다. 그는 심술궂은 장난을 좋아했던 것일까요? 그렇지 않습니다. 혼돈은 법칙을 찾을 수 없는 것으로 거기에서 특히 창조가 잘 일어납니다. 물론 폭력과 악을 낳는 혼돈은 나쁘다고 할 수 있겠지만 그것은 단지 폭력과 악이 나쁠 뿐입니다. 혼돈은 많은 경우에 오히려 자유와 창조의 원동력이 됩니다."

장자

노자는 획일적인 '법칙'을 줄이는 것이 좋은 사회가 되는 방법이라고 하셨어요. 그렇다면 한 개인의 입장에서는 어떤 방법이 좋을까요? '무'의 좋은 힘을 개인이 어떻게 하면 활용할 수 있을까요? 이 질문에 노자가 말했어요.

"물론 도와 무는 사회뿐만 아니라 개인에게도 적용됩니다. 창조적인 생각과 행동을 했을 때, 사람은 성공할 수 있고 보다 건강해집니다. 생각을 법칙적으로만 한다면 어떻게 될까요? 그의 마음은 갇혀 버리고 창조력을 발휘할 수 없습니다. 갇힌 생각은 고정관념을 만듭니다. 고정관념을 깨기 위해서는 어떻게 해야 할까요? 새로운 생각을 받아들여야 합니다. 그러면 그 새로운 생각은 어디에서 나옵니까? 다른 사람이 전달해 주어야 합니까? 그렇지 않습니다. 그것은 창조가 아니고 타인의 도구나 노예가 될 뿐입니다. 새로운 생각을 자신이 창조할 수 있어야 합니다. 대단한 것을 창조하라는 말이 아닙니다. 기존의 사고에서 벗어나는 것, 고정관념을 깨뜨리는 것 자체가 창조적 사고입니다. 그러기 위해서는 근본적으로 '무' 그리고 '혼돈'을 활용해야 합니다. 정신 안에서 무법칙적인 것, 혼돈적인 것을 긍정할 때 비로소 자기 안에서 법칙을 깨뜨리고 새로운 것이 나타날 수 있습니다. 그것이 바로 개인 안에 내재된 생명력입니다. 그럴 때 사람이 잘 살 수 있습니다. 창의적인 결과물도 더 잘 만들 수 있지요. 생각이 물처럼 유연해지도록 해야 합니다. 자신의 관점에 집착하지 말고 새로운 관점을 받아들일 수 있어야 합니다. 기존의 사고에 갇혀 버리면, 세상의 진실을 잘 알 수 없습니다. 유연한 사고는 세상에 더 잘 적응할 수 있게 해 줄 뿐 아니라 세상의 참모습을 더 잘 알게 해 주는 지혜도 가져다줄 것입니다."

저는 아까 했던 질문과 비슷한 의문이 생겼어요. 자신의 정신 안에 혼돈이 생기면 정신이 너무 산만해지지 않을까요? 그건 고통스러운 일이 아닌지 물어봤어요. 노자가 대답했어요.

"하하, 정신 안에서 혼돈을 받아들인다면 정신이 산만해지지 않느냐고요? 그렇지 않습니다. 정신 전체가 뒤죽박죽이 되는 혼돈을 일으키라는 말이 아닙니다. 혼돈과 무는 좀 더 근원적인 영역에서 좋은 생각을 일으키는 작용을 합니다. 혼돈과 무는 법칙적인 사고를 깨뜨리고 새로운 생각을 일으키는 작용을 할 뿐 정신을 혼돈에 빠뜨리라는 말이 아닙니다. 자유롭고 유연한 사고, 혼돈을 받아들이는 태도는 다양하고 새로운 생각이 떠오르게 만듭니다. 그러면 너무 혼란스럽고 통제도 불가능해질까요? 여기에서도 앞에서 말한 바와 같은 대답을 할 수 있습니다. 법칙을 깨는 다양한 생각을 허용하되, 통제력으로 작용하는 '자신의 법규'는 있어야 합니다. 예상치 못한 다양한 생각이 일어나더라도 그것이 자신의 통제력을 벗어나지 못하게 통제해야 합니다. 나는 인간이 자신의 통제하에서 무법칙성을 적용할 수 있고, 그 조절이 가능하다고 봅니다. 예를 들어 두 경우를 비교해 봅시다. 먼저, 고정관념에 사로잡혀 법칙적인 사고만 하는 경우에는 머릿속에 떠오르는 생각이 법칙에 따라 만들어집니다. 그에 따라 행동도 법칙적이고 기계적이지요. 그런 사람은 생기와 창조력이 부족합니다. 반면에 혼돈을 받아들이는 경우는 어떠할까요? 거기에서도 자신의 통제력이 작동할 수 있습니다. 자신이 어떤 것을 떠올리고 싶다고 했을 때 통제하에서 새로운 것이 떠오를 수 있습니다. 상상을 하거나, 문제를 해결하거나 할 때 새로운 생각이 더 잘 떠오릅니다. 그렇게 떠오른 생각으로 새로운 해법을 찾아냅니다. 그가 바로 창의적인 사람이죠. 창의적인 사람은 자신의 통제력을 상실하는 사람이 아닙니다. 이것은 정상적이고 건강한 사람에게서 흔하게 일어나는 작용이지만, 이성적으로만 알려고 하면 그 원리를 전부 알 수 없습니다. 생각을 전부 이성적으로만 작동하려고 하지 말고, 생각 속 어딘가에 자신이 통제할 수 없는 '무'의 영역이 있다는 걸 허용하는 것이 좋습니다."

노자의 말은 알 듯 말 듯 했죠. 그의 말을 조목조목 파고들면 할 이야기가 굉장히 많을 것 같았지만, 그러면 이야기가 굉장히 길어질 것 같고, 이미 시간도 너무 많이 흘러서 더 이상 자세한 질문은 하지 않기로 했어요[주 : 이에 관해서는 필자의 저서 『잃어버린 창의성을 찾아서』를 참조].

노자에게 물을 마지막 질문이 남아 있었어요. 이건 특히 제우스 님의 분노를 풀어 드리기 위해 필요한 질문이었지요. 프로메테우스 님이 이번에 하려고 하는 일, 즉 인간에게 물의 지혜를 알려 주면 인간의 악행은 줄어들까요? 노자가 말했어요.

"과거에 프로메테우스 님이 인간, 특히 서양인에게 전한 불의 지혜는 과학과 기술을 발전시켜서 인간을 더 잘살게 만들었지만, 인간의 오만함을 키웠습니다. 그리고 불의 지혜는 자신 위주로 생각하기 때문에 이기주의를 키울 수 있습니다. 제우스 님이 인간을 못마땅하게 여기는 이유는 인간의 오만과 이기심 때문이 아니겠습니까? 불의 지혜를 키웠던 서양에서는 종교라든지 여러 가지 관습으로 이기주의와 개인 간의 충돌을 억제해 왔기는 하지만, 개인의 이기주의를 억제했다고 하더라도 집단이기주의는 자주 발생했습니다. 십자군 전쟁, 신교와 구교의 싸움, 노예사냥, 유대인 학살, 지금도 진행 중인 종교적 충돌 등 민족, 종교, 인종 간의 충돌은 역사적으로 서양이 동양보다 훨씬 많았습니다. 이와 달리 동양에서는 권력을 쟁취하기 위한 내전이 많았지요. 그런데 사실 알고 보면 크리스트교와 유대교, 이슬람교는 모두 같은 신(구약성서)을 믿고 있지요. 동양인의 입장에서는 같은 신을 믿으면서도 단지 종파가 다르다는 이유로 그렇게까지 배타적이고 죽이려고까지 하는 행동은 이해하기 어렵습니다. 그건 이기주의가 심각한 집단이기주의로 변한 예입니다. 어쩌면 그것을 집단 자폐증으로 볼 수도 있지요. 다른 집단과 체계에 대한 이해가 부족한 것입니다. 불의 지혜는 항상 어떤 닫힌 체계를 만듭니다. 그런 닫힌 체계들은 충돌할 수밖에 없습니다. 이를 해결하기 위해서는 닫힌 체계를 여는 물의 지혜가 필요할 것입니다…. 동양철학은 물의 지혜에 가까운데 거기에도 다양한 모습이 있습니다. 물론 장점도 있고 단점도 있지요. 역사적으로 동양이 성공적이었다고 볼 수는 없으니까요. 다만 배울 만한 공통점은 인간의 오만과 이기심을 줄이는 데 기여한다는 것입니다. 동양철학은 이기주의를 억제하려는 목적으로 만들어졌다고 해도 과언이 아닙니다. 공자의 사상을 통해서는 평화로운 세상이 가장 중요하다는 점을 배울 수 있을 것이고, 석가에게서는 이기적 욕심과 폭력성을 버리는 법을 배울 수 있을 것이고, 나에게서는 오만함을 줄이고 자연의 순리에 따라 사는 법을 배울 수 있을 것입니다. 아마도 프로메테우스 님은 현재의 위기를 감지하고, 인간의 행복한 미래를 위해서 물의 지혜를 강조하려고 했겠지요. 인간은 물의 지혜의 장점을 모른 채 불의 지혜만을 강조하고, 또 강요하고 있습니다. 그것은 결국 오만과 충돌을 낳을 것입니다. 프로메테우스 님이 전하려는 물의 지혜가 정확히 어떻게 구현되는 것인지는 잘 모르겠으나, 아마도 자신을 가둔 틀에서 벗어나게 하려는 지혜일 것입니다. 나의 이야기가 많은 참고가 되었기를 바랍니다…. 아마 그러한 물의 지혜는 불의 지혜가 낳는 악을 줄이는 기능을 할 것입니다. 그렇게만 된다면 세상은 더 평화로워지고, 제우스 님의 분노도 누그러들 것입니다."

프로메테우스의 결론

저는 노자와 헤어지고 제4장에서 이야기한 것처럼 다시 소크라테스를 만나서 이야기를 나눴어요. 그 후 프로메테우스 님께 돌아가서 그간의 일을 하나도 남김없이 보고했어요. 저는 기억력이 뛰어나서 마치 녹음기처럼 전부 기억할 수 있답니다. 저는 이제 현대인에게 필요한 물의 지혜가 대략 어떠한 것인지 알게 되었죠. 여러분은 알 수 있나요?

그럼 정리를 해 볼게요. 프로메테우스 님은 수십만 년 전에 인간에게 기본적인 불의 지혜의 능력을 전했어요. 이 능력은 선천적이라서 인종과 지역에 관계없이 누구나 지닌 기본적인 능력이죠. 그래서 인간은 모두 언어를 사용할 수 있게 되었고, 논리와 수학을 알뿐만 아니라 자연을 관찰해서 법칙을 찾는 기본적인(잠재적인) 능력도 갖추게 되었죠. 다만 이 능력을 어떻게 더 잘 활용했는가에는 차이가 있었죠. 서양이 이 능력을 더 크게 발현했고, 과학과 기술 등 물질적인 문명을 발전시켰어요. 그러한 힘으로 서양은 세계를 지배하게 되었어요.

왜 서양은 그렇게 할 수 있었고, 동양은 그렇게 하지 못했을까요? 서양인과 동양인, 즉 민족과 인종 간에 존재하는 선천적이고 유전적인 차이 때문일까요? 서양인이 태생적으로 머리가 좋고 지능지수(IQ)가 높아서일까요? 이는 후천적인 차이 때문이에요. 정신적인 어떤 '경향성(에토스)'의 차이이죠. 그러한 '경향성'이란 삶의 어떤 '철학'과 같은 것으로서 후천적으로 학습되는 거예요. 그래서 동양인이나 그 외의 사람들도 가질 수 있는 것이죠. 서양인이 가졌던 것이 뭔지 아시겠죠? 서양인은 동양인과 다르게 자신의 관점, 즉 주관에 집중하는 경향이 있었어요.

이러한 경향은 자신의 관점에 들어온 것과 그 외부의 것을 철저히 구분하고, 자신의 관점 안의 것만 믿으려는 성향을 말해요. 그러면 외부의 것을 잘 믿지 않게 되고, 자신의 믿음과 판단이 오직 '자신이 가진 선명한 증거에 기초하게' 되죠. 바로 이러한 성향이 과학과 과학적인 학문을 발전시켜요.

혹시 이 성향이 서양인에게 '선천적으로' 있는 게 아니냐고요? 글쎄요… 주관에 집중하는 일은 동양인도 얼마든지 할 수 있고, 교육과 환경에 따라 그런 성향을 지닌 사람도 될 수 있기 때문에 그 생각은 그다지 의미가 없을 듯해요. 사실, 역사적으로 서양인이 자신의 주관에 집중하지 못했던 시기가 있었어요. 바로 중세시대예요. 서양의 중세시대에는 철학과 학문, 사상이 종교에 의해 억압되었고 사람들은 자신의 관점에 따라 생각하지 못했어요. 그래서 서양은 그 기간 동안에는 오히려 동양에 비해 물질적인 문명의 수준이 뒤처졌어요. 만약 서양인이 선천적으로 주관적인 성향이 강하고 그래서 그것이 계속 유지되었다면 아마도 과학과 기술, 물질문명은 여전히 동양에 비해서 점진적으로 꾸준히 앞서 나갔겠죠. 하지만 그렇지 않았어요[주 : (서)로마 제국의 멸망 후 르네상스까지 중세 기간 동안 서양은 동양(중국)에 비해 물질적 발전(기술, 에너지 획득량, 전쟁수행능력 등)이 뒤처졌다. 이에 관해서는 이언 모리스의 『왜 서양이 지배하는가』를 참조].

15세기 즈음에야 비로소 유럽에서 르네상스가 일어나 고대 그리스와 로마의 문명과 정신을 재발견하고, 그 정신을 발굴하고 되찾았어요. 고대 그리스 부근의 사람들은 자신의 주관을 믿고 개인을 독립적인 존재로 여기는 성향이 있었어요. 그러한 성향이 많은 장점을 낳았고, 르네상스 이후의 철학자들은 그 근본정신이 자신의 관점에 주목하는 것이라는 점을 알게 되었어요. 그리고 그 정신을 강조하고 장려하는 가르침을 계속해서 발전시켜 나갔어요(주관주의철학). 그러니까 자신의 관점에 주목하는 정신적 성향은 인간이라면 모두가 가질 수 있는 것인데, 언젠가 고대 그리스 부근에서 희한하게도 그 성향이 '좋다'거나 적어도 '나쁘지 않다'라는 생각이 은연중에 퍼졌고, 고대 그리스와 그에 의해 영향을 받은 로마의 문명이 큰 발전을 이루었어요. 그러다가 종교에 의해 약 1000여 년간 그 정신이 억눌리고 잊혔던 거예요. 이와 달리 동양에서는 사람들이 그 성향을 가질 수도 있었지만, 그것으로 인한 부작용의 문제가 크게 부각되어서 그것이 좋지 않다는 가르침이 계속 이어져 왔던 거죠.

동양에서 주관에 집중하는 성향이 나쁘다고 가르친 데에는 이유가 있어요. 석가와 노자는 주로 그로 인해 일어나는 불행과 고통을 없애고자 했고, 공자는 주로 이기심을 없애고자 했으며, 마호메트는 주로 오만함을 없애고자 했어요. 그것들은 주관에 집중하는 성향이 낳는 부작용이죠. 그래서 동양에서는 자신의 관점을 부정적으로 보고 그것에서 벗어나는 '물의 지혜'가 발달하였어요.

물의 지혜는 자신의 관점 밖에 진실과 진리가 있다고 믿는 지혜예요. 반면에 서양에서는 자신의 관점에 주목하는 성향을 고집했어요. 고집했다는 말을 하는 이유는 사실 그것이 근대의 과학과 기술의 발전이라는 좋은 결과물을 가져다줄지 그들도 처음에는 몰랐기 때문이에요. 즉, 과학과 기술의 발전은 예기치 못한 놀라운 소득이었어요. 그러니까 과학과 기술과 같은 문명의 산물이 서양의 '고유한' 문물은 아니라는 이야기예요. 그런데 19세기 무렵 서양의 과학과 기술문명을 접한 동양의 많은 나라는 그것을 보고 서양 문물이라고 생각해서 배척하기도 했어요. 처음 서양의 발전된 문물을 접한 동양의 지배층은 그것이 자신들의 문화와 체제를 무너뜨릴 것을 우려해서 배척하고 쇄국정책을 펼쳤어요. 하지만 과학과 기술은 서양 문물이 아니에요. 그건 특정한 문화에 예속된 것이 아니라 인류 공통의 것이죠. 일본은 그 사실을 중국과 한국보다 먼저 깨닫고 자신의 문화와 선진문물을 빠르게 결합할 수 있었고, 더 빠른 근대화를 이루었죠[주 : 다만 후쿠자와 유키치(福澤諭吉, 1834~1901)로 대표되는 개화파 지식인은 서양의 사고방식까지 받아들여야 한다고 주장했다]. 다만 그걸 다른 나라를 침략하는 데 쓰기는 했지만요.

그러면 불의 지혜의 결과물인 과학과 기술이 아니라 그 '비법'이 되는 철학, 즉 '자신의 관점에 집중하기' 또는 '주관주의'는 서양의 문화일까요? 현재 세계의 소위 선진국에는 이러한 사상이 널리 퍼져 있고, 일본이나 한국뿐만 아니라 개발도상국에도 이런 철학이 폭넓게 자리하고 있어요. 각국의 학교에서도 학문의 방법론으로 이것을 가르치죠. 대부분의 나라에서는 과학과 기술, 학문을 발전시키고, 보다 이성적인 사람이 되도록 이 철학을 가르쳐요. 그래서 이 철학은 인류 공통의 것이라고 생각되죠. 하지만 이 철학은 종종 동양의 토종 사상과 충돌을 일으켜요. 왜냐하면 동양의 전통적인 사상과 문화는 주관주의가 아니라 물의 지혜의 일종이기 때문이죠. 그래서 동양의 일부에서는 그것을 서양의 문화로 규정해서 반대하기도 하고, 그 본거지인 서양과 충돌을 일으키기도 해요. 하지만 서양은 그 사상이 합리적이므로 세계의 공통적 표준이라고 생각해요. 서양이 그것을 보편화하려고 하면 할수록 동양의 반발은 더욱 심해져요. 그래서 서양과 동양이 충돌하고 있죠. 현재 세계는 이러한 위험에 처해 있어요.

프로메테우스 님은 과거에는 인간에게 불의 지혜를 주었고, 이번에는 물의 지혜를 새롭게 주려고 해요. 정확히 말하면, 기존의 불의 지혜에서 부작용을 없애는 기능을 하면서 물의 지혜의 좋은 점만을 추출한 '최적화된 물의 지혜'라고 해야겠죠. 그것은 주관이 만드는 잘못된 생각에 빠지지 않게 만드는 지혜예요(제4장을 참조). 그리고 오만과 이기심을 줄이는 지혜예요(제5장을 참조).

서양인이 흔히 혼동하는 것이 한 가지 있어요. 서양인은 불의 지혜와 주관주의가 합리적이기 때문에 인류에 보편적으로 좋은 것이라고 생각해요. 과연 그럴까요? 그들은 불의 지혜와 주관주의가 많은 부작용을 낳는다는 사실을 간과하고 있어요. 그 고통은 굉장히 커요. 그런 고통을 낳는 것이 어떻게 합리적일 수 있을까요? 진리와 진실을 찾게 해 주기 때문에 합리적일까요? 그렇지 않아요. 주관에 집중하면 어떤 점에서는 오히려 진리와 진실을 찾지 못하게 돼요(제2장과 제4장을 참조). 진실은 자신의 관점 밖에 있는 경우가 매우 많아요. 사실 주관주의가 고통을 낳는 원인도 진실을 찾지 못하게 만들기 때문이에요. 그러므로 불의 지혜와 주관주의에서만 합리성을 볼 것이 아니라 물의 지혜와 '탈주관'주의에서도 합리성을 볼 수 있어야 해요. 물의 지혜가 빠진 불의 지혜만으로는 보편적인 정신이 될 수 없어요. 서양은 물의 지혜가 합리적이라는 걸 알아야 하고, 동양(비서양)은 불의 지혜가 합리적이라는 걸 알아야 해요. 다만 그중 하나만 있는 것은 좋지 않아요. 가장 합리적인 방식은 불의 지혜와 물의 지혜를 모두 가지는 거예요. 이 두 가지 지혜는 쉽게 말해서, '자신을 믿는 지혜'와 '자신을 믿지 않는 지혜'라고 볼 수 있어요. 결론적으로 자신을 믿는 것도 좋고 자신을 믿지 않는 것도 좋아요.

하나에만 과도하게 의존하면 많은 부작용이 발생해요. 그래서 문제와 때에 따라 적절하게 선택적으로 사용하는 것이 좋아요. 예를 들어 과학적인 진실과 진리를 찾고자 할 때에는 주로 자신의 관점에 집중하는 지혜를 사용하고, 타인의 마음을 이해하거나 창조를 할 때에는 주로 자신의 관점에서 벗어나는 지혜를 사용하는 게 좋아요. 그런데 과학적인 진실과 진리를 찾을 때에도 종종 물의 지혜가 색다른 아이디어를 떠오르게 해서 도움을 주기도 해요. 그리고 타인과의 소통이나 창조를 할 때에도 불의 지혜인 지식과 논리가 도움을 주기도 하죠. 그렇게 문제와 목적에 따라 이 두 가지 지혜를 적절하게 각각 사용하거나 함께 사용할 수도 있어요. 그리고 자신의 관점 안을 살펴보면, 그 안에서도 믿을 만한 부분과 믿지 못할 부분을 구분할 수 있어요(제4장을 참조). 그것을 구분하면 부작용(특히 불의 지혜에서)이 최소화되죠. 이렇게 불의 지혜와 물의 지혜를 모두 잘 사용할 수 있을 때에야 비로소 각각의 지혜가 낳는 부작용이 줄어들어 가장 현명한 사람이 될 수 있어요.

그런데 이런 논리에 대해 (주로) 동양(비서양) 쪽에서 반박이 나올지도 모르겠군요. 그건 아마도 이런 게 아닐까 싶어요. 여기서 말하는 좋은 삶이란 궁극적으로 단지 행복의 극대화일 뿐 아닌가? 인생에는 그보다 더 숭고한 목적이 있지 않을까? 이러한 반박은 '선함'이 '행복'과 다를 수 있다는 일종의 종교적인 믿음을 바탕으로 하고 있어요. 이에 대해 프로메테우스 님은 이렇게 말했어요.

"물론 나는 인간의 행복을 매우 중요하게 여기지요. 하지만 행복은 선함과도 밀접한 관계가 있습니다. 그런데 많은 사람들, 동양뿐만 아니라 서양에서도 선함과 행복은 다르다는 이야기를 종종 하더군요. 나는 타인을 위해 자신을 희생하라거나 폭력을 모두 없애자는 식의 이야기는 하고 싶지 않습니다. 그런 규정은 종종 부작용을 일으키니까요. 그렇다면 가장 부작용이 적으면서도 선함과 행복을 함께 이루는 것은 무엇일까요… 선함과 행복이 공유되는 지점이 있습니다. 그 지점은 바로 '진실'입니다. '진실' 또는 '진리'는 선함과 함께 행복을 낳습니다. 진실은 선하고, 거짓은 악합니다. 이것을 부정할 수 있을까요? 인간은 진실과 진리를 알고 그에 따를수록 더 선해지고 행복해질 것입니다. 반면에 진실과 거짓을 혼동하면 악이 나타납니다. 동양에서는 악을 없애고 이기심을 없애기 위해서 주관을 나쁘게 보는 물의 지혜를 가르쳤지만, 동양에서도 악이 자주 출몰했습니다. 그 원인은 물의 지혜만으로는 진실을 찾기가 턱없이 부족한 데다 거짓과 진실을 혼동했기 때문입니다. 주관을 하찮게 여기고 그 밖의 것을 믿으라는 가르침은 악용될 소지가 다분합니다. 예를 들어 '옳은 믿음은 당신에게 없고 나에게 있다'라고 주장하는 나쁜 사람은 언제든 나타날 수 있으니까요. 하지만 그 믿음이라는 것은 자연의 '진실'과는 동떨어진 소수의 지배층을 위한 '거짓'인 경우가 많습니다. 그것은 거짓을 진실로 포장하는 것이어서 악습과 폭력이 생겨납니다. 그런데 물의 지혜만 가지면 그 말에 무비판적으로 따르게 됩니다. 하지만 불의 지혜를 가지고 진실을 찾아 탐구하는 노력을 한다면 상대방의 거짓말은 금세 드러날 것이고 악은 줄어들 것입니다. 그리고 진실을 알게 되면 실제로도 성공적인 삶을 누릴 뿐만 아니라 정신도 평안해지고 행복해질 것입니다. 내가 바라는 인간의 행복은 거짓된 행복이 아니라 진실을 앎으로써 얻는 행복입니다. 그것은 선함과 연결된다고 봅니다…. 내가 왜 소크라테스와 노자를 소개했는지 아십니까? 이유는 두 가지입니다. 첫째는 그들이 불의 지혜와 물의 지혜를 모두 가르쳤기 때문입니다. 소크라테스는 이성의 중요성과 함께 자신의 무지함을 강조했고, 노자는 자연에 순응하면서도 개인적인 자유를 강조했습니다. 두 번째 이유는, 특히 그들이 서양과 동양에서 '진실', '행복', '선함'이 일치한다고 본 대표적인 철학자이기 때문입니다. 특히 '행복'과 '선함'이 일치한다는 점은 이해하기기 쉽지 않아서 주장하기 어려운 일입니다. 그들은 아마 세상의 진리를 탐구하면서 직관적으로 그것을 알아챘을 것입니다. 이렇게 진실과 행복과 선함이 일치하는 지혜야말로 인간을 행복하게 만들면서 악을 줄여 제우스 님의 분노도 일으키지 않는 가장 좋은 방법일 것입니다. 나는 이번에 그것을 알리려는 것입니다."

◆————————◆

저는 프로메테우스 님과의 이 대화를 마지막으로 인간에게 보낼 이야기를 쓸 계획을 세우고 있었어요. 그리고 그 이야기는 현재 동서양에서 가장 강력한 두 세력인 미국과 중국 사이에 있으면서 두 문화가 충돌하고 있는 지역에 제일 먼저 보내기로 했죠. 그러던 중에 갑자기 신의 병사들이 와서 프로메테우스 님을 체포해 갔어요. 한 님프가 프로메테우스 님이 또다시 인간을 위한 일을 꾸미고 있다고 제우스 님께 이른 거죠. 그래서 프로메테우스 님은 감옥에 갇혔어요. 제우스 님은 아마 어떤 내막이 있는지 알아보고 계시겠죠.

이제 이 책이 프로메테우스 님의 석방을 위한 변명이 될 거예요. 아마도 현명하신 프로메테우스 님은 이런 일이 일어날 걸 예견하고 저에게 그 모든 일을 시킨 게 아닌가 싶어요. 제우스 님이 프로메테우스 님의 뜻을 헤아려 선처를 내려 주시길 간절히 바랍니다. 이 책이 인간 세상에 나타난다면, 기쁜 결과가 있었다고 보아도 좋아요.

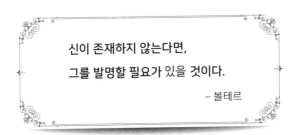

신이 존재하지 않는다면,
그를 발명할 필요가 있을 것이다.

– 볼테르

이 글은 단순히 에필로그라기보다는 본문의 내용과 관련해서 다소 부족한 부분이나 추가로 하고 싶은 말을 저자가 첨가하는 글이다. 사실 이 글은 읽지 않더라도 이 책을 다 읽었다고 할 수 있으므로 이 글은 사족이 될지도 모른다. 그럼에도 이 글을 굳이 쓰는 이유는 이 책을 대화 형식으로 집필하면서 책의 흐름상 넣지 못한 내용이 몇 가지 있기 때문이다. 여기서는 본문에서 말하지 못한 내용을 간단히 언급할 것이므로 이 글은 '부록' 정도로 생각해 주길 바란다.

나는 이 책을 쓰면서 많은 문헌을 기초로 올바른 내용을 찾아 기술하려고 노력했다. 다만 많은 부분을 소크라테스와 노자의 입을 빌려서 이야기했다는 점이 다소 염려가 된다. 독자들은 그중에서 어떤 것이 진짜 소크라테스와 노자의 사상이고, 어떤 것이 나의 독창적인 이야기인지 구분할 수 있을까? 나는 독자들이 그것을 구분할 수 있을 것이라고 기대한다. 즉, 플라톤의 저작에서 나타나는 어디까지가 진짜 소크라테스의 이야기인지 구분하기 어렵다는 '소크라테스의 딜레마'와 같은 일은 발생하지 않을 것으로 본다.

이 책에서 그것을 구분하는 방법은 간단하다. 소크라테스와 노자의 과거(생전) 활약에 대해 설명하는 부분은 그들의 실제 사상을 설명하는 것이고, 그 밖에 현대인에게 필요한 물의 지혜에 대한 이야기는 나의 독창적인 생각이다. 다만 한 가지 주의할 점은 그들의 활약을 설명하는 부분에도 그들의 사상에 대한 나의 '해석'이 담겨 있다는 것이다. 예를 들어 소크라테스가 물의 지혜 또한 주장했다는 것은 나의 해석에 따른 것이다. 그리고 노자의 '무' 개념을 현대 물리학, 생물학과 관련지어 설명한 것도 나의 해석이다(동양철학이 현대 과학과 연결될 수 있다는 이야기는 꽤 알려진 편이지만). 이러한 해석적 작업은 인문학 연구에서 흔하게 일어나는 중요한 연구 방식이다. 물론 이 해석에 비판이 제기될 수도, 논쟁이 벌어질 수도 있을 것이다. 다만 나는 이러한 해석을 하면서 소크라테스와 노자의 사상을 결코 왜곡하지 않고 본질을 밝힘으로써 현재 우리에게 유익한 설명이 되도록 애썼다.

◆———◆

제4장에서 지각과 표상을 구분하면서 자신의 지각은 믿는 것이 좋고 자신의 표상은 믿지 않는 것이 좋다고 언급했다. 그러면서 과거에는 지각과 표상을 잘 구분하지 않았는데 인지과학이 발달하면서 그 구분을 제대로 할 수 있게 되었다고 밝혔다. 그에 대한 보다 자세한 설명을 하고자 한다.

인지과학과 인지심리학은 인간 마음의 작동 원리를 과학적으로 밝히는 학문으로서 20세기 후반에 정립되었을 정도로 최근에 발달한 학문이다. 그렇다고 해도 역사적으로 수많은 현자와 석학이 있었는데도 지각과 표상을 잘 구분하지 못해서 이제야 이런 주장을 할 수 있게 되었다는 말에 의문이 들 수 있을 것이다. 하지만 마음의 구조를 올바르게 알아내는 것은 쉬운 일이 아니다. 근대화가 진행된 서양에서조차 한동안 마음이 뇌가 아닌 심장에 있다는 믿음이 상식이었을 정도로, 불과 얼마 전까지도 사람들은 마음의 구조에 대해서 무지했다. 이러한 생각은 뇌의 부분적 손상이 정신의 특정한 이상으로 이어진다는 연구 결과가 나오면서 바뀌기 시작했다.

　최근에 와서야 발달한 인지심리학(인지과학)에 대해 알지 못했던 과거의 지식인과 사상가들은 지각과 표상을 '경험 내용'이라는 하나의 종류로 묶었고, 그 둘을 구분할 필요성을 느끼지 못했다. 왜 그랬던 것일까? 그 이유는 아마도 지각된 것이든, 마음에 떠오르는 것이든, 그 결과물은 모두 인간의 지각 시스템을 거친 과거의 내용이라고 여겼기 때문일 것이다(지각 내용도 약간 과거의 사실일 것이므로). 그래서 '도깨비'처럼 상상으로 조합해서 만든 대상을 제외하고는 지각 내용은 기억에서 꺼내 온 표상과 본질적으로 다를 바 없어 보인다. 그래서 이렇게 지각을 통해 인지된 것을 종종 '지각표상'이라고 부른다.

　하지만 현대에 인지과학(인지심리학)에서 밝혀진 바에 따르면, 지각(지각표상)과 표상(기억표상/심적표상)은 상당히 다르다. 지각표상을 한 장의 사진에 비유한다면, 과거의 학자들과 사상가들은 머릿속에서 떠오르는 표상 또한 각각의 사진과 같고, 그것은 사진첩 안에 있어서 필요에 따라 사진을 꺼내 보는 것과 같다고 여겨서 지각표상과 기억표상에 큰 구분을 두지 않았을 것이다. 하지만 이러한 '사진첩 가정'에는 큰 오류가 있다. 그들은 다음의 두 가지 사실을 알지 못했다.

첫째, 인간이 경험을 기억으로 변환하는 과정은 그것을 '통째로' 저장하는 과정이 아니다. 그리고 기억을 인출해서 표상을 떠올릴 때도 그러한 '통째'의 기억(지식)을 인출하는 것이 아니다. 즉, 표상은 하나의 완성된 사진처럼 통째로 사진첩, 즉 마음속에 저장되는 것이 아니다. 지각을 할 때에는 여러 가지 감각이 통합되어 하나의 사건을 통째로 지각하지만 기억 속에 저장될 때에는 그것이 조각조각 나뉘어 저장되고, 표상을 인출할 때에는 요청에 따라 그 조각들이 다시 조합되어서 인출된다. 즉, 어떤 완성된 형태의 사건 기억이 있는 것이 아니라 우리의 주의와 요청에 따라 필요한 부분을 꺼내서 조합하여 인출하는 것이다. 그래서 표상은 지각에 비해 훨씬 작위적이며, 불완전한 결과물을 내놓는다.

둘째, 표상을 떠올리는 과정은 결코 공정하지 않다. 사진첩 가정에 따르면, 우리는 어떤 표상(사진)을 인출하고 싶다면 사진첩을 쭉 훑어보고 그중에서 가장 합당한 것을 인출한다. 즉, 사진첩의 목록 전체를 공정하게 검토한다는 것이다. 하지만 과연 그럴까? 당신은 머릿속 기억의 목록을 본 적이 있는가? 만약 어떤 목록이 머릿속에 떠올랐다면 그것은 이미 표상으로 인출된 것이다. 그러므로 표상으로 인출되기 이전에 기억의 목록을 검토할 수는 없다. 표상으로 인출되는(떠오르는) 과정은 어떤 편향된 가중치로 인해 무의식적으로 이루어진다. 자신이 가진 기억은 제대로 된 검토도 없이 '편한 순서대로', '편향된 무의식의 명령으로' 떠오른다. 이러한 과정에서 자신의 잠재된 기억을 공정하게 검토할 수 있을 리 없다. 따라서 지각에 비해 표상에는 의식적인 의지와는 무관한 무의식적 편향이 강하게 개입된다.

이러한 자연적인 제약은 무엇을 함의하는가? 이것을 고려하지 않은 인식론은 상당히 비현실적인 가정을 설정한다. 철학의 인식론에서 전통적으로 매우 유명한 '증거론'은 '정당한 믿음이란 자신이 가진 모든 기억의 증거를 검토했을 때 가장 합당한 것을 믿는 것'이라고 주장한다. 이러한 가정은 지각과 표상을 잘 구분하지 못했던 과거의 산물로 보인다. 자신이 가진 기억을 모두 끄집어내어 편향성 없이 공정하게 검토할 수 있는가? 그것은 너무나 이상적이며 실제로 벌어질 수 없는 일이다. 물론 철학과 인식론은 일반적으로 이상향을 지향하는 규범적 목적을 가지므로 그러한 이상적인 주장을 할 수도 있을 것이다. 하지만 인간의 마음은 사진첩이 아니므로 현실과 맞지 않으며 실용성이 부족해 보인다. 다만 그 이상적 방향을 완전히 포기하지는 않되, 적어도 과학으로 밝혀낸 사실을 고려해서 개선해 나가야 할 것이다.

이 책에서 나는 과학을 발전시키는 불의 지혜는 서양에서 발달했고, 물의 지혜는 동양에서 발달했다고 밝혔다. 그러면서 불의 지혜의 특징은 주관에 집중하는 것(주관을 믿는 것)이고, 물의 지혜의 특징은 주관에서 벗어나는 것(주관을 믿지 않는 것)이라고 정의했다. 그리고 그 두 가지 지혜를 적절하게 융합한 지혜가 가장 좋다고 결론지었다. 그런데 여기에서 독자들은 의문이 들 것이다. 앞에서도 제기했듯이 '왜 이제까지 이러한 설명이 나오지 않았을까?'라는 의문이다. 더 나아가 '혹시 다른 사람이 이런 설명을 먼저 했었는데 잘못된 것이어서 조용히 사라졌던 게 아닐까?'라는 의문을 품을 수도 있다. 이에 대한 이야기를 해 보자.

먼저, 철학사에 대한 많은 연구가 있었고 수많은 책이 출간되었는데, 왜 서양철학사의 주류가 '주관주의'라는 사실은 잘 알려지지 않았을까? 이에 대해서는 주관에 집중하는 것이 그들의 공통적인 습관이고, 이를 너무나 당연시하여 눈에 잘 띄지 않았다는 점을 들 수 있다. 자신이 어떠한 성향인지를 알려면 외부의 관점에서 자신을 관찰하는 것이 좋다. 즉, 다른 지역에는 주관에 집중하지 않는 철학이 있다는 것을 인지할 때, 비로소 자신이 그동안 '상대적으로' 주관에 집중하고 있었다는 것을 깨닫는다. 공통적으로 주관주의라는 전제를 깔고 있다면 그 안에서 벌어지는 차이점, 예를 들어 합리론, 경험론, 실존주의 등의 특색을 중점적으로 설명하지, 모두에게 공통적으로 깔린 전제에는 딱히 주목하거나 언급할 필요성을 느끼지 못할 것이다. 오히려 그러한 특징은 동양과 서양의 철학적 흐름을 비교하는 방식을 통해서만 비로소 나타날 수 있다.

한편 서양 내부에서도 서양철학이 주관주의적 경향을 띤다는 분석 결과가 간혹 제시된다. 유명한 현대 철학자이자 철학사가인 버트런드 러셀(Bertrand A. W. Russell, 1872~1970) 이 쓴 『서양의 지혜』에는 다음과 같은 구절이 나온다.

> "데카르트 이후의 유럽 철학은 우리가 살펴본 대로 서로 다른 두 가지 방향으로 발전했다. 한편으로는 대륙 철학의 각종 합리론적 체계가 있고, 다른 한편으로는 영국 경험론의 전반적 방향이 있다. 둘 다 개인적 경험과 관계가 있다는 점에서 주관주의적이다."(러셀 지음, 정광섭 옮김, 『서양의 지혜』, 동서문화사, p. 438)

러셀의 분석처럼 데카르트 이후의 근대 철학은 주관주의라는 특징을 강력하게 드러낸다. 그리고 근대 철학은 과학 발전의 기틀이 되는 철학이고, 서양이 동양보다 앞서 나가고 세계를 지배하는 데에 결정적인 차이점을 만드는 철학이었다. 이로 인해 서양은 '근대화'를 동양보다 먼저 이루는 데 성공한다.

서양의 학계에서는 서양철학과 서양인의 주관주의 경향이 눈에 잘 띄지 않고 무의식적이어서 그것을 자연스럽고 당연한 것처럼 느꼈을 것이다. 그래서 그 사실을 강조하지 않았지만, '전 지구적'으로 본다면 그러한 주관주의 경향은 '독특한 것'이었다. 그 독특성 때문에 하필 그 지역에서만 '독특하게도' 과학과 불의 지혜가 급격하게 발전한 것이다. 자신의 독특성은 외부와의 비교를 통해서만 알 수 있는 것이므로(즉, 동양철학은 주관에 집중하지 않는 성향이 있음을 알아야 한다) 스스로 알아차리기가 쉽지 않다. 참고로 최근에 와서야 동양적 사고방식과 서양적 사고방식의 차이점에 주목하는 연구가 나타났는데, 읽어 볼 만한 책은 『생각의 지도(*The Geography of Thought*)』와 『우리는 왜 충돌하는가(*Clash!: 8 cultural conflicts that make us who we are*)』이다(후자의 책은 나의 주장과 유사하게 두 사고방식의 결합과 조화를 강조한다).

◆━━━━◆

제3장에서는 서양의 사상과 철학사의 중심적인 흐름을 정리했다. 일각에서는 현대 부분에서 중요한 흐름을 빠뜨렸다고 지적할지 모르겠다. 그것은 '구조주의'와 '후기구조주의'로 이어지는 흐름인데, 혹자는 내가 주장하는 서양 사상의 일관된 주관주의 흐름과 맞지 않고 치명적 반례가 되기 때문에 의도적으로 빠뜨렸다고 의심할 수도 있다. 하지만 그것은 사실이 아니며, 다만 이야기가 불필요하게 복잡해지기 때문에 제외했음을 밝힌다.

현대 철학에서 구조주의와 후기구조주의가 나타난 흐름을 살펴보자. '구조주의'는 개인의 사고와 행위가 환경적 구조로 인해 규정되고 만들어진다는 점을 강조한다. 그래서 일견 개인의 주관과 자유를 제한하려는 흐름처럼 보일 수 있다. 그런데 그것은 오해이다. 구조주의의 대표적 학자로는 소쉬르(Ferdinand de Saussure, 1857~1913), 레비스트로스(Claude Lévi-Strauss, 1908~2009), 라캉(Jacques Lacan, 1901~1981)이 있다. 이들은 철학자라기보다는 각각 언어학자, 인류학자, 심리학자로서 그들의 구조주의적 작업은 이상향(규범)을 제안하는 철학적 작업이라기보다는 특정 분야에서 구조를 '발견'하는 작업이었다. 철학자들은 단지 이들의 '발견'에 관심을 두고 주목했으며, 인간의 사고와 행위도 사회와 환경의 구조에 의해 만들어진다고 추측할 뿐이다.

중요한 것은 구조주의는 구조에 의한 인간의 제약을 '발견'했을 뿐 구조의 제약을 '따르는 것이 좋다'거나 구조가 인간을 제약하기를 '바라는' 것이 아니라는 점이다. 즉, 개인을 지배하고 제약하는 구조의 실상을 '폭로'하는 역할을 하는 것이지, 개인의 자유를 제약하려는 의도는 전혀 없었다. 그리고 후기구조주의는 자유를 제약하는 구조를 해체하고 새로운 구조를 구축하고자 하는 (진보좌파적) 성격을 나타냈다. 이는 이성과 법칙, 권위를 파괴하는 포스트모더니즘적 성격으로 대표적 학자로는 푸코(Michel Paul Foucault, 1926~1984), 데리다(Jacques Derrida, 1930~2004), 들뢰즈(Gilles Deleuze, 1925~1995) 등이 있다.

그러면 인간의 주체성을 제약하는 것으로 보이는 구조주의를 서양철학계에서 주목한 이유는 무엇인가? 개별자의 의미가 구조에 의해 규정된다는 구조주의는 절대적인 선과 악의 개념을 무너뜨리고, 상대주의의 근거가 된다(레비스트로스의 문화상대주의를 보라). 이는 주관주의와 개인의 자유에 악재가 아니라 호재이다. 마치 고대 그리스의 소피스트들이 주관을 강조하고 상대주의를 주장하는 것처럼 절대적 기준이 없는 상대주의는 주관의 자유를 더 북돋는다.

게다가 구조주의는 자유의 무거운 책임도 경감하는 효과가 있다. 구조주의와 후기구조주의의 흐름은 주로 프랑스 철학이고, 당시 프랑스에는 사르트르(Jean Paul Sartre, 1905~1980)라는 유명한 실존주의 철학자가 있었다. 사르트르는 개인의 자유와 실존, 주체성을 강조했지만 그로 인해 발생하는 '책임'의 문제에 주목했다. 자유는 방종이 될 수 있고, 타인에게 피해를 끼칠 수 있으므로 자유에는 무거운 책임이 동반된다. 그래서 과연 무한정의 자유가 좋은 것인가라는 문제가 심각하게 대두할 수 있다. 그런데 구조주의에 따르면, 나의 사고와 행위는 사회의 구조와 환경의 영향을 깊게 받으므로 행위의 책임은 상당 부분 구조에 있다. 쉽게 말해서, 자신에게 불리한 부분은 사회 구조 탓, 환경 탓으로 돌릴 수 있는 것이다(예컨대 나의 성격이 이상한 것은 부모의 육아와 사회 때문이다). 그래서 오히려 더욱 거침없이 행동할 수 있다.

결론적으로 실존주의뿐 아니라 구조주의와 후기구조주의도 주관과 개인의 자유를 증진하는 데 도움을 준다. 결국 실존주의와 구조주의는 같은 목적을 지향하는 동전의 양면인 셈이다.

다음으로, 서양이 동양보다 먼저 근대화에 성공하여 세계를 지배하는 과정에 관한 많은 연구가 있었음에도 왜 이제까지 이 책과 같은 방식의 설명이 없었는가라는 의문이 생길 수 있을 것이다. 물론 이 문제에 대한 연구는 (주로 역사학 쪽에서) 많이 있었다. 현재 이에 대해 가장 많이 나오는 대답은 '지리적 특징의 차이'이다. 즉, 유럽 지방의 땅의 형세, 기후, 생태, 자원 등이 유리했다는 것이다. 이와 관련해서는 재레드 다이아몬드(『총·균·쇠』)와 이언 모리스(『왜 서양이 지배하는가』)가 유명하며, 니엘 퍼거슨(『시빌라이제이션』)처럼 '제도'의 차이를 지적하는 주장도 있다.

지리적 특징이나 제도가 이러한 결과를 만드는 데 기여했다는 주장은 타당할 수 있다. 하지만 상상을 해 보자. 지리적 특징이 그와 같음에도 만약 서양이 주관주의 철학(성향)을 갖지 않고 동양 철학과 같은 사상을 지녔다면, 과연 서양이 과학을 급격하게 발전시키고 세계를 지배할 수 있었을까? 또 그러한 선진 제도를 마련할 수 있었을까? 아마 불가능했을 것이다(즉, '필요 조건적 원인'이다). 주관주의 철학과 그러한 성향(에토스)은 서양이 지금처럼 발전하는 데 핵심적인 요소로 작용했다. 다만 지리적 요인이 그러한 철학과 성향을 탄생시키는 데 기여를 했을 수는 있을 것이다(이에 관해서는 거의 알려진 바가 없어서 이 책에서는 신비적인 이야기를 넣었다.)

아마도 이 책과 같은 방식의 설명이 나오지 않았던 이유는, 첫째로 앞에서 말한 것처럼 서양인의 사상과 사고방식이 주관주의적(자신의 관점에 집중한다)이라는 점이 부각되지 못했다는 데 있다. 둘째로 '사람'에 대한 고려가 상당히 조심스럽고, 심지어는 금기시된 것에 있다. '사람의 차이'라는 설명은 '유전적 요인 이론'으로 인해 과거에 많은 비판을 받았다. 백인이 유전적으로 더 뛰어나기 때문에 그러한 결과를 낳았다는 설명은 인종 차별적이고 나치의 만행과 같은 결과를 낳았다. 이 주장은 동양인의 지능지수(IQ)가 나쁘지 않고 오히려 더 좋을 수도 있다는 사실이 밝혀지면서 과학적으로도 틀린 것으로 드러났다. 그래서 사람에 관한 차이점보다는 그 밖의 지리적 요인에 주목했다. 셋째로 현대에 널리 퍼진 유물론적·과학주의적 분위기에 있다. (자연)과학의 위세가 커지면서 정신적이고 추상적인 개념 요인보다는 물질적으로 설명하려는 경향이 강해졌다. 지리적 요인 가설은 물질적인 설명이므로 자연과학의 입맛에 더 맞는다. 게다가 지리와 같은 우연적인 물질 요인이 아니라 인간 사회의 추상적 개념 요인에 주목하면, 서양식의 문명과 정신이 절대적으로 우월하다는 '사회진화론'으로 쉽게 빠질 우려가 있다. 사회진화론은 제국주의와 식민통치의 정당성을 뒷받침한다는 의혹을 낳을 수 있으며, 다원주의와 문화상대주의가 퍼지면서 많은 비판을 받고 있다(다만 사회진화론은 아직도 논의 중이다).

나의 이론은 사람의 성향에 주목하는 것이지만, 그것은 선천적이거나 유전적인 요인이 아니다. 그것은 후천적으로 습득되는 철학과 습성의 차이이다. '주관을 믿고 그것에 집중하라'는 격언을 믿고 따르면, 그러한 철학과 경향을 갖는다. 서양인 중에도 주관을 믿기보다는 타인과 공동체의 말을 더 잘 믿는 사람이 꽤 있을 것이다.

그러나 전통적으로 서양에서는 주관주의 철학을 장려하고 교육해 왔기 때문에 그러한 분위기가 강했고, 근대화를 이루는 데 핵심적인 역할을 했다. 이는 후천적인 작용이다. 심리학자 리처드 니스벳은 『생각의 지도』에서 조사한 결과, 서양인과 동양인의 인지 방식(사고방식)은 다르게 나타났지만 그것은 후천적인 것으로 개인의 경험에 따라 그것은 얼마든지 변할 수 있고, 융합될 수도 있다고 설명한다.

또한 나의 이론은 사회진화론처럼 서양식의 문명을 절대적으로 옹호하려는 것이 아니다. 나는 불의 지혜가 특히 서양에서 발달했고 물질적인 문명과 관련이 깊다는 점을 인정하지만, 그것이 인간의 행복과 좋은 삶의 독단적 근본은 아니며, 심지어 물질적 성공조차도 그러하지 않다고 본다(제2장 제6절, 제5장 제5절 참고). 서양식 문명의 핵심인 불의 지혜만으로는 잘 살 수 없다.

그런데 종종 '기독교'(가톨릭 + 개신교)가 서양의 성공을 만든 원인이라는 주장도 볼 수 있다. 이 주장을 뒷받침하는 근거로 종종 막스 베버의 『프로테스탄트 윤리와 자본주의 정신』을 들기도 한다. 하지만 그 책에는 그러한 주장이 담겨 있지 않으며, 다만 근대 이후 '자본주의에서 부의 축적'이라는 성공의 부분적 현상에 기독교의 특정 종파가 기여한 점을 설명한다.

나는 이 책에서 불의 지혜와 물의 지혜가 조화를 이루었을 때 가장 성공적일 수 있다는 점을 설명하고 주장했다. 불의 지혜가 발달한 서양에서 금욕주의처럼 자신을 낮추는 물의 지혜가 합쳐지면 긍정적인 효과가 나올 수 있다. 그것이 딱히 '기독교'이기 때문에 가능했다고 보기는 어려우며, 이러한 조화의 사례는 동양에서도 나타났다. 동양에 뒤늦게 들어온 서양의 불의 지혜와 관련된 제도, 교육, 과학기술이 기존에 있던 유교(또는 그 밖의 동양사상)와 결합하면서 동양의 많은 나라는 놀라운 경제성장을 이루었다. 이는 서양에서 물의 지혜를 지닌 종교와 불의 지혜가 합쳐졌을 때 나타난 경제성장과 비슷한 효과로 보인다. 서양에서는 금욕주의와 근면함, 사명(소명)감이 경제를 발전시켰고, 동양에서도 그러한 요소가 경제를 발전시켰다. 중요한 것은 특정한 종교가 아니라 물의 지혜였다.